Schriftenreihe Projektmanagement

Heft 19 – Dezember 2014

Herausgeber:

Univ.-Prof. Dr.-Ing. Konrad Spang
Fachgebiet Projektmanagement
Universität Kassel

Jan Christoph Albrecht

Einfluss der Projektmanagementreife auf den Projekterfolg
Empirische Untersuchung im Industriebereich und Ableitung eines Vorgehensmodells

kassel
university
press

Die vorliegende Arbeit wurde vom Fachbereich Maschinenbau der Universität Kassel als Dissertation zur Erlangung des akademischen Grades eines Doktors der Wirtschafts- und Sozialwissenschaften (Dr. rer. pol.) angenommen.

Erster Gutachter: Univ.-Prof. Dr.-Ing. Konrad Spang
Zweiter Gutachter: Univ.-Prof. Dr.-techn. Gerald Adlbrecht

Tag der mündlichen Prüfung   23. Oktober 2014

Bibliografische Information der Deutschen Nationalbibliothek
Die Deutsche Nationalbibliothek verzeichnet diese Publikation in der Deutschen
Nationalbibliografie; detaillierte bibliografische Daten sind im Internet über
http://dnb.d-nb.de abrufbar

Zugl.: Kassel, Univ., Diss. 2014
ISBN 978-3-86219-896-2 (print)
ISBN 978-3-86219-897-9 (e-book))

© 2014, kassel university press GmbH, Kassel
www.upress.uni-kassel.de

Druck und Verarbeitung: Print Management Logistics Solutions, Kassel
Printed in Germany

Gewidmet Kurt Albrecht (1922-2014)

Vorwort des Herausgebers

Projektmanagement hat sich seit den 90er Jahren immer stärker zu einem weit verbreiteten Managementansatz zur Bearbeitung von Problemen und Aufgabenstellungen entwickelt, die nicht durch standardmäßige Abläufe in den Organisationen abgedeckt werden können. Immer mehr Unternehmen „entdecken" Projektmanagement als adäquaten Ansatz, um Sonderaufgaben, Einzelaufgaben oder neue Problemstellungen zu lösen. So hat sich neben den ausschließlich projektorientierten Branchen, wie Bau, Softwareentwicklung oder Unternehmensberatung auch in Unternehmen mit Standardorganisation, also in der Konsumgüterindustrie, in der Maschinenbau- und Automobilindustrie, bei Versicherungen, Banken und Behörden eine eigene Projektmanagementkultur entwickelt.

Aus der zunehmenden Bedeutung des Projektmanagements für die Wirtschaft heraus ist einerseits bei Industrieprojekten eine starke Prozessorientierung abzuleiten, andererseits aber auch die Forderung, die Qualität dieser Prozesse einschätzen zu können. Hier kommt der Reifegrad ins Spiel und zwar konkret der Projektmanagementreifegrad. Fragen nach dem Sinn, der Effizienz, der Wirtschaftlichkeit oder der Sinnhaftigkeit spielen vor allem immer dann eine Rolle, wenn Veränderungen zur Diskussion stehen, wenn über Investitionen entschieden werden soll oder wenn die Qualität von Prozessen oder Produkten nicht optimal oder zumindest nicht zufriedenstellend ist.

Die zunehmende Professionalisierung und Standardisierung des Projektmanagements führt in vielen Unternehmen daher früher oder später zu der Frage „wie gut ist unser Projektmanagement?". Zur Beurteilung der Qualität des Projektmanagements werden daher zunehmend Reifegradmodelle eingesetzt. Neben dem Projektreifegrad, der hier nicht untersucht wird, spielt der Projektmanagementreifegrad als Kriterium für die Qualität eines organisierten, strukturierten Projektmanagements eine zentrale Rolle. Mit Hilfe sog. Reifegradmodelle, von denen inzwischen weltweit eine Vielzahl existiert, versucht man – intern oder mit Hilfe von Beratern – die Qualität der eigenen Organisation und der Prozesse im Projektmanagement festzustellen und darauf aufbauend zu verbessern. Die Frage „wie gut sind wir?" hat natürlich vor allem auch eine ökonomische Dimension und deshalb ist es umso unbefriedigender, wenn man weder sagen kann, wie viel Reife denn

Vorwort des Herausgebers

das eigene PM überhaupt braucht, noch den Zusammenhang zwischen dem Reifegrad und dem Erfolg der Projekte kennt.

M. Sc. Jan Christoph Albrecht ist es mit dieser Arbeit sehr gut gelungen, tief in die Thematik Reifegradmessung und Reifegradmodelle einzusteigen, um nicht nur Licht in dieses wenig transparente Thema zu bringen, sondern um auch den Zusammenhang zwischen Reifegrad und Erfolg quantifizieren zu können.

Mit dieser Arbeit zur Verbindung von Projektmanagementreifegrad und Projekterfolg stellt das Fachgebiet Projektmanagement der Universität Kassel mit Heft 19 seiner Schriftenreihe einen weiteren Beitrag zum Thema Projekterfolg vor.

Univ.-Prof. Dr.-Ing. Konrad Spang				Kassel, im November 2014

Danksagung

Diese Arbeit entstand während meiner fünfjährigen Tätigkeit als Wissenschaftlicher Mitarbeiter am Fachgebiet Projektmanagement der Universität Kassel seit November 2009. Die Gespräche, Diskussionen und die Zusammenarbeit mit den im Folgenden genannten Personen in dieser Zeit haben sie geprägt. In einer stark sozialwissenschaftlich beeinflussten Forschungsdisziplin wie dem Projektmanagement sind die vielen unterschiedlichen Perspektiven auf mein Thema für mich sehr wertvoll gewesen.

Zunächst danke ich meinem Erstgutachter Herrn Prof. Spang, der mir zu Beginn meiner Arbeit am Fachgebiet eine recht offen gestaltete Themenfindung ermöglichte. Seine Erfahrung als Projektleiter im Infrastrukturbereich führte besonders beim Eintritt in die empirische Phase meiner Arbeit zu einer Reihe wertvoller Hinweise. Herrn Prof. Adlbrecht, dessen Vorlesungen an der Universität Siegen die Grundsteine meines Verständnisses von Projektmanagement darstellen, danke ich für die bereitwillige Übernahme des Korreferats.

Ich danke ferner den Interviewpartnern und Teilnehmern meiner Feldbefragung für ihr Interesse an meiner Arbeit und die Zeit, die sie sich dafür genommen haben.

Für mich war es ein großes Glück Simone Otto, Meltem Sözüer, Thomas Gutfeld, Stefan Riemann, Rao Aamir Khan, Sohail Aslam und Lutz Kramer als Kollegen gehabt zu haben. Unsere Zusammenarbeit habe ich stets als angenehm empfunden und in den Doktorandenkolloquien haben sich häufig interessante Schnittmengen zwischen unseren Forschungsthemen aufgetan. Vor allem Rao Aamir Khan stellte mir in unseren vielen Gesprächen Fragen, die letztlich entscheidende Bedeutung für meine Arbeit hatten. Des Weiteren danke ich den studentischen Hilfskräften, die mich in dieser Zeit unterstützt haben. Dabei denke ich insbesondere an Lara Müller, die gemeinsam mit mir in dem für mich besonders arbeitsreichen Jahr 2013 das 6. Kasseler PM-Symposium organisierte, Ildefonso Atienza-Lopez, Tim Kirschnick und Marco Kümmerle. Die vielen von mir betreuten Diplomanden und Studienarbeiter sollen ebenfalls dankend erwähnt werden. Auch über die Grenzen unserer Arbeitsgruppe, insbesondere zu den Mitarbeitern der Fachgebiete Qualitätsmanagement und Arbeits- & Organisationspsychologie sowie des

Danksagung

Siegener Lehrstuhls Management Internationaler Projekte, ergab sich ein interessanter und kollegialer Austausch.

Bei der Vorbereitung und Durchführung meiner Feldstudie sowie diversen statistischen Analysen konnte ich glücklicherweise mehrfach die kompetente Beratung von Daniel Klein im Rahmen der Sprechstunde zu Methoden in der empirischen Sozialforschung an der Universität Kassel in Anspruch nehmen. Ihm danke ich hierfür ganz herzlich.

Schließlich möchte ich ganz besonders meinen Eltern und meiner Freundin Jennifer Schluer danken: Meine Eltern haben mich in meiner gesamten Schul- und Ausbildungszeit immer unterstützt und so den Weg zur Promotion erst möglich gemacht. Die Eigenmotivation und die Kreativität meiner Freundin bei der Entwicklung einer wissenschaftlichen Fragestellung sowie ihre außergewöhnliche Fähigkeit wissenschaftlich zu arbeiten sind für mich beeindruckend. Ihrer kritischen Haltung in Gesprächen über meine Arbeit konnte ich mir ebenso gewiss sein, wie ihrer Unterstützung abseits der Arbeit.

Jan Christoph Albrecht

Inhaltsverzeichnis

Vorwort des Herausgebers VII
Danksagung IX
Inhaltsverzeichnis XI
Abbildungsverzeichnis XIV
Tabellenverzeichnis XVI
Abkürzungsverzeichnis XIX
1 Einleitung 1
   1.1 Ausgangssituation, Forschungsbedarf und Ziele 1
   1.2 Inhaltliche und methodische Herangehensweise sowie Aufbau 4
   1.3 Abgrenzung 5
2 Theoretischer Hintergrund 7
   2.1 Projekt 7
      2.1.1 Einleitendes zur Begriffsklärung 7
      2.1.2 Der Projektbegriff aus verschiedenen Perspektiven 7
      2.1.3 Das Projekt als Prozess 8
      2.1.4 Arten und Klassifizierung von Projekten 9
      2.1.5 Komplexität und Projektkomplexität 13
   2.2 Projektmanagement 17
      2.2.1 Einleitendes: Projektmanagement als angewandte und wissenschaftliche Disziplin 17
      2.2.2 Prozessorientierter Projektmanagementansatz und Alternativen 18
   2.3 Projektmanagementreifegradmessung 20
      2.3.1 Begriffliche und konzeptionelle Hintergründe 20
      2.3.2 Ursprünge der Reifegradmessung im Managementbereich 23
         2.3.2.1 Prüfmatrix für das Qualitätsmanagement nach Crosby 23
         2.3.2.2 Capability Maturity Model und Capability Maturity Model Integration 24
         2.3.2.3 Prozessorientierte Reifegradmodelle in Anlehnung an Crosbys Reifegradraster und das Capability Maturity Model 28
      2.3.3 Projektmanagementreifegradmodelle 29
         2.3.3.1 Anwendungsziele 29
         2.3.3.2 Struktur 31

2.3.3.3 Abgrenzung zu weiteren Reifegradansätzen im Projektmanagement und Kategorisierung 36
2.3.3.4 Kritik 39
2.3.4 Stand der Forschung 41
2.4 Begriff und Konstrukt des Erfolges im Projektmanagement 50
2.4.1 Einleitendes 50
2.4.2 Begriffliche und konzeptionelle Hintergründe 51
2.4.2.1 Projekterfolgskriterien und Projekterfolgsfaktoren 51
2.4.2.2 Projektmanagementerfolg und Projekterfolg 51
2.4.2.3 Erfolg im Projektmanagement als kontextabhängiges und mehrdimensionales Konstrukt 55
2.4.3 Erfolgskriterien im Projektmanagement: Spektrum und Bedeutung .. 56
2.4.3.1 Spannungsdreieck des Projektmanagements 56
2.4.3.2 Kriterien des Projekterfolgs 57
2.4.3.3 Qualität und Kundenzufriedenheit 59
2.4.3.4 Weitere Erfolgskriterien im Projektmanagement 68
2.4.4 Erfolgsfaktoren im Projektmanagement 68
2.4.4.1 Einleitende Bemerkungen 68
2.4.4.2 Ausgewählte Erkenntnisse der Projekterfolgsfaktorenforschung ... 70
2.5 Zusammenfassung 71
3 Forschungsbedarf, Forschungsdesign und Einordnung 73
3.1 Forschungsbedarf 73
3.2 Forschungsdesign 76
3.3 Einordnung des Forschungsvorhabens 78
3.3.1 Einordnung innerhalb der Projektmanagementforschung 79
3.3.2 Organisationstheoretische Bezüge 80
4 Empirische Untersuchung 85
4.1 Qualitative Inhaltsanalyse von Projektmanagementreifegradmodellen ... 85
4.1.1 Hintergrund: Elemente und Dimensionen der Projektmanagementreife 85
4.1.2 Ziele und Methodisches 87
4.1.3 Ergebnisdarstelllung 89
4.2 Qualitative Fallstudien 97
4.2.1 Ziele und Methodisches 97
4.2.2 Aufbau des Interviewleitfadens 101

4.2.3	Auswahl eines Projektmanagementreifegradmodells	102
4.2.4	Ergebnisdarstelllung	105
4.2.4.1	Auswahl und demographische Informationen zu den Fällen	105
4.2.4.2	Bedeutung und Zusammenhänge verschiedener Projektzieldimensionen	107
4.2.4.3	Ergebnisse der Projektmanagementreifegradmessungen	110
4.2.4.4	Rolle von Formalisierung und Standardisierung	113
4.3	Quantitative Feldstudie	119
4.3.1	Hypothesenformulierung	119
4.3.2	Konstruktoperationalisierung	121
4.3.3	Zielgruppe der Erhebung und Aufbau des Fragebogens	123
4.3.4	Test des Fragebogens, Anbahnung und Erhebungsmethodik	125
4.3.5	Realisierte Stichprobe und deskriptive Statistik	127
4.3.6	Ergebnisdarstellung und -interpretation	133
4.4	Zusammenfassung	155
5	Diskussion	159
5.1	Diskussion der Limitationen der Untersuchung	159
5.2	Diskussion der Ergebnisse vor dem theoretischen Hintergrund	163
5.3	Praxisrelevanz der Ergebnisse und Ableitung eines Vorgehensmodells	166
6	Fazit und Ausblick	175
6.1	Fazit	175
6.2	Ausblick	178
Literaturverzeichnis		180
Anhang		199

Abbildungsverzeichnis

Abb. 2-1: Dimensionen des UCP-Modells nach Shenhar et al. 11
Abb. 2-2: Dynamische und strukturelle Komplexität 14
Abb. 2-3: Schematisches Phasenmodell mit Prozesslandschaft 19
Abb. 2-4: Struktur des CMM 25
Abb. 2-5: Reifegrade des CMM 26
Abb. 2-6: Zyklische Anwendung von Projektmanagementreifegradmodellen 30
Abb. 2-7: Kernelemente der Struktur von Projektmanagementreifegradmodellen 33
Abb. 2-8: Abbildung des Projektmanagementreifegrades über eine Spinnennetzdarstellung 33
Abb. 2-9: Ordnung verschiedener Projektmanagementreifegradmodelle anhand ihrer strukturellen und inhaltlichen Bezugsrahmen 35
Abb. 2-10: Exemplarische Detaillierung des Projektreifegrades 38
Abb. 2-11: Kategorisierung von Reifegradansätzen im Projektmanagement 39
Abb. 2-12: Übersicht über verschiedene Projektmanagementreifegradmodelle sowie Referenzmodelle 41
Abb. 2-13: Wesentliche Phasen in der Forschung zum Thema Projektmanagementreife 42
Abb. 2-14: Der Bezugsrahmen des Erfolgs in Zusammenhang mit dem Projektlebenszyklus 53
Abb. 2-15: Produkt- und Projektmanagementerfolg als Komponenten des Projekterfolgs 54
Abb. 2-16: Spannungsdreieck des Projektmanagements 56
Abb. 2-17: Kriterien des Projekterfolges 58
Abb. 2-18: Das C/D-Paradigma 62
Abb. 2-19: Das Kano-Modell 63
Abb. 2-20: Das konzeptionelle PROSAT-Modell nach Rapp 65
Abb. 2-21: Auswirkungen von Kundenzufriedenheit 67
Abb. 3-1: Empirische Elemente dieser Arbeit 76
Abb. 3-2: Sequenzielle Strategie im Rahmen eines Mixed-Methods Designs 78
Abb. 3-3: Zusammenhänge zwischen den neun Schulen der Projektmanagementforschung 79
Abb. 3-4: Forschungsprogramm des Situativen Ansatzes 81

Abbildungsverzeichnis

Abb. 4-1: Zusammenhänge zwischen Best Practices, Fähigkeiten, Ergebnissen und Performance-Indikatoren im OPM3 86

Abb. 4-2: Dimensionen und Cluster der Projektmanagementreife 96

Abb. 4-3: Struktur des P3M3 104

Abb. 4-4: Ergebnisse der Projektmanagementreifegradmessungen in den drei Fallstudien 111

Abb. 4-5: Beispiel für den Aufbau eines Fragebogenitems 124

Abb. 4-6: Mitarbeiteranzahl der Unternehmen der Studienteilnehmer 128

Abb. 4-7: Jahresumsatz der Unternehmen der Studienteilnehmer 129

Abb. 4-8: Branchenverteilung der Studienteilnehmer 129

Abb. 4-9: Hierarchieebene der Teilnehmer zum Zeitpunkt der Befragung 130

Abb. 4-10: Histogramm zur Verteilung der Projektleitererfahrung der Studienteilnehmer 131

Abb. 4-11: Klassen der Projekte, an denen die Studienteilnehmer überwiegend mitgewirkt haben 132

Abb. 4-12: Histogramm zur Verteilung der Dauer der jeweils letzten Projekte der Studienteilnehmer 132

Abb. 4-13: Histogramm zur Verteilung der Teamgröße der jeweils letzten Projekte der Studienteilnehmer 133

Abb. 4-14: Histogramm zur Variable Reifegrad-Index 148

Abb. 4-15: Histogramm zur Variable Komplexitäts-Index 152

Abb. 5-1: Das IDEAL-Modell 167

Abb. 5-2: Vorgehensmodell zur Kopplung von Projektmanagementreifegrad- und Projektportfoliokomplexitätsmessungen 169

Abb. 5-3: Exemplarisches Ergebnis einer Projektmanagementreifegradmessung mit zuvor definiertem Zielkorridor 173

Tabellenverzeichnis

Tab. 2-1: Arten von Projekten nach Inhalt bzw. Branche................... 10

Tab. 2-2: Typen der Projektkomplexität nach Geraldi et al.................. 16

Tab. 2-3: Forschungsarbeiten zum Vergleich durchschnittlicher Projektmanagementreifegrade von Unternehmen unterschiedlicher Branchen......... 43

Tab. 2-4: Forschungsarbeiten zu den Nutzeneffekten einer hohen Projektmanagementreife 44

Tab. 2-5: Arten des Verständnisses des Qualitätsbegriffs nach Garvin............ 60

Tab. 3-1: Dimensionen der Organisationsstruktur................................. 82

Tab. 3-2: Einflussfaktoren der Organisationsstruktur............................. 83

Tab. 4-1: Ergebnisse der Analyse von Pasian zu Begriffsnennungshäufigkeiten innerhalb von Projektmanagementreifegradmodellen............... 86

Tab. 4-2: Ergebnisse der qualitativen Inhaltsanalyse ausgewählter Projektmanagementreifegradmodelle (Teil 1).................................... 90

Tab. 4-3: Ergebnisse der qualitativen Inhaltsanalyse ausgewählter Projektmanagementreifegradmodelle (Teil 2).................................... 92

Tab. 4-4: Übersicht über inhaltliche Cluster der Projektmanagementreife nach Häufigkeit 94

Tab. 4-5: Kriterien für den Vergleich und die Auswahl von Projektmanagementreifegradmodellen... 102

Tab. 4-6: Morphologie der Kriterien zur Auswahl eines Projektmanagementreifegradmodells und ihrer möglichen Ausprägungen 103

Tab. 4-7: Allgemeine Informationen zu den Fällen 106

Tab. 4-8: Dimensionen des Projektcontrollings in den Untersuchungseinheiten... 107

Tab. 4-9: Kriterien eines erfolgreich abgeschlossenen Projektes in den Untersuchungseinheiten... 108

Tab. 4-10: Abgleich von Komplexitätsindikatoren aus den Fallstudien mit der Literatur... 118

Tab. 4-11: Ziele der Testphase und Zielerreichung................................ 125

Tab. 4-12: Übersicht über die Fragebogentests.................................... 125

Tab. 4-13: Skalenbildung zu Clustern der Projektmanagementreife 135

Tab. 4-14: Ergebnisse der Korrelationsanalyse der Reifegradcluster unter Verwendung des Koeffizienten Kendalls Tau-b 137

Tab. 4-15:	Ergebnisse der Korrelationsanalyse der Reifegradcluster unter Verwendung des Koeffizienten Spearmans Rho	138
Tab. 4-16:	Ergebnisse bivariater linearer Regressionsanalysen und Prüfung von Anwendungsvoraussetzungen	143
Tab. 4-17:	Details zur Bildung des Reifegrad-Index	146
Tab. 4-18:	Rang-Tabelle des Tests auf Unterschiede zwischen reiferen und weniger Reifen Unternehmen hinsichtlich Erreichung finanzieller Projektziele	148
Tab. 4-19:	Statistik zum Test auf Unterschiede zwischen reiferen und weniger Reifen Unternehmen hinsichtlich Erreichung finanzieller Projektziele	149
Tab. 4-20:	Rang-Tabelle des Tests auf Unterschiede zwischen reiferen und weniger Reifen Unternehmen hinsichtlich Kundenzufriedenheit	150
Tab. 4-21:	Statistik zum Test auf Unterschiede zwischen reiferen und weniger Reifen Unternehmen hinsichtlich Kundenzufriedenheit	150
Tab. 4-22:	Details zur Bildung des Komplexitäts-Index	151
Tab. 4-23:	Rang-Tabelle des Tests auf Unterschiede zwischen reiferen und weniger Reifen Unternehmen hinsichtlich Erreichung finanzieller Projektziele (Gruppe geringe Komplexität)	152
Tab. 4-24:	Statistik zum Test auf Unterschiede zwischen reiferen und weniger Reifen Unternehmen hinsichtlich Erreichung finanzieller Projektziele (Gruppe geringe Komplexität)	153
Tab. 4-25:	Rang-Tabelle des Tests auf Unterschiede zwischen reiferen und weniger Reifen Unternehmen hinsichtlich Erreichung finanzieller Projektziele (Gruppe hohe Komplexität)	153
Tab. 4-26:	Statistik zum Test auf Unterschiede zwischen reiferen und weniger Reifen Unternehmen hinsichtlich Erreichung finanzieller Projektziele (Gruppe hohe Komplexität)	153
Tab. 4-27:	Rang-Tabelle des Tests auf Unterschiede zwischen reiferen und weniger Reifen Unternehmen hinsichtlich Kundenzufriedenheit (Gruppe geringe Komplexität)	154
Tab. 4-28:	Statistik zum Test auf Unterschiede zwischen reiferen und weniger Reifen Unternehmen hinsichtlich Kundenzufriedenheit (Gruppe geringe Komplexität)	154
Tab. 4-29:	Rang-Tabelle des Tests auf Unterschiede zwischen reiferen und weniger Reifen Unternehmen hinsichtlich Kundenzufriedenheit (Gruppe hohe Komplexität)	154
Tab. 4-30:	Statistik zum Test auf Unterschiede zwischen reiferen und weniger Reifen Unternehmen hinsichtlich Kundenzufriedenheit (Gruppe hohe Komplexität)	155

Tab. 4-31: Ergebnisse der Hypothesenprüfung 157

Tab. 5-1: Auszug einer exemplarischen Komplexitätsbewertung mit dem DECA-Ansatz 170

Abkürzungsverzeichnis

Abkürzung	Erläuterung
B	Regressionskoeffizient
B2B	Business-to-Business
C/D-Paradigma	Confirmation/Disconfirmation-Paradigma
CMM(I)	Capability Maturity Model (Integration)
DECA	Delivery Environment Complexity Analytic
EFQM	European Foundation of Quality Management
IDEAL	Initiating, Diagnosing, Establishing, Acting, Leveraging
INDSAT	Industrial Satisfaction
IPMA	International Project Management Association
KPM^3	Kerzner's Project Management Maturity Model
KVP	Kontinuierlicher Verbesserungsprozess
MBNQA	Malcolm Baldrige National Quality Award
MZE	Mitarbeiter einer zentralen Organisationseinheit
N	Stichprobenumfang
NAO	National Audit Office
OGC	Office of Government Commerce
OPM3	Organizational Project Management Maturity Model
p	Wahrscheinlichkeit (Signifikanzniveau)
P3M3	Portfolio, Programme and Project Management Maturity Model
PjM3	Project Management Maturity Model
PL	Projektleiter

Abkürzungsverzeichnis

Abkürzung	Erläuterung
PM	Projektmanagement
PMBOK Guide	A Guide to the Project Management Body of Knowledge
PMI	Project Management Institute
PMMM	Project Management Maturity Model(s)
PMO	Project Management Office (Projektmanagementbüro)
POMS	Profile of Mood States
PRINCE2	Projects in Controlled Environments 2
PROSAT	Profit through Satisfaction
QG	Quality Gate
R bzw. R^2	Maßzahlen der Güte linearer Regressionsmodelle
ROI	Return on Investment
SEI	Software Engineering Institute
SPICE	Software Process Improvement and Capability Determination
T	Maßzahl der Signifikanz
TMS	Top Management Support
TOE	Technical, Organizational, Environmental
UCP	Uncertainty, Complexity, Pace
VIF	Varianzinflationsfaktor
VPL	Vorgesetzter mehrerer Projektleiter

1 Einleitung

1.1 Ausgangssituation, Forschungsbedarf und Ziele

Die Disziplin Projektmanagement hat in den vergangenen Jahren allgemein einen kontinuierlichen Bedeutungszuwachs erfahren.[1] Dies gilt insbesondere für Wirtschaftsunternehmen, die ihre Geschäftsaktivitäten zunehmend in Form von Projekten organisieren.[2] Dementsprechend nimmt auch die Bedeutung von Modellen zu, mit deren Hilfe Organisationen ihre Projektmanagementstrukturen[3] systematisch bewerten und weiterentwickeln können. Eine Möglichkeit sich bei der (Weiter-) Entwicklung von Projektmanagementstrukturen anhand eines Bezugsrahmens zu orientieren bieten Projektmanagementreifegradmodelle[4]. Aufgrund einer Bewertung[5] wird den Projektmanagementstrukturen der bewerteten Organisation[6] ein bestimmter Reifegrad zugeordnet. Ausgehend davon können anschließend Verbesserungsmaßnahmen geplant und umgesetzt werden, um den Reifegrad zu erhöhen. Der Erfolg dieser Maßnahmen wird ggf. über eine weitere Reifegradmessung überprüft. Die Modelle sind meist stufenförmig aufgebaut, wobei die niedrigste Stufe auf ein wenig systematisches, eher intuitiv betriebenes Projektmanagement hindeutet, während die höchste Stufe mit einem hohen Grad an Formalisierung und Dokumentation der Projektmanagementstrukturen einhergeht.

Reifegradmodelle zur Bewertung von Managementstrukturen sind aufgrund der Herkunft dieses Ansatzes aus dem Bereich Qualitäts-/ Prozessmanagement stark

---

[1] Dieser Bedeutungszuwachs lässt sich bspw. an der Entwicklung der Mitgliederzahlen der beiden weltweit vertretenen Projektmanagementorganisationen Project Management Institute (PMI) und International Project Management Association (IPMA) ablesen. So stieg die Zahl der PMI-Mitglieder von 93.000 im Jahr 2002 auf über 230.000 im Jahr 2008 an (vgl. Gray und Larson 2008). Die Zahl der IPMA-Mitglieder entwickelte sich von ca. 30.000 im Jahr 2004 (vgl. Pfeiffer 2004) auf zuletzt über 40.000 (vgl. Webseite der GPM, http://www.gpm-ipma.de/ueber_uns/ipma.html).

[2] Vgl. bspw. Whittington et al. 1999, Lundin und Stablein 2000, Grasl et al. 2004, Vorwort, oder Hofmann et al. 2007. Dementsprechend nimmt der Anteil des in und durch Projekte generierten Umsatzes am Gesamtumsatz von Unternehmen laut Schelle et al. 2007, Bredillet 2007a sowie Turner et al. 2009 zu. Des Weiteren fragen Unternehmen laut Lundin und Stablein 2000, Keßler und Hönle 2002, S. 10 f., oder Umpleby und Anbari 2004 zunehmend Personal mit Projektmanagementkenntnissen nach.

[3] Während der Begriff „Projektmanagement" in dieser Arbeit im Wesentlichen für die Fachdisziplin Projektmanagement verwendet wird, bezeichnen die „Projektmanagementstrukturen" hier ablauf- und aufbauorganisatorische Strukturen des Projektmanagements einer Organisation. Diese Strukturen umfassen alle Regelungen/ Vorgaben, die innerhalb einer Organisation für die Abwicklung von Projekten getroffen werden, sowie auch die Instanzen, die diese Regelungen (weiter-) entwickeln (z.B. Projektmanagementverantwortlicher, Projektmanagement Office).

[4] engl.: *Project Management Maturity Models* (PMMM)

[5] engl.: *Assessment*

[6] Die überwiegende Zahl der Modelle kann von Organisationen aller Art, z.B. Unternehmen, öffentlichen Verwaltungen oder Non-Governmental Organisations, eingesetzt werden (vgl. Foegen et al. 2008, S. 173 ff.).

geprägt durch die Qualitätsmanagementphilosophien des Total Quality Managements[7] und der Kontinuierlichen Verbesserung[8]. Darüber hinaus werden Projektmanagementreifegradmodelle in Zusammenhang mit der Erfassung des Return on Investments von Projektmanagement[9], dem Benchmarking von Projektmanagement[10] und der organisationalen Zertifizierung[11] eingesetzt bzw. genannt.

Seit Mitte der 1990er Jahre wurden aus den verschiedensten Entstehungshintergründen heraus knapp 20 Projektmanagementreifegradmodelle entwickelt. Die Entwickler von Projektmanagementreifegradmodellen nehmen für die Modelle in Anspruch, dass sich die Erhöhung des Reifegrades in diversen positiven Effekten[12] für eine Organisation äußert. An erster Stelle sind hier Verbesserungen hinsichtlich der Erreichung der Projektziele, respektive des Projekterfolgs, zu nennen.[13] Ein Zusammenhang zwischen dem Projektmanagementreifegrad einer Organisation und dem Erfolg ihrer Projekte konnte jedoch bislang nicht empirisch nachgewiesen werden[14], sodass im Entwurf der DIN ISO 21500:2012 beschrieben wird, dass der Projektmanagementreifegrad als organisationsinterner Faktor des Projektumfelds den Projekterfolg beeinflussen <u>kann</u>.[15]

Gleichzeitig wurde vielfach Kritik an den Modellen geübt, die sich u.a. auf die intransparente Modellentwicklung[16], die zu starke Vereinfachung von Sachverhal-

---

[7] vgl. Cooke-Davies und Arzymanow 2003, S. 472 oder Ngwenyama und Nielsen 2003
[8] In den Beschreibungen der höchsten Reifegradstufe wird häufig darauf verwiesen, dass Organisationen auf dieser Stufe ihr Projektmanagement bzw. ihre Projektmanagementprozesse im Sinne des Kontinuierlichen Verbesserungsprozesses weiterentwickeln. Vgl. u.a. Fincher und Levin 1997, Goldsmith 1997, Ward 1998, Kwak und Ibbs 2000b, Voivedich und Jones 2001, Kerzner 2005, S. 43, Crawford 2007, S. 7, Project Management Institute 2008b, S. 40 und Office of Government Commerce 2010.
[9] vgl. Ibbs und Kwak 2000, Kwak und Ibbs 2000a, oder Ibbs und Reginato 2002a
[10] vgl. Kwak und Ibbs 2000a, Pennypacker und Grant 2003 oder Hanisch 2008
[11] vgl. Chrissis et al. 2009, S. 137
[12] Hier können u.a. die allgemeine Weiterentwicklung der Projektmanagementprozesse (vgl. Levene et al. 1995, Fincher und Levin 1997, Ward 1998), die Zusammenstellung des Projektportfolios entsprechend der Ziele und Strategie der Gesamtorganisation (vgl. Project Management Institute 2008b, S. 5), die Minimierung von Projektrisiken (vgl. ebd.), die Verbesserung der Kommunikation zwischen verschiedenen Managementebenen bzgl. der Ausgestaltung der Projektmanagementstrukturen und dadurch die Erleichterung von Veränderungsprozessen (vgl. Kerzner 2005, S. 17) sowie die Richtung des Fokus auf Projektmanagement-spezifische Weiterbildung (vgl. Bryde 2003) angeführt werden.
[13] vgl. Hillson 2001, Crawford 2007, S. 1, Project Management Institute 2008b, S. 1, Office of Government Commerce 2008, Seiten 4 und 14, und Chrissis et al. 2009, S. 117
[14] Vgl. Ahlemann et al. 2005, Grant und Pennypacker 2006 und Besner und Hobbs 2008. Jugdev 2004, S. 20, schreibt dazu: "Few project management maturity models have been empirically tested and many are based on anecdotal material, case studies, or espoused best practices." So existieren Einzelfallbeschreibungen oder weitgehend intransparente auf eigenem Datenmaterial beruhende Studien der Reifegradmodelle herausgebenden Einrichtungen, die auf positive Effekte verweisen, jedoch keine unabhängigen quantitativen Studien, die derartige Effekte belegen würden.
[15] vgl. DIN 2013, S. 10
[16] vgl. Becker et al. 2009, S. 3

Einleitung

ten[17] oder die Vernachlässigung „weicher" Faktoren[18] bezog. Cooke-Davies bezeichnet den Bereich der Studien zum Thema Projektmanagementreife als „semantic minefield"[19], andere Autoren bemängeln die fehlende theoretische Fundierung der Reifegradmodelle.[20] Zwar existieren einzelne wissenschaftliche Arbeiten, die zum Ziel hatten das Konstrukt[21] ‚Projektmanagementreife' aufzuschlüsseln und zu erklären[22], doch es konnte sich jedoch bislang keine einheitliche Definition herausbilden[23].

Für die vorliegende Arbeit ergeben sich zwei **Ziele**: Sie soll zunächst einen Beitrag zur Systematisierung der Arbeiten und Konzepte im Bereich der Reifegradmessung im Projektmanagement sowie zum Verständnis des Konstrukts ‚Projektmanagementreife' leisten. Sie soll zweitens die Forschungsfrage beantworten, inwiefern der Projektmanagementreifegrad einer Organisation den Erfolg ihrer Projekte beeinflusst. Damit ist zum einen gemeint, zu welchen Erfolgskriterien auf Projektebene (z.b. Kostentreue) sich statistisch signifikante Zusammenhänge darstellen lassen. Zum anderen wurde in der Literatur insbesondere vor dem Hintergrund von Aufwand-/ Nutzen-Überlegungen die Frage nach einem organisationsspezifischen „idealen" Projektmanagementreifegrad gestellt.[24] Cooke-Davies[25] verweist in diesem Zusammenhang auf ein ggf. unterschiedliches Verständnis der Projektmanagementreife in Abhängigkeit der Branche, Kujala und Artto[26] auf den repetitiven bzw. Innovationscharakter der Projekte. Diese Arbeit sucht über einen explorativen Forschungsansatz Charakteristika der Projekte einer Organisation, ihres gesamten Projektgeschäfts oder Faktoren aus dem Umfeld der Projekte zu identifizieren, die einen Einfluss auf den hypothetischen idealen Projektmanagementreifegrad haben und dementsprechend bei dessen Bestimmung berücksichtigt werden müssen.

---

[17] vgl. Cabanis 1998
[18] vgl. Ngwenyama und Nielsen 2003
[19] Cooke-Davies 2004, S. 1
[20] vgl. Software Engineering Institute, Carnegie Mellon 2002 und Dymond 1995 in Jugdev 2004
[21] Ein (theoretisches) Konstrukt (auch: Latente Variable) ist eine Variable, die nicht direkt beobachtbar ist.
[22] z.B. Cooke-Davies et al. 2001 und Pasian 2011, S. 78 ff.
[23] vgl. Walker 2014
[24] vgl. Wheatley 2007
[25] vgl. Cooke-Davies 2007, S. 305 f.; er stellt dabei stationäre, produzierende Industrien auf der einen Seite und mit großen Investitionsprojekten befasste Branchen (z.B. Anlagenbau) einander gegenüber
[26] vgl. Kujala und Artto 2000 und auch Pasian 2010

1.2 Inhaltliche und methodische Herangehensweise sowie Aufbau

Zuvorderst wird in dieser Arbeit ein theorieprüfender, deduktiver Forschungsansatz verfolgt: Die Frage nach dem Zusammenhang zwischen Projektmanagementreifegrad und Projekterfolg mündet in Hypothesen, die über eine quantitative Datenerhebung und -auswertung überprüft werden. In obigen Ausführungen ist allerdings auch bereits ein explorativer Anteil dieser Forschung angeklungen, der sich in einem qualitativen Teil der empirischen Arbeit niederschlägt. In Kombination ergibt sich somit der klassische Fall eines Mixed Methods-Forschungsdesigns[27].

Aus der Ausgangssituation lässt sich unmittelbar der Bedarf ableiten, erstens verschiedene Reifegradansätze im Projektmanagement zu kategorisieren und voneinander abzugrenzen sowie zweitens das Konstrukt ‚Projektmanagementreife' näher zu beleuchten und seine konstituierenden Elemente zu identifizieren und zu benennen. Der erste Punkt trägt zur theoretischen Ordnung des Betrachtungsbereichs bei und ermöglicht dessen klare Abgrenzung. Der zweite Punkt macht transparent was unter Projektmanagementreife zu verstehen ist und bildet eine essenzielle Vorarbeit für eine Operationalisierung für Zwecke der quantitativen Feldbefragung.

Entsprechend folgender Definition des DIN ergibt sich das Verständnis der Projektmanagementreife im Rahmen dieser Arbeit aus der qualitativen Inhaltsanalyse (Kap. 4.1) mehrerer Modelle:

> „Beurteilung einer Organisation anhand von Reifegradmodellen hinsichtlich ihrer Leistungsfähigkeit im Projektmanagement."[28]

Drei Fallstudien in Organisationseinheiten von Industrieunternehmen (Kap. 4.2) bilden das zweite qualitative Element der Arbeit, das dem explorativen Charakter Rechnung trägt. Hier sollen Anhaltspunkte für die Existenz eines organisationsindividuellen idealen Reifegrades gesammelt sowie potenzielle Einflussfaktoren auf diesen idealen Reifegrad eruiert werden.

Die Hypothesen, die über die Analyse der im Rahmen einer standardisierten Feldbefragung (Kap. 4.3) erhobenen Daten überprüft werden sollen, lassen sich teils

---

[27] vgl. Creswell 2014, S. 215 ff.
[28] DIN 2009, Teil 5, S. 14

unmittelbar aus der Literatur ableiten, teils werden sie aus der eigenen qualitativen Arbeit heraus entwickelt.

In Kapitel 2 wird der theoretische Hintergrund der Arbeit u.a. mit den zwei wesentlichen Abschnitten zur Projektmanagementreifegradmessung (Kap. 2.3) und zu Begriff und Konstrukt des Erfolges im Projektmanagement (Kap. 2.4) aufgezeigt. Daraus wird im anschließenden Kapitel 3 der Forschungsbedarf auf Basis der Kenntnis des Wissensstands erneut aufgegriffen, das (methodische) Design dieser Forschungsarbeit wird erläutert und sie wird schließlich einerseits in die Projektmanagement- andererseits in die allgemeine Organisationsforschung eingeordnet. In Kapitel 4 – dem Kern der Arbeit – werden die Untersuchungsergebnisse dieses Forschungsvorhabens vorgestellt. Diese werden anschließend diskutiert und führen zur Ableitung eines Vorgehensmodells für die Projektmanagementreifegradmessung (Kap. 5), bevor die Arbeit mit einem Fazit und einem Ausblick u.a. auf weiteren Forschungsbedarf schließt (Kap. 6).

1.3 Abgrenzung

Die vorliegende Arbeit ist u.a. der Erfolgsfaktorenforschung im Projektmanagement zuzuordnen, da die Projektmanagementreife einer Organisation als potenzieller Erfolgsfaktor ihrer Projekte untersucht wird. Dieser Forschungsbereich ist durch eine sehr ausgeprägte Heterogenität seiner Arbeiten gekennzeichnet, die sich aus der jeweiligen Definition von Projekterfolg, den Untersuchungsbereichen sowie den eingesetzten Datenerhebungs- und -analysemethoden ergibt. Aus diesem Grund wurde vielfach auf die Notwendigkeit einer klaren Abgrenzung des Untersuchungsbereichs hingewiesen. Mit dem oben formulierten[29] ersten Ziel ist der Anspruch eines allgemeinen, uneingeschränkten Forschungsbeitrags verbunden. In der empirischen Arbeit wird der Schwerpunkt jedoch auf im deutschsprachigen Raum tätige Industrieunternehmen und deren Industrieprojekte gelegt. Ein Industrieprojekt wird für diese Arbeit definiert als

> ein Projekt, im Rahmen dessen unter Beteiligung eines oder mehrerer Industrieunternehmen ein physisch fassbares Erzeugnis (i.d.R. entweder [Sonder-] Maschinen bzw. deren Bauteile/ Komponenten oder Anlagen/ Bauwerke) entwickelt bzw. errichtet und/ oder Software entwickelt wird.

---

[29] vgl. Kapitel 1.1

Industrieunternehmen im Sinne dieser Arbeit sind Unternehmen insbesondere der Branchen Maschinen- und Anlagenbau, Bau, Luft- und Raumfahrt, Rüstung, Chemie/ Pharma/ Medizintechnik sowie IT und Telekommunikation.

Nicht zu den Industrieprojekten im Sinne obiger Definition zählen bspw. interne Organisationsprojekte, Marketing-/ Vertriebsprojekte, reine Forschungsprojekte[30] oder reine Beratungsprojekte[31], selbst dann wenn sie in oder unter Beteiligung von Industrieunternehmen durchgeführt werden.

---

[30] Damit sind Projekte gemeint, an deren Ende ein Forschungsergebnis steht, nicht aber ein Erzeugnis, welches an einen externen Kunden vertrieben wird oder werden könnte. Im Gegensatz dazu schließt die Definition Entwicklungsprojekte, bei denen ein Projektprodukt zur Serienreife entwickelt wird, ausdrücklich ein.

[31] Damit sind solche Beratungsprojekte gemeint, bei denen nicht bspw. eine Software entwickelt oder auf die Bedürfnisse eines Kunden angepasst („customised") wird.

2 Theoretischer Hintergrund

2.1 Projekt

2.1.1 Einleitendes zur Begriffsklärung

In der Literatur existiert eine Vielzahl unterschiedlicher Definitionen des Projektbegriffs. Wesentliche Merkmale sind stets die zeitliche Begrenzung (bzw. der definierte Start- und Endzeitpunkt) sowie die Einmaligkeit eines Projektes; wesentlich deshalb, weil sie zur Abgrenzung zum permanent laufenden Tagesgeschäft[32] einer Organisation dienen. Das Project Management Institute (PMI) definiert sehr allgemein:

> „Ein Projekt ist ein zeitlich begrenztes Vorhaben, zur Schaffung eines einmaligen Produktes, einer Dienstleistung oder eines Ergebnisses."[33]

Aus der folgenden Definition von Madauss, der dazu mehrere Definitionen anderer Autoren zusammenführte, werden weitere Merkmale eines Projektes ersichtlich:

> „Projekte sind Vorhaben mit definiertem Anfang und Abschluß, die durch die Merkmale zeitliche Befristung, Einmaligkeit, Komplexität und Neuartigkeit gekennzeichnet sind."[34]

In anderen Definitionen, wie bspw. der des DIN[35], spielen der Zielbegriff und die Ressourcenbegrenztheit eines Projektes eine Rolle. Allerdings sind die Ziele, der Weg sowie die Methoden zu ihrer Erreichung bei Projektbeginn keineswegs immer klar festlegbar. Des Weiteren teilt ein Projekt die Begrenztheit der ihm zur Verfügung stehenden Ressourcen mit dem Tagesgeschäft der Organisation.[36]

2.1.2 Der Projektbegriff aus verschiedenen Perspektiven

Über die rein definitorische Nennung von Projektmerkmalen kann man sich dem Projektbegriff über die Einnahme unterschiedlicher Blickwinkel weiter nähern: Projekte kommen in vielen verschiedenen Kontexten zum Einsatz und sollen in diesen

---

[32] Mit dem Begriff „Tagesgeschäft" sind Routinetätigkeiten einer Organisation gemeint, wie z.B. im Rahmen der Beschaffung, der Produktion oder des Vertriebs.
[33] Project Management Institute 2008a, S. 4
[34] Madauss 2000, S. 37
[35] „Vorhaben, das im Wesentlichen durch Einmaligkeit der Bedingungen [z.B.: Zielvorgabe, zeitliche, finanzielle, personelle oder andere Begrenzungen, projektspezifische Organisation] gekennzeichnet ist." (DIN 2009, Teil 5, S. 11)
[36] vgl. Turner und Cochrane 1993

jeweils bestimmte Zwecke oder Funktionen erfüllen.[37] Das Projekt wird dabei teils als Mechanismus[38], Werkzeug[39], Arbeits- oder (temporäre) Organisationsform[40] aufgefasst. Um die Anordnungen innerhalb eines Projektes und die Wechselbeziehungen zwischen einem Projekt und seiner Umwelt besser verstehen, beschreiben und untersuchen zu können, spielen in der Projektmanagementforschung ferner die Sichtweisen des Projekts als (soziotechnisches) System[41] sowie des Projekts als Prozess[42] eine wichtige Rolle. Beide Sichtweisen erklären sich zum Teil dadurch, dass Projektmanagement – das verschiedentlich als theorielose Disziplin kritisiert wurde[43] – vielfältige Einflüsse aus anderen Wissenschaftsdisziplinen erfahren hat.[44] In obigen Fällen sind vordergründig Operations Research[45] und Systemmanagement[46] sowie Qualitäts- und Prozessmanagement zu nennen. Ferner wurde und wird sich in der Projektmanagementforschung neben den allgemeinen Organisationstheorien häufig auf die Systemtheorie bezogen.[47] Die Wahrnehmung eines Projektes als Prozess ist für diese Arbeit von besonderem Interesse und wird daher nachfolgend näher beschrieben.

2.1.3 Das Projekt als Prozess

Ein Prozess ist nach DIN definiert als

> „Satz von in Wechselbeziehung oder Wechselwirkung stehenden Tätigkeiten, der Eingaben in Ergebnisse umwandelt."[48]

---

[37] vgl. Engwall 2003
[38] vgl. Galbraith 1973, Acona und Caldwell 1990 und Ford und Randolph 1992, alle in Engwall 2003
[39] vgl. Clark und Wheelwright 1992, Eisenhardt und Tabrizi 1995 und Lindkvist et al. 1998, alle in Engwall 2003
[40] vgl. Barley und Kunda 2000 in Engwall 2003 sowie Lundin und Söderholm 1995 und Turner und Müller 2003
[41] das Projekt als (offenes) System mit einzelnen Subsystemen/ Elementen, die miteinander in Beziehung stehen und wechselseitig Wirkungen aufeinander ausüben sowie die Systemumwelt, aus der sich Einflüsse auf das System ergeben; vgl. dazu bspw. Packendorff 1995, S. 322, Hunger 2007, Kochendörfer et al. 2004, S. 16 ff. oder Özcan 2010, S. 33 ff.
[42] das Projekt als Prozess, der sich in Teilprozesse aufteilen und in eine Prozesslandschaft der Organisation einordnen lässt; zu dem es Ein- und Ausgänge sowie Werkzeuge, Methoden, Dokumente oder Software zu dessen Umsetzung gibt; vgl. dazu die Ausführungen und Quellenangaben im nachfolgenden Unterkapitel 2.1.3
[43] vgl. z.B. Cicmil und Hodgson 2006
[44] vgl. Söderlund 2004 in Geraldi 2008, S. 48
[45] vgl. Bredillet 2007a
[46] vgl. für eine allg. Darstellung Gardiner 2005, S. 23-25; Bezug genommen wird bspw. auf die Theorie sozialer Systeme nach Luhmann 1984
[47] vgl. z.B. Saynisch 2010a und 2010b sowie Özcan 2010
[48] DIN 2005, S. 18

In derselben Norm wird ein Projekt unter Verwendung des Prozessbegriffs definiert:

> „Einmaliger Prozess, der aus einem Satz von abgestimmten und gelenkten Tätigkeiten mit Anfangs- und Endterminen besteht und durchgeführt wird, um unter Berücksichtigung von Zwängen bezüglich Zeit, Kosten und Ressourcen ein Ziel zu erreichen, das spezifische Anforderungen erfüllt."[49]

Der Prozess ‚Projekt' kann dann in einzelne Teilprozesse aufgegliedert werden, im Rahmen derer über den Projektlebenszyklus hinweg Arbeitsergebnisse entstehen, bis bei Projektende schließlich ein Gesamtergebnis erreicht ist.

Es sei an dieser Stelle ergänzt, dass sich die einzelnen Sichtweisen auf den Projektbegriff nicht gegenseitig ausschließen. So schreiben bspw. Grasl et al.: „Letztlich ist ein Projekt ein System von in Wechselwirkung zueinander stehenden Prozessen, welches die Kundenanforderungen als Eingangswerte in ein Endergebnis umwandelt. [...] Die Prozesse sind an den Anforderungen der Kunden ausgerichtet."[50]

2.1.4 Arten und Klassifizierung von Projekten

Auch wenn Projekte bestimmte Charakteristika teilen, lassen sich bestimmte Arten von Projekten[51] unterscheiden. Bea et al.[52] ziehen als Unterscheidungskriterien folgende heran:

- Projektinhalt
- Verhältnis von Auftraggeber und Auftragnehmer
- Aufgaben von Projekten[53]

Kerzner nimmt eine Unterscheidung nach Branchen vor, die der Differenzierung nach Projektinhalt von Bea et al. nahekommt. Eine ähnliche Klassifizierung findet

---

[49] DIN 2005, S. 25
[50] Grasl et al. 2004, S. 156
[51] Der Begriff „Projektart" wird in der DIN 69901-5:2009 wie folgt definiert: „Gattung von Projekten, die eine ähnliche Ausprägung von Kriterien – etwa Branche, Projektorganisation oder Projektgegenstand – aufweisen." (DIN 2009, Teil 5, S. 11)
[52] vgl. Bea et al. 2011, S. 35 ff.
[53] Projekte lassen sich ferner nach Wiederholungs- bzw. Innovationsgrad (z.B. Routine-, Pionierprojekte), Umfang bzw. Komplexität (Klein-, Mittel-, Großprojekte), Herkunft der Projektbeteiligten bzw. geographischer Ausdehnung (nationale und internationale Projekte), Laufzeit (Kurz-, Mittel-, Langläufer) oder (strategischer) Bedeutung für die Organisation unterscheiden.

sich auch bei Lock. Nachfolgende Tabelle 2-1 zeigt die jeweilige Unterscheidung nach Projektinhalt bzw. Branche der genannten Autoren:

Tab. 2-1: Arten von Projekten nach Inhalt bzw. Branche

Bea et al.[54]	Kerzner[55]	Lock[56]
Verbesserung der Infrastruktur	Kleine / Große Bauunternehmen[57]	Civil engineering, construction, petrochemical, mining and quarrying
Industrieanlagen	Ingenieurwesen	Manufacturing projects
Luft- und Raumfahrt	Luftfahrt/Rüstungsindustrie	
Forschung und Entwicklung	Interne Forschung und Entwicklung	Research projects
Unternehmensinterne Problemlösung	Managementinformationssysteme	Management projects
Kunst und Kultur		
Gründung von Institutionen		

Nach Verhältnis von Auftraggeber und Auftragnehmer lassen sich interne (beide gehören derselben Organisation/ juristischen Person an; Auftragssituation) und externe (Auftraggeber und Auftragnehmer gehören unterschiedlichen Organisationen/ jur. Personen an; Vertragssituation) Projekte unterscheiden. Hinsichtlich der Aufgaben unterscheiden Bea et al. in strategische und operative Projekte.[58]

Je nach Projektart und je nachdem wie bestimmte Projektmerkmale im konkreten Fall ausgeprägt sind, stellen sich unterschiedliche Anforderungen an das Management des Projektes. Projektmanagement muss also dieser Spezifik gerecht werden, um ein Projekt erfolgreich abwickeln zu können. Wird es das nicht, droht v.a. eine Ineffektivität der Projektmanagementaktivitäten.

Um ein solches spezifisches Projektmanagement zu ermöglichen, existieren Ansätze zur Projektklassifizierung[59] und – in Verbindung damit – zum Tailoring von Projektmanagementprozessen. Dabei wird ein Projekt über seine Ausprägung hinsichtlich bestimmter Dimensionen bzw. Kriterien einer Klasse[60] zugeordnet.

---

[54] vgl. Bea et al. 2011, S. 35
[55] vgl. Kerzner 2009, S. 26
[56] vgl. Lock 2007, S. 5
[57] bei Kerzner zwei verschiedene Arten; hier nur zur anschaulichen Gegenüberstellung in einer Zelle genannt
[58] weitere Erläuterungen dazu finden sich bei Bea et al. 2011, S. 36-38
[59] es finden sich teils auch die alternativen Begriffe „Projektkategorisierung" oder „-typologisierung"
[60] z.B. A-, B- und C-Projekte

Jeder Klasse ist dann wiederum ein spezifisches Projektmanagement zugeordnet. Ziele der Verwendung derartiger Ansätze sind aus Unternehmenssicht v.a. eine möglichst zeiteffiziente Zuordnung eines auf die Projektanforderungen zugeschnittenen Projektmanagements sowie ein Beitrag zur Klärung des Aufgabenumfangs des Projektleiters.

Während Unternehmen mit Bezug auf ihr jeweiliges Geschäftsumfeld sehr spezielle Kriterienkataloge entwickeln, handelt es sich in der Forschungsliteratur eher um allgemeine Bezugsrahmen mit bestimmten Betrachtungsdimensionen. Zu letzteren sind v.a. die zweidimensionale Typologie für Engineering-Projekte von Shenhar und Dvir[61], das UCP-Modell nach Shenhar et al.[62] sowie der TOE-Bezugsrahmen nach Bosch-Rekveldt et al.[63] zu nennen.[64] Da das UCP-Modell zugleich eine Weiterentwicklung der zweidimensionalen Typologie für Engineering-Projekte darstellt, soll es hier als Beispiel herausgegriffen werden.

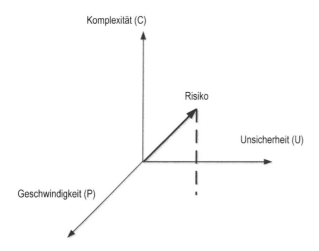

Abb. 2-1: Dimensionen des UCP-Modells nach Shenhar et al.[65]

Das UCP-Modell beinhaltet drei Dimensionen: ‚Komplexität' (engl.: *Complexity*, C), ‚Unsicherheit' (*Uncertainty*, U) und ‚Geschwindigkeit' (*Pace*, P). Aus diesen drei

---

[61] vgl. Shenhar und Dvir 1996 und Shenhar 2001
[62] vgl. Shenhar et al. 2002
[63] vgl. Bosch-Rekveldt et al. 2011
[64] Mit Blick auf die deutschsprachige Fachliteratur wird ferner auf die Ansätze nach Rohrschneider 2006 sowie nach Sapper 2007 verwiesen.
[65] entnommen aus Shenhar et al. 2002

Dimensionen zur Unterscheidung von Projekten ergibt sich dem Modell zufolge das Projektrisiko (siehe Abb. 2-1).[66]

Die Dimension ‚Komplexität' betrifft den Umfang des Projektprodukts und ist in die drei Abstufungen ‚Bauteil/ Baugruppe'[67], ‚System'[68] und ‚Super-System'[69] unterteilt.

Die Unsicherheit zum Zeitpunkt der Projektinitiierung wird weiter in eine externe Marktunsicherheit und eine interne technologische Unsicherheit aufgeteilt. Letztere umfasst vier Kategorien (Low-Tech bis Super-Hi-Tech[70]) und betrifft die Ausgereiftheit der einzusetzenden bzw. zu entwickelnden Technologien. Für die externe Marktunsicherheit unterscheidet das Modell in Derivativ-Projekte[71], Plattform-Projekte[72] und Durchbruch-Projekte[73]. Die externe Unsicherheit hat folglich Auswirkungen auf die Vorhersagbarkeit und Genauigkeit von Kundenanforderungen zum Zeitpunkt der Projektinitiierung. Weitere externe Faktoren, die die Unsicherheit erhöhen können, sind politische oder wirtschaftliche Einflüsse sowie Umwelteinflüsse.

Die dritte Dimension im UCP-Modell ist die Geschwindigkeit. Diese steht unter der Leitfrage: Wie kritisch ist der für die Projektabwicklung vorgegebene Zeitrahmen? Die limitierte Projektlaufzeit und die Wichtigkeit von zeitlichen Zielen unterscheiden Projekte und verlangen dementsprechend unterschiedliche Aufmerksamkeit des Managements und unterschiedliche Strukturen.[74]

---

[66] vgl. Shenhar et al. 2002, S. 101
[67] Einzelkomponente, die innerhalb eines Systems oder unabhängig eine bestimmte Funktion erfüllt.
[68] Komplexes Gebilde aus einzelnen Elementen, die gemeinsam eine Bandbreite unabhängiger Funktionen erfüllen (Bsp.: Pkw).
[69] Gruppe aus unterschiedlichen, örtlich verteilten Systemen, die gemeinsam agieren (Bsp.: Öffentliches Verkehrsnetz).
[70] Low-Tech bedeutet, dass es sich um ausgereifte Technologien handelt, zu denen im Prinzip alle Marktteilnehmer Zugang haben. Im Rahmen von Super-Hi-Tech-Projekten werden komplett neue Technologien entwickelt.
[71] Projekte zur Weiterentwicklung, Erweiterung oder Verbesserung existierender, am Markt etablierter Produkte. Marktdaten sind verfügbar, die Produktanforderungen können und müssen frühzeitig festgestellt werden. Die Unsicherheit am Markt ist relativ gering.
[72] Projekte zur Einführung neuer Produktgenerationen in existierenden Produktlinien. Diese Produkte ersetzen Vorgängerprodukte in gut etablierten Marktsektoren und können zum Teil komplett neue Technologien enthalten. Die Kundenanforderungen können recht gut prognostiziert werden. Die Unsicherheit ist größer als bei Derivativ-Projekten.
[73] Projekte zur Einführung neuer Produkte mit neuen oder reifen Technologien, die auf dem Markt und bei den Kunden jedoch noch gänzlich unbekannt sind. Die Kundenanforderungen können nur abgeschätzt werden; die Unsicherheit ist entsprechend hoch.
[74] vgl. Shenhar et al. 2002, S. 104 f.

Eine Einordnung von Projekten gemäß der Abstufungen in den einzelnen Dimensionen ist sinnvoll, um mit einem spezifischen Projektmanagement entsprechend auf Unterschiede reagieren zu können.[75]

Crawford et al.[76] untersuchten in einer umfassenden Studie sowohl theoretische Ansätze zur Projektklassifizierung – wie das beschriebene UCP-Modell – als auch in Organisationen verwandte Ansätze. Dabei zeigte sich, dass ca. die Hälfte der Organisationen (57 von 119) ihre Projekte anhand deren Komplexitätsgrades kategorisiert. Aufgrund der hohen Bedeutung des Projektmerkmals ‚Komplexität' innerhalb der Systeme zur Projektklassifizierung[77] sowie auch für die ab Kapitel 4 beschriebene Untersuchung, wird sich im Folgenden diesem Merkmal gesondert gewidmet, um insbesondere zu sehen, welche Facetten die Projektkomplexität hat bzw. welche Aspekte im Projektmanagement als komplexitätssteigernd wahrgenommen werden.

2.1.5 Komplexität und Projektkomplexität

Der Begriff „Komplexität" ist heutzutage einer der ambivalentesten in den Wirtschaftswissenschaften:[78] In der Literatur ist ein sehr vielfältiges Komplexitätsverständnis vorhanden, wobei sich bisher jedoch keine einheitliche Abgrenzung durchsetzten konnte.[79] Stattdessen existiert eine Vielzahl konkurrierender Ansätze, in welchen jeweils unterschiedliche Schwerpunkte gesetzt werden.[80] Häufig wird sich für Definitionszwecke des Systembegriffs bedient[81], insbesondere um Einfachheit, Kompliziertheit und Komplexität voneinander abzugrenzen. Da ein Projekt als System aufgefasst werden kann[82], wird diesem Ansatz auch hier gefolgt.

Nach Vester und Hesler wird ein **System** durch folgende drei Eigenschaften charakterisiert: Es muss aus verschiedenen Elementen bestehen, diese müssen unterschiedliche Eigenschaften besitzen sowie in einer speziellen Anordnung unter-

---

[75] vgl. Shenhar et al. 2002, S. 101
[76] vgl. Crawford et al. 2005
[77] vgl. dazu auch Schenk 2009, S. 67
[78] vgl. Heindorf 2009, S. 21
[79] vgl. Vidal et al. 2011, S. 718
[80] vgl. Heindorf 2009, S. 21
[81] vgl. Parwani 2002; vgl. auch Ulrich 1970, Sydow 1985 und Hanssmann 1985, alle in Pommeranz 2011, S. 47
[82] vgl. Kapitel 2.1.2

Kapitel 2

einander verknüpft sein.[83] Ein System kann folglich als eine Gesamtheit von untereinander in Beziehung stehenden Elementen gesehen werden. Ein System besitzt gewisse Eigenschaften und Verhaltensweisen, sodass kein Element unabhängig von den anderen besteht. Das Systemverhalten ergibt sich also aus dem Zusammenspiel der Elemente.[84]

Die Unterscheidung zwischen einem einfachen, einem komplizierten sowie einem komplexen System wird anhand folgender Abbildung von Denk und Pfneissl erläutert.

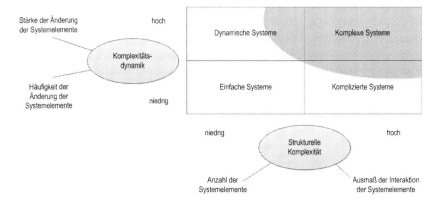

Abb. 2-2: Dynamische und strukturelle Komplexität[85]

Ein einfaches System enthält wenige Elemente, die wenig miteinander interagieren. Es ist darüber hinaus durch eine niedrige Dynamik gekennzeichnet: Die Elemente ändern sich über die Zeit kaum. Das komplizierte System ist ebenfalls wenig dynamisch, es enthält allerdings viele Elemente, die stark miteinander interagieren. Der Unterschied zwischen einem komplizierten und einem komplexen System liegt nach Denk und Pfneissl in der Systemdynamik: Die Elemente des komplexen Systems ändern sich über die Zeit häufig und in hohem Ausmaß.

---

[83] vgl. Vester und Hesler 1980, S. 27
[84] vgl. Weymar 2001, S. 6
[85] entnommen aus Denk und Pfneissl 2009, S. 19

Luhmann definiert wie folgt:

> Ein System ist umso komplexer „je mehr Elemente es aufweist, je größer die Zahl der Beziehungen zwischen diesen Elementen ist, je verschiedenartiger die Beziehungen sind und je ungewisser es ist, wie sich die Zahl der Elemente, die Zahl der Beziehungen und die Verschiedenartigkeit der Beziehungen im Zeitablauf verändert."[86]

Mit dieser Definition kommt die Ungewissheit bzw. **Unsicherheit** in Bezug auf die Art und das Ausmaß von Systemveränderungen über der Zeitachse als Merkmal von Komplexität hinzu. Bosch-Rekveldt et al. sehen hierin das wichtigste Unterscheidungskriterium zwischen Komplexität und Kompliziertheit: Sofern eine Aktion nicht mit Unsicherheit verbunden ist, wird diese nur als kompliziert bewertet.[87] Unsicherheit kann dabei als ein Zustand definiert werden, in dem zwar bekannt ist, dass bestimmte Ereignisse auftreten können, in dem jedoch keine Wahrscheinlichkeiten für den Eintritt dieser Ereignisse bekannt sind.[88]

Die Ursprünge der wissenschaftlichen Auseinandersetzung mit **Projektkomplexität** liegen bei Baccarini, der sie definiert als

> "'consisting of many varied interrelated parts' and can be operationalized in terms of *differentiation* and *interdependency*."[89]

In der Folge bezogen sich einzelne Autoren auf verschiedene Arten oder Dimensionen von Projektkomplexität.[90] Auf der abstraktesten Ebene kann zwischen organisatorischer und technischer/ technologischer Komplexität unterschieden werden.[91] Geraldi et al. unterscheiden im Ergebnis einer systematischen Aufarbeitung der Literatur fünf Typen von Projektkomplexität (vgl. Tab. 2-2 auf der folgenden Seite).

---

[86] zitiert nach Baecker 1997, S. 24
[87] vgl. Bosch-Rekveldt et al. 2011
[88] vgl. Gabler Wirtschaftslexikon
[89] Baccarini 1996, S. 202; mit dem Begriff "differentiation" bezieht er sich auf die Anzahl der Teile bzw. Elemente ("parts"), während er mit "interdependency" den Grad der Verbundenheit bzw. wechselseitigen Beeinflussung dieser Teile meint
[90] vgl. ebd.; siehe dazu auch Chronéer und Bergquist 2012, S. 22
[91] vgl. z.B. Baccarini 1996, Xia und Lee 2004 und Antoniadis et al. 2011

Tab. 2-2: Typen der Projektkomplexität nach Geraldi et al.[92]

Art der Projektkomplexität	Erläuterung
Strukturelle Komplexität	Ergibt sich aus der Anzahl der Systemelemente (oder der Größe des Systems), deren Vielfältigkeit und den Wechselbeziehungen der Systemelemente untereinander
Unsicherheit	Unsicherheit sowohl bzgl. des aktuellen wie auch des zukünftigen Status der Systemelemente und ihrer Beziehungen zueinander
Dynamik	Veränderungen innerhalb des Projektes (z.B. hinsichtlich der Beteiligten, des Projektumfangs oder des Umfeldes)
Geschwindigkeit	Dringlichkeit und Kritikalität terminlicher Projektziele
Sozio-politische Komplexität	Kombination politischer und emotionaler Aspekte in Zusammenhang mit einem Projekt

Diesen Dimensionen sind wiederum verschiedene Indikatoren oder „Treiber" der Projektkomplexität zugeordnet.[93] Wichtig ist an dieser Stelle zu bemerken, dass auch innerhalb der Forschungsliteratur Sachverhalte als ‚komplex' bezeichnet werden, die im eigentlichen Sinne (vgl. Erläuterungen zum Komplexitätsbegriff oben) nur als ‚kompliziert' einzustufen wären.[94]

Zwischen den in obiger Tabelle aufgeführten Typen der Projektkomplexität lassen sich verschiedene Zusammenhänge herstellen: Die Existenz eines aktuellen und eines zukünftigen Status der Systemelemente impliziert bereits eine Systemdynamik; Geschwindigkeit ist im Prinzip eine Ausprägung dieser Dynamik. In der Literatur spiegelt sich dies in mannigfaltigen Aufschlüsselungen der Projektkomplexität wider.[95] Uneinigkeit herrscht aktuell insbesondere darüber, ob Unsicherheit ein Teil von Projektkomplexität ist[96] oder separat davon zu sehen ist, wie sich an der bei Bosch-Rekveldt et al. angedeuteten Debatte[97] ablesen lässt.

Im Hinblick auf eine Definition für Zwecke dieser Arbeit sind an dieser Stelle zunächst drei Punkte von Bedeutung: Erstens wird hier das Komplexitätsverständnis nach Denk und Pneissl übernommen, nach dem sich ein komplexes System (res-

---

[92] vgl. Geraldi et al. 2011
[93] siehe dazu die Aufstellungen bei Bosch-Rekveldt et al. 2011 oder bei Vidal et al. 2011, S. 725
[94] vgl. Geraldi et al. 2011
[95] vgl. dazu die Aufstellungen bei Ellmann 2008, S. 38, Maylor et al. 2008, S. S17 oder Stockstrom 2009, S. 108
[96] ausgehend vom Ansatz nach Williams 2003
[97] vgl. Bosch-Rekveldt et al. 2011

pektive Projekt) durch ein hohes Ausmaß an Interaktion zwischen vielen einzelnen Systemelementen sowie eine hohe Änderungsdynamik dieser Elemente kennzeichnet.[98] Zweitens wird gemäß Baccarini zwischen organisatorischer und technischer/ technologischer (Projekt-) Komplexität unterschieden.[99] Drittens wird die (Projekt-) Komplexität sichtbar durch einzelne Facetten oder Indikatoren, hinsichtlich derer die Literatur allerdings ein uneinheitliches Bild zeigt[100] und wo ferner die Grenzen zwischen Komplexität und Kompliziertheit fließend zu sein scheinen[101]. Diese definitorischen Eckpunkte werden im Verlauf der empirischen Untersuchung[102] wieder aufgegriffen.

2.2 Projektmanagement

2.2.1 Einleitendes: Projektmanagement als angewandte und wissenschaftliche Disziplin

Projektmanagement wird gemäß des DIN definiert als

> „Gesamtheit von Führungsaufgaben, -organisation, -techniken und -mitteln für die Initiierung, Definition, Planung, Steuerung und den Abschluss von Projekten."[103]

Es entstand als **angewandte Disziplin**[104] aus der Praxis – hauptsächlich des Militärsektors – heraus zu Zeiten des 2. Weltkriegs und entwickelte sich in den 50er und 60er Jahren vorwiegend im Kontext technischer Branchen wie bspw. Luft- und Raumfahrt oder Bau weiter.[105] In diesen Jahren wurden z.B. durch die NASA oder die US NAVY Techniken wie PERT (Program Evaluation and Review Technique) entwickelt, die zu einer optimierten und möglichst idealen Anordnung von einzelnen Vorgängen in einem Projekt dienen sollten, wodurch eine möglichst zeit- und damit letztendlich auch kosteneffiziente Abwicklung gewährleistet werden sollte. Während Projektmanagement in seiner Anfangszeit über die genannten Branchen hinaus noch mit Akzeptanzproblemen zu kämpfen hatte[106], schwanden diese in der Zeit ab den späten 60er bis 80er Jahren. Kerzner nennt die Dynamik des Organisationsumfelds und die Komplexität der Aufgaben, mit denen sich Organisati-

---

[98] vgl. Denk und Pfneissl 2009
[99] vgl. Baccarini 1996 sowie die oben (insbesondere Fußnote 91) angeführten Quellen
[100] vgl. in Fußnote 93 angegebene Quellen
[101] vgl. in Fußnote 94 angegebene Quelle
[102] Kapitel 4, insbesondere 4.2
[103] DIN 2009, Teil 5, S. 14
[104] vgl. Jugdev et al. 2001, S. 37
[105] Vgl. Morris 1994, S. 10 ff. An anderer Stelle datieren Morris und Hough 1987, S. 3, die Ursprünge sogar in die 1930er Jahre und nennen die chemische Industrie als Ursprungsort.
[106] vgl. Kerzner 2009, S. 39

onen konfrontiert sehen als Haupttreiber dieser Entwicklung.[107] Der inhaltliche Fokus innerhalb des Projektmanagements hat sich ausgehend von Techniken zur Optimierung in den Dimensionen Zeit und Kosten vergrößert und umfasst heute u.a. Bereiche wie Personal- und Teamführung, Informations- und Kommunikationsmanagement, Risiko-, Stakeholder- oder Vertragsmanagement. Heute spielen Projekte und Projektmanagement branchenübergreifend eine wichtige Rolle für Organisationen aller Art.[108]

Die Entwicklung des **Projektmanagements als wissenschaftliche Disziplin** wird von einzelnen Autoren zeitlich unterschiedlich eingeordnet. Kuura et al. sprechen von den 50er Jahren[109], Kloppenborg und Opfer von den frühen 60er Jahren[110], Morris und Jones gar erst von den 80er Jahren[111]. Von einer Etablierung als Wissenschaftsdisziplin kann jedenfalls auch heute noch keine Rede sein: Laut Turner et al. wird Projektmanagement von der Forschergemeinde (im Bereich Management) nicht ernst genommen, was sie hauptsächlich im Fehlen einer Projektmanagementtheorie begründet sehen.[112]

In jedem Fall hat Projektmanagement als praktische wie als wissenschaftliche Disziplin vielerlei Einflüsse aus anderen Bereichen wie den Wirtschaftswissenschaften, der Psychologie, Pädagogik und den Ingenieurswissenschaften erfahren.[113] Sehr deutlich ist der Einfluss aus dem Bereich Qualitäts-/ Prozessmanagement[114], der sich u.a. im prozessorientierten Projektmanagementansatz widerspiegelt.

2.2.2 Prozessorientierter Projektmanagementansatz und Alternativen

Parallel zu den inhaltlichen Projektprozessen, im Rahmen derer am Projektprodukt gearbeitet wird, laufen nach dem prozessorientierten Projektmanagementansatz bestimmte Projektmanagementprozesse, wie in Abbildung 2-3 zu sehen ist.

---

[107] vgl. Kerzner 2009, S. 41
[108] vgl. Kapitel 1.1
[109] vgl. Kuura et al. 2013
[110] vgl. Kloppenborg und Opfer 2000 und 2002
[111] Vgl. Morris und Jones 1998. Fakt ist, dass eine der heute wichtigsten Forschungszeitschriften des Projektmanagements, das *International Journal of Project Management*, erstmalig 1983 erschien. Ebenfalls in den 1980er Jahren gründeten sich die weltweit präsenten Projektmanagementorganisationen, wie PMI oder IPMA.
[112] Turner et al. 2008; siehe dazu auch Bredillet 2007a, Geraldi 2008, S. 48, sowie Kuura 2011 und Kuura et al. 2013
[113] vgl. Söderlund 2004 und Kwak und Anbari 2009
[114] siehe dazu Bryde 2003

Theoretischer Hintergrund

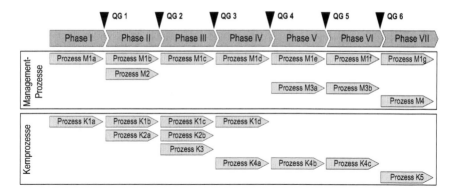

Abb. 2-3: Schematisches Phasenmodell mit Prozesslandschaft[115]

Die Grundannahme des prozessorientierten Projektmanagementansatzes ist, dass *alle* Projekte im Kern gleich sind und mit einem – wiederum im Kern – identischen Projektmanagement abgewickelt werden können bzw. sollten.[116] Da jedoch jedes Projekt wie oben beschrieben[117] definitionsgemäß etwas Einmaliges und Neuartiges ist, sehen die prozessorientierten Ansätze i.d.R. eine projektspezifische Anpassung des Projektmanagementprozesses in Form von sog. Tailoring (Zuschneiden) vor.

Mögliche Ausgestaltungen einer Landschaft von Projektmanagementprozessen werden in verschiedenen Normen bzw. Regelwerken wie dem PMBOK Guide[118], PRINCE2[119] oder der DIN 69901:2009[120] aufgezeigt. Des Weiteren vertreten bspw. auch Turner[121], Bea et al.[122] oder Patzak und Rattay[123] diesen Ansatz. Bedingt dadurch, dass Unternehmen bei der Einführung und Weiterentwicklung häufig Orientierung in o.g. Quellen suchen, hat der prozessorientierte Projektmanagementansatz gegenüber alternativen Ansätzen eine insgesamt hervorgehobene Bedeutung erlangt. Zu den Alternativen zählt bspw. das im Kontext von IT-Projekten entwickelte Agile Projektmanagement.[124] Bei diesem Ansatz setzt man

---

[115] entnommen aus Aschoff et al. 2013, S. 127; die Abkürzung QG steht hier für „Quality Gate"
[116] vgl. Shenhar et al. 2001
[117] vgl. Kapitel 2.1.1
[118] vgl. Project Management Institute 2013
[119] vgl. Office of Government Commerce 2009
[120] vgl. DIN 2009
[121] vgl. Turner 2009, S. 17 ff.
[122] vgl. Bea et al. 2008
[123] vgl. Patzak und Rattay 2009
[124] vgl. zu diesem und zum vorigen Satz auch die Ausführungen bei Patzak und Rattay 2009, S. 26-31

Kapitel 2

eher auf die selbstorganisierenden Kräfte von kleinen, interdisziplinär zusammengesetzten und räumlich zusammengezogenen Teams, deren Mitglieder dem jeweiligen Projekt zu 100 % zugeordnet sind und macht sich dabei bestimmte Erkenntnisse des Wissensmanagements und des Lean Managements zunutze.[125]

2.3 Projektmanagementreifegradmessung

2.3.1 Begriffliche und konzeptionelle Hintergründe

Der Begriff der Reife wird in vielen Disziplinen und Zusammenhängen benutzt, bspw. in der Biologie, Psychologie, Geographie, den Ingenieurwissenschaften oder auch im Bildungswesen. Allgemein ist die **Reife** als

> „Vollendung der Entwicklung"[126]

definiert. Aus dieser Definition, insbesondere aus dem Begriff der Entwicklung, lässt sich zunächst ableiten, dass um den Zustand der Reife zu erreichen eine bestimmte Zeitspanne erforderlich ist und diese nicht „sprunghaft" erlangt werden kann; insofern kann man von einem Prozess des Reifens sprechen. Dass es jedoch problematisch ist über Disziplingrenzen hinweg weitere Vergleiche zu ziehen und Sachverhalte mittels vermeintlicher Analogien zu abstrahieren[127], wird anhand folgender Definition des Begriffs „reif" (engl.: *Mature*) aus *Webster's dictionary of the English language*...

> "[...] being ripe or having reached the state of full natural or maximum development".[128]

... in Zusammenhang mit einem Zitat von Andersen und Jessen deutlich:

> "In the real world we will not find the fully matured organisation; no one has reached the stage of maximum development and no one will."[129]

Andersen und Jessen gehen also davon aus, dass keine Organisation den Zustand der vollständigen Reife erreichen kann. Da sich bestimmte Organisationen in ihren jeweiligen Märkten dennoch behaupten und weiterexistieren, muss der Begriff der Reife folglich separat für diesen Kontext definiert werden.

---

[125] vgl. Gloger 2010
[126] vgl. Brockhaus
[127] Vgl. dazu Schreyögg 2008, S. 253 f.: Ansätze zur Abgrenzung von Organisationen (im institutionellen Sinne) und ihrer Umwelt, die in Analogie zur Biologie aufgebaut wurden, scheiterten bspw. an der Erkenntnis, dass Organisationen keine natürlichen, physischen Grenzen besitzen, sondern es sich um soziale Systeme mit anders zu charakterisierenden Grenzen handelt.
[128] Webster 1988, S. 617, in Andersen und Jessen 2003
[129] Andersen und Jessen 2003, S. 457

Die Anfänge der Beurteilung von Organisationsstrukturen mittels Reifegradansätzen sind knapp 30 Jahre vor obiger Erkenntnis von Andersen und Jessen im Qualitäts- und Prozessmanagement zu suchen. Crosbys[130] Reifegradraster und die Arbeiten von zunächst Humphrey[131], später Paulk et al.[132] am Software Engineering Institute bildeten den Grundstein für eine Vielzahl prozessbasierter Reifegradmodelle. Als Ausgangspunkt der Begriffsklärung soll folgende Definition aus dem Capability Maturity Model dienen:

> "Software process maturity is the extent to which a specific process is explicitly defined, managed, measured, controlled, and effective. Maturity implies a potential for growth in capability and indicates both the richness of an organization's software process and the consistency with which it is applied in projects throughout the organization."[133]

Nach obiger Definition von Paulk et al. sind die entscheidenden Gesichtspunkte inwiefern Prozesse überhaupt definiert sind, wie mit ihnen umgegangen wird (d.h. wie sie gemanagt werden) und inwiefern sie innerhalb der Organisation konsistent angewendet werden, sie standardisiert sind. Die Arbeit von Paulk et al. wird in der entsprechenden Literatur enorm häufig als Referenz genannt; entsprechende Bedeutung hat die angegebene Definition. In anderen Definitionen wird der Aspekt der kontinuierlichen Verbesserung explizit einbezogen.[134]

Hinsichtlich des Konstrukts ‚Projektmanagementreife' gibt es zum einen Definitionen, die sich stark an obiger Definition von Prozessreife orientieren:

> "[Project management] maturity is defined as a level of sophistication that indicates organisation's current PM practices, processes and its performance."[135]

Zum anderen wird entweder abstrakter formuliert...

> "The organisation's receptivity to project management."[136]

---

[130] vgl. Crosby 1979
[131] vgl. Humphrey 1989
[132] vgl. Paulk et al. 1995
[133] ebd., S. 9
[134] Vgl. Dooley et al. 2001, S. 24: "[..] a more general definition of maturity is proposed, namely, that maturity is the degree to which a process is defined, managed, measured, and continuously improved."
[135] Kwak und Ibbs 2000b, S. 2; vgl. dazu auch die Definition des PMI: "Maturity of project management processes measured by the ability of an organization to successfully initiate, plan, execute, and monitor and control individual projects. Project management maturity is limited to individual project execution and doesn't address key processes, Capabilities, or Best Practices at the program, portfolio, or organizational level. The focus of project management maturity is doing projects right." (Project Management Institute 2008b, S. 186)
[136] Saures 1998

Kapitel 2

... oder die Projektmanagementreife wird schlicht an das Modell gekoppelt, mit dem jeweils gemessen wird:

> „Beurteilung einer Organisation anhand von Reifegradmodellen hinsichtlich ihrer Leistungsfähigkeit im Projektmanagement."[137]

Die unterschiedliche Schwerpunktsetzung in den Projektmanagementreifegradmodellen, die sich aus obiger Definition des DIN ableiten lässt, wird auch von Cooke-Davies betont[138].

Bevor der Begriff des Reifegradmodells geklärt werden kann, soll zunächst auf den Modellbegriff im Allgemeinen eingegangen werden. Nach Stachowiak[139] erfüllen Modelle drei Hauptmerkmale: Das Abbildungsmerkmal, das Verkürzungsmerkmal und das pragmatische Merkmal. Gemäß dem Abbildungsmerkmal geben Modelle stets Ausschnitte von Originalen wieder. Dem Verkürzungsmerkmal entsprechend können Modelle nie die gesamten Eigenschaften des Originals abbilden. Sie verkürzen die Betrachtung durch die Elision für die Modellnutzung irrelevanter Details. Das pragmatische Merkmal sagt aus, dass Modelle immer zu einem speziellen Zweck modelliert werden und dieser auch bei der Verwendung zu beachten ist.

Ein (Projektmanagement-) Reifegradmodell wird durch das PMI folgendermaßen definiert:

> "A maturity model is a framework that describes the characteristics of effective processes in areas as [...] project management [...]. The foundation of these models is that every process depends upon one or more capabilities that can be measured and assessed."[140]

Projektmanagementreifegradmodelle werden also zu Bewertung und Weiterentwicklung von Projektmanagementstrukturen eingesetzt. Als Gegenstand einer Projektmanagementreifegradmessung finden sich je nach Autor auch die Begriffe Projektmanagement-Performance, -Fähigkeiten (engl.: *Capabilities*)[141], -Leistungsfähigkeit oder -Kompetenz (engl.: *Competency*). Teils wird Projektmanagementrei-

---

[137] DIN 2009, Teil 5, S. 14
[138] vgl. Cooke-Davies et al. 2001 und Cooke-Davies 2004
[139] Stachowiak 1973, S. 131-133
[140] Project Management Institute 2008b, S. 9; andere Definitionen bzw. Begriffsklärungen finden sich bspw. bei Ahlemann et al. 2005, S. 15, oder bei Becker et al. 2009, S. 2
[141] Vgl. Crawford 2007, S. 3, sowie Sowden et al. 2010, S. 6. Bei letzteren wird auch die teils vermischte Verwendung der oben genannten Begriffe deutlich. Es heißt sowohl „Maturity models [...] have become an essential tool in assessing organizations' current capabilities [...]", als auch „The [P3M3] [...] provid[es] a framework with which organizations can assess their current performance [...]".

fe auch mit Projektmanagementeffektivität gleichgesetzt.[142] Das Ziel ist es alle für eine Weiterentwicklung der Projektmanagementstrukturen wichtigen Aspekte einzubeziehen und gleichzeitig von sehr vielfältigen und verzweigten Informationen durch Aggregation zu einer einzelnen, dimensionslosen (Reifegrad-) Größe zu kommen. Die aus der Reifegradmessung abgeleiteten Verbesserungsmaßnahmen sollen schließlich zur Erreichung eines angestrebten Endzustands führen.[143]

Der Vollständigkeit halber sei gesagt, dass der Begriff der Reife in der Projektmanagementliteratur auch in anderen Sinnzusammenhängen verwendet wird[144], die allerdings für diese Arbeit nicht von Belang sind.

2.3.2 Ursprünge der Reifegradmessung im Managementbereich

2.3.2.1 Prüfmatrix für das Qualitätsmanagement nach Crosby

Grundlegend für Reifegradansätze im Managementbereich, insbesondere für alle stufenartig aufgebauten Reifegradmodelle zur Abbildung der Prozessreife, ist die von Crosby in seinem Buch „Qualität bringt Gewinn" eingeführte Prüfmatrix für das Qualitätsmanagement.[145] Mit der Entwicklung der Prüfmatrix wollte er ein Instrument zur Verfügung stellen, das Qualität messbar macht[146] und dem Qualitätsmanagement mehr Aufmerksamkeit innerhalb einer Organisation verschafft. Zweck der Prüfmatrix ist die Messung und Überwachung der Qualität von Managementstrukturen: „Mit Hilfe der Prüfmatrix für das Qualitätsmanagement kann [..] der Manager [...] feststellen, wie ein bestimmter Unternehmensvorgang unter dem Gesichtspunkt der Qualität einzustufen ist."[147] Sie besteht aus fünf Entwicklungsstufen[148] (Unsicherheit, Einsicht, Erleuchtung, Weisheit, Sicherheit) und sechs Management- oder Bewertungskategorien (Verständnis und Einstellung des Managements, Organisation des Qualitätswesens, Problembewältigung, Qualitätskosten in Prozent vom Umsatz, Maßnahmen zur Qualitätsverbesserung, Fazit der Qualitätspolitik des Betriebs). Die einzelnen Zellen der Prüfmatrix für das Quali-

---

[142] vgl. Levene et al. 1995 oder Crawford 2007, S. 1 ff.
[143] vgl. Wißler 2000, S. 71 f.
[144] Turner 1999, S. 261, verwendet den Begriff im Zusammenhang mit dem Projektlebenszyklus für die Phase der Abwicklung und Steuerung. Morris 2000b spricht im Zusammenhang des Entwicklungsstandes von Projektmanagement als wissenschaftlicher Disziplin von Reife. Geraldi 2008, S. 48, verwendet den Begriff stellvertretend für die technische und wirtschaftliche Klarheit des Projektumfangs bzw. -auftrags.
[145] vgl. Crosby 1986; Wendler 2012 nennt daneben noch Nolan 1979, der im selben Jahr einen stufenartigen Reifungsprozess im IT-Kontext beschrieb.
[146] Crosby 1986, S. 22
[147] ebd., S. 23
[148] Bei der Entwicklung stützte sich Crosby laut Scheuing et al. 2000 mutmaßlich auf die ebenfalls fünfstufig aufgebaute Maslow'sche Bedürfnishierarchie.

Kapitel 2

tätsmanagement sind mit Erfahrungswerten gefüllt, die dem Anwender als Bezugspunkte dienen sollen. Für die Bewertung einer Organisation oder Organisationseinheit soll die Matrix laut Crosby idealerweise vom Geschäftsführer und vom Leiter des Qualitätsmanagements der Organisation sowie von einem Organisationsexternen unabhängig voneinander ausgefüllt werden.[149] Der einzelne Anwender, der nicht notwendigerweise ein Spezialist im Qualitätsmanagement sein muss, wählt die für die zu bewertende Organisation zutreffenden Zellen der Matrix aus. Jeder Zelle wird dabei ein Zahlenwert zugewiesen, der der zugehörigen Entwicklungsstufe entspricht (d.h. Unsicherheit = 1, Einsicht = 2, usw.). Durch Addition der Zahlenwerte der gewählten Zellen – wobei maximal 30 Punkte zu erreichen sind – ergibt sich ein Gesamtbild der Qualität des Qualitätsmanagements der Organisation; Crosby spricht von einer Standortbestimmung. Das Ziel ist es anschließend Einigkeit unter den Beteiligten hinsichtlich des Bewertungsergebnisses zu erreichen und durch den Blick auf die in den einzelnen Bewertungskategorien jeweils höhere Entwicklungsstufe Verbesserungspotenziale zu erkennen.

2.3.2.2 Capability Maturity Model und Capability Maturity Model Integration

Der stufenartige Ansatz von Crosbys Prüfmatrix stellt einen wichtigen Einfluss auf die Struktur des Capability Maturity Models (CMM), des bekanntesten und verbreitetsten Reifegradmodells im Managementbereich[150], dar. Das CMM wurde ab 1986 durch das amerikanische Software Engineering Institute (SEI) entwickelt. Dabei brachte Humphrey, der in leitender Funktion an der Entwicklung des CMM beteiligt war[151], Ideen aus dem von ihm und Radice 1985 entwickelten – und auf dem Ansatz von Crosby aufsetzenden – fünfstufigen Reifegradmodell für eine qualitätssichere Software-Entwicklung bei IBM ein.[152] Ausgangspunkt für die Entwicklung war die Beobachtung, dass viele Software-Organisationen offenbar nicht in der Lage waren zuverlässige und brauchbare Software innerhalb der zugesagten Budget- und Termingrenzen zu entwickeln und zu liefern.[153] Diese Beobachtung stützte sich auf (Fall-) Studien von Projekten der öffentlichen Hand in den USA, insbesondere auf dem Militärsektor.

Das CMM ist ein Modell mit dessen Hilfe Organisationen ihre eigenen Fähigkeiten hinsichtlich der Software-Entwicklung einschätzen können und über den stufenar-

---

[149] Crosby 1986, S. 30
[150] vgl. Harter et al. 2000, S. 452
[151] vgl. Curtis et al. 2001, S. 11, in Daniel 2008, S. 104
[152] vgl. Daniel 2008, S. 103 f. und 107
[153] vgl. Paulk et al. 1995, S. 3

tigen Aufbau einen Weg zur Verbesserung dieser Fähigkeiten aufgezeigt bekommen. Dabei folgt es dem Gedanken des kontinuierlichen Verbesserungsprozesses (KVP). Es umfasst Verfahrensweisen zur Planung, zum Engineering und zum Management von Software-Entwicklungen.[154] Die Strukturelemente des CMM sind Reifegrade (maturity levels), Schlüsselprozessbereiche (key process areas), gemeinsame Charakteristika (common features) und Schlüsselpraktiken (key practices; siehe dazu Abb. 2-4).

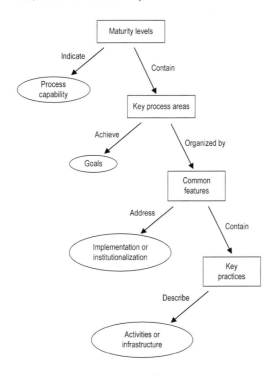

Abb. 2-4: Struktur des CMM[155]

Ein Reifegrad wird im CMM wie folgt definiert:

„A maturity level is a well-defined evolutionary plateau toward achieving a mature software process."[156]

---

[154] vgl. Paulk et al. 1995, S. 4
[155] entnommen aus Paulk et al. 1995, S. 31
[156] Paulk et al. 1995, S. 31

Kapitel 2

Jeder der fünf Reifegrade steht für bestimmte Fähigkeiten einer Organisation hinsichtlich seiner Softwareprozesse. Aus den Fähigkeiten ergibt sich eine bestimmte Streuung für die zu erwartenden Prozessergebnisse. Daraus lassen sich wiederum Vorhersagen über die wahrscheinlichsten Ergebnisse der zukünftigen Softwareprojekte der Organisation ableiten.[157] Die fünf Reifegrade des CMM sind aus Abbildung 2-5 ersichtlich:

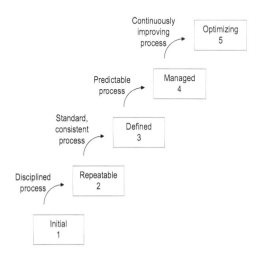

Abb. 2-5: Reifegrade des CMM[158]

Jedem Reifegrad, mit Ausnahme des ersten, sind einzelne Schlüsselprozessbereiche zugeordnet. Dem Reifegrad 2 (Repeatable) sind beispielsweise u.a. die Schlüsselprozessbereiche Softwareprojektplanung, Softwareprojektverfolgung und -übersicht, Management von Nachunternehmern und Softwarequalitätssicherung zugeordnet. Um einen bestimmten Reifegrad zu erreichen, muss eine Organisation erstens Prozesse in allen Schlüsselprozessbereichen dieses Reifegrads eingerichtet haben und zweitens die Ziele jedes dieser Schlüsselprozessbereiche erreicht haben. Jeder Schlüsselprozessbereich umfasst Schlüsselpraktiken. Die Ziele eines Schlüsselprozessbereiches sind den Schlüsselpraktiken vorangestellt und sind eine Zusammenfassung dieser. Ein Ziel des Schlüsselprozessbereichs

---

[157] vgl. Paulk et al. 1995, S. 30
[158] entnommen aus Paulk et al. 1995, S. 16

Softwareprojektplanung ist z.B.: "Software estimates are documented for use in planning and tracking the software project."[159]

Die Schlüsselpraktiken gliedern sich jeweils nach gemeinsamen Charakteristika:

- Verpflichtung zur Ausführung (Commitment to perform)
- Fähigkeit zur Ausführung (Ability to perform)
- Ausgeführte Aktivitäten (Activities performed)
- Messung und Analyse (Measurement and analysis)
- Verifizierung der Implementierung (Verifying implementation)

Hinter diesen Gliederungspunkten stehen jeweils ein oder mehrere kompakte Aussagen, die ggf. weiter erläutert werden. Über die Verpflichtung und die Fähigkeiten zur Ausführung soll ein Bewusstsein für die Praktiken dieses Schlüsselprozessbereichs geschaffen werden und es sollen bestimmte (organisatorische) Voraussetzungen für die Ausführung geschaffen werden. Die ausgeführten Aktivitäten stellen den Kern der Schlüsselpraktiken dar. In ihnen ist beschrieben, welche Abläufe bzw. Prozesse ausgeführt werden müssen, um dem Schlüsselprozessbereich gerecht zu werden. Die Praktiken unter Messung und Analyse stehen für ein Controlling der ausgeführten Aktivitäten, während anschließend über die Verifizierung der Implementierung sichergestellt werden soll, dass der Prozess tatsächlich in Übereinstimmung mit seiner Definition ausgeführt wird.[160]

Die Struktur des CMM im Allgemeinen und dessen stufenartiger Ansatz im Speziellen hatten einen starken Einfluss auf den Großteil der in den Managementdisziplinen, d.h. z.B. Qualitäts-/ Prozessmanagement, Projektmanagement und Wissensmanagement, entwickelten Reifegradmodelle. Im Qualitäts- und Prozessmanagement sind seit der Entwicklung des CMM weitere Modelle zur Abbildung der Prozessreife einer Organisation entstanden: Zwei der bekannteren sind beispielsweise SPICE[161] (Software Process Improvement and Capability Determination) und PMMA (Process Management Maturity Assessment).[162]

---

[159] Paulk et al. 1995, S. 134
[160] vgl. ebd., S. 40
[161] Abkürzungen sind hier vorangestellt, da diese geläufiger sind als die ausgeschriebenen Modellnamen.
[162] vgl. Schmelzer und Sesselmann 2008, S. 360

2.3.2.3 Prozessorientierte Reifegradmodelle in Anlehnung an Crosbys Reifegradraster und das Capability Maturity Model

Nachdem das Konzept der Reife im Management ursprünglich aus dem Bereich der Softwareentwicklung hervorgegangen ist und dort angewendet wurde, registrieren Kuhn et al.[163] Bestrebungen, es über diesen Bereich hinaus zu generalisieren. Infolgedessen wurde in den 1990er und 2000er Jahren im Management eine Vielzahl[164] von Reifegradmodellen entwickelt, von denen ein Großteil mehr oder weniger stark an Ideen und Ansätze von Crosby sowie des CMM angelehnt ist[165] und in denen der Prozessgedanke im Kern der Überlegungen steht. In diesem Zeitraum sind Reifegradmodelle auch zunehmend ins Interesse der Wissenschaft gerückt.[166] Beispiele für Anwendungsfelder sind Business Process Management[167], Supply Chain Management[168], Personalmanagement[169], E-Government[170], Interorganisationssysteme[171], Vertragsmanagement[172], Wissensmanagement[173], Innovationsmanagement[174], strategisches Management[175], Programmmanagement[176] und IT-Management[177].[178] In dieser Reihe sind auch Projektmanagementreifegradmodelle zu sehen, da bei ihnen die Reife von Projektmanagementprozessen gemessen wird.[179]

Der Großteil der Reifegradmodelle in den genannten Bereichen folgt dem stufenartigen Aufbau des CMM[180]. Betrachtet man die Stufenbeschreibungen verschie-

---

[163] Kuhn et al. 1996
[164] Bruin et al. 2005 sprechen von über 150 Modellen.
[165] vgl. Jugdev und Thomas 2002b, S. 5
[166] Wendler 2012 beobachtete in einer Studie u.a. die Anzahl wissenschaftlicher Veröffentlichungen zum Thema Reifegradmodelle pro Jahr über den Zeitraum 1993-2010. Nach ca. drei Veröffentlichungen in den ersten Jahren, gab es in den letzten Jahren knapp bzw. teils über 30 Veröffentlichungen p.a. Dazwischen lag ein kontinuierlicher Anstieg.
[167] vgl. Object Management Group 2008
[168] vgl. Lockamy III. und McCormack 2004 in Daniel 2008, S. 115
[169] vgl. Curtis et al. 2001, S. 18, in Daniel 2008, S. 115
[170] vgl. Gottschalk 2009
[171] vgl. Ali et al. 2008
[172] vgl. Garrett und Rendon 2005
[173] vgl. Freeze und Kulkarni 2005 oder Geers 2011
[174] vgl. Aiman-Smith et al. 2005
[175] vgl. Vries und Margaret 2003
[176] vgl. Jia et al. 2011
[177] vgl. Renken 2004
[178] Ähnliche Aufzählungen finden sich auch bei Bruin et al. 2005, Mullaly 2006, Project Management Institute 2008b, S. 2, und Becker et al. 2009, S. 3.
[179] Cooke-Davies 2007, S. 291, schreibt dazu: "Since software is developed through projects, it is natural that the concept of organizational maturity would migrate from software development processes to project management [...]"
[180] Daher erfolgen in diesem Unterkapitel auch keine weiteren Ausführungen zur Struktur der Modelle; es wird stattdessen auf das vorige Unterkapitel 2.3.2.2 verwiesen.

dener Modelle im Einzelnen, so lässt sich ein wiederkehrendes Muster erkennen[181]:

Stufe 2[182]: Ist der Prozess definiert?

Stufe 3: Wird der Prozess seiner Definition entsprechend ausgeführt und sind die Ergebnisse somit vergleichbar?

Stufe 4: Wird die Ausführung des Prozesses überwacht und (quantitativ) bewertet?

Stufe 5: Werden die betrachteten Prozesse kontinuierlich verbessert?

Mit steigendem Reifegrad steigt die Formalisierung, aber idealerweise auch die Transparenz: Stellt der Prozess auf Stufe 1 gewissermaßen eine Black Box dar, versteht ihn die Organisation auf Stufe 5 komplett und entwickelt ihn kontinuierlich weiter.[183]

2.3.3 Projektmanagementreifegradmodelle

2.3.3.1 Anwendungsziele

Die Ziele, die eine Organisation, z.B. ein Industrieunternehmen, mit der Anwendung eines Reifegradmodells verfolgen kann, sind im Wesentlichen Orientierung bezüglich der Qualität der eigenen Projektmanagementstrukturen und Verbesserung[184] selbiger. Über die Bewertung und Einstufung einer Organisation in die stufenartige Struktur erhält die Organisation zunächst eine gewisse Orientierung; die Abstände zum unteren bzw. oberen Ende der Skala werden für sie ersichtlich. Aus einer detaillierteren Auseinandersetzung und Analyse der im Rahmen der Bewertung angefallenen Daten werden Stärken und Schwächen der innerhalb der Organisation vorliegenden Projektmanagementstrukturen deutlich. So die Organisation über eine längerfristige Anwendung der Reifegradsystematik bspw. einen Kontinuierlichen Verbesserungsprozess (KVP) umsetzen möchte, liegt der nächste Schritt in der Formulierung, Planung und Umsetzung von Verbesserungsmaßnahmen.

---

[181] vgl. Pennypacker 2001 in Jugdev 2004 sowie Rabe und Knothe 2010, S. 477
[182] Stufe 1 wird hier ausgelassen, da Organisationen in vielen Modellen automatisch, d.h. ohne Bedingungen der Stufe 1 zugeordnet werden.
[183] vgl. z.B. Dooley et al. 2001
[184] vgl. Mullaly 2006, S. 62

Reifegradmodelle können unabhängig oder zusätzlich zu den oben geschilderten Zielen auch zum Benchmarking eingesetzt werden.[185] Dabei verwenden mehrere Organisationen/ Organisationseinheiten dasselbe Modell, gewähren sich anschließend zu einem gewissen Maße Einsicht in die Ergebnisse und diskutieren diese gegebenenfalls.

Prinzipiell ist mit jedem Projektmanagementreifegradmodell auch eine einmalige Reifegradmessung möglich. An sich sind sie jedoch für eine längerfristige Anwendung konzipiert und dienen so als Bezugsrahmen für eine kontinuierliche Weiterentwicklung der Projektmanagementstrukturen. Das Messintervall für die zyklische Modellanwendung (vgl. Abb. 2-6) kann dabei durch die das Modell einsetzende Organisation grundsätzlich frei gewählt werden. Crawford hält ein sechsmonatiges Intervall für sinnvoll.[186] Erfahrungswerte aus der Anwendung des CMM(I) sprechen jedoch für ein Intervall im Bereich zwölf bis 36 Monate, wobei der Median bei ca. 24 Monaten lag.[187]

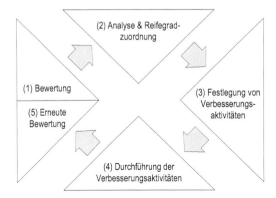

Abb. 2-6:   Zyklische Anwendung von Projektmanagementreifegradmodellen[188]

Als Nutzeneffekte einer hohen Projektmanagementreife nennen die Autoren bzw. Entwickler der Reifegradmodelle auf Projektebene Verbesserungen in den klassischen Zieldimensionen Zeit, Kosten und Qualität[189] sowie die Minimierung von

---

[185] vgl. Hanisch 2008; Pennypacker und Grant 2003, S. 5, verwenden explizit den Ausdruck "project management maturity benchmarking"
[186] vgl. Crawford 2007, S. 17
[187] vgl. Software Engineering Institute, Carnegie Mellon 2004 sowie Hayes und Zubrow 1995 und Herbsleb et al. 1997
[188] vgl. ähnliche Darstellung in Project Management Institute 2008b, S. 18
[189] vgl. Chrissis et al. 2009, S. 117, Ward 1998 und Hillson 2001

Risiken[190] und die Erhöhung der Kundenzufriedenheit[191]. Auf Multiprojektebene soll ein hoher Reifegrad zur Auswahl von Projekten im Sinne der Organisationsstrategie führen.[192] Des Weiteren soll sich die Transparenz der Projektmanagementstrukturen einer Organisation[193] sowie die Kommunikation zwischen der Projektebene und dieser übergeordneten Managementebenen[194] verbessern.

2.3.3.2 Struktur

Mitte der 1990er Jahre wurde die Idee der Bewertung von Managementstrukturen mittels Einteilung in Reifegrade im Projektmanagement aufgenommen.[195] Um die Struktur von Projektmanagementreifegradmodellen besser nachvollziehen zu können, soll zunächst auf deren Entstehungshintergründe eingegangen werden. Hier lässt sich zum einen nach dem inhaltlich-thematischen Hintergrund, zum anderen nach dem institutionellen Hintergrund differenzieren. In Bezug auf ersteren sind einige Modelle in Anlehnung an oder als Abwandlung von bestimmten Modellen aus dem Bereich Qualitäts- und Prozessmanagement entwickelt worden. Als Referenzmodelle und Bezugsrahmen sind hier insbesondere das CMM, das EFQM Excellence Model und der Malcolm Baldrige National Quality Award (MBNQA)[196] zu nennen. Andere Modelle sind originär aus dem Bereich Projektmanagement entstanden (z.B. OPM3). Als institutionelle Hintergründe können der Bereich Wissenschaft und Forschung, große, international operierende Projektmanagementorganisationen wie das PMI, der Bereich der Unternehmensberatung[197] sowie auch einzelne Unternehmen[198] genannt werden. Bei der Entwicklung von Modellen wie dem OPM3 oder dem Project-Oriented Company Competence Model gab es auch Kombinationen der genannten Bereiche.

Die Grundlage der Einstufung einer Organisation in ein Reifegradmodell ist die **Reifegradmessung**. Diese kann entweder durch Mitglieder der betrachteten Organisation oder Organisationseinheit selbst durchgeführt werden (intern), oder

---

[190] vgl. Project Management Institute 2008b, S. 5
[191] vgl. Ward 1998 und Sowden et al. 2010, S. 5
[192] vgl. Project Management Institute 2008b, S. 9
[193] vgl. Paulk 2008 in Maier et al. 2012
[194] vgl. Peterson 2000
[195] Vgl. Morris 2000a in Cooke-Davies und Arzymanow 2003. Die ersten Modelle wurden von Levene et al. 1995 sowie von Fincher und Levin 1997 entwickelt.
[196] vgl. zum CMM Abbildung 2-9 im weiteren Verlauf dieses Unterkapitels sowie zu EFQM und MBNQA Cooke-Davies und Arzymanow 2003 und Mullaly 2006
[197] vgl. Jugdev und Thomas 2002a, Grant und Pennypacker 2006 und Cooke-Davies 2007, S. 291
[198] Wie im weiteren Verlauf der Arbeit noch deutlich werden wird (vgl. Kap. 4.2.4) nutzen einige Unternehmen selbst entwickelte Projektmanagementreifegradmodelle zur Bewertung und Weiterentwicklung ihrer Projektmanagementstrukturen.

durch Organisationsexterne unterstützt bzw. komplett von diesen übernommen werden (extern). In erstem Fall sind vor allem die Gefahr einer Verzerrung bzw. Beschönigung des Bewertungsergebnisses – z.B. aus organisationspolitischen Gründen – sowie die möglicherweise nicht hinreichende Vertrautheit der Organisationsmitglieder mit der Bewertungsmethodik oder auch der Modellsystematik insgesamt zu bedenken. Die Unterstützung durch Externe wird i.d.R. mit höheren Kosten verbunden sein.

In jedem Fall müssen vor Beginn der Bewertung Mitglieder der Organisationseinheit als Teilnehmer an selbiger identifiziert werden. Unter Mitwirkung dieser Personen werden dann Informationen/ Daten erhoben. Folgende Methoden werden dabei üblicherweise – meist in Kombination – angewendet:

- Interview (Leitfaden-gestützt; als Einzel- oder Gruppeninterview)
- Standardisierter Fragebogen
- Gespräch
- Beobachtung
- Sichtung und Analyse von Dokumenten

Die zentralen Methoden sind Interview, Fragebogen und Dokumentenanalyse. Das Gespräch kann v.a. bei externen Reifegradbewertungen als Einstieg in den Bewertungsprozess dienen, um die betrachtete Organisation kennenzulernen. Die Beobachtung kann sehr zeitaufwändig und hinsichtlich der erhobenen Informationen/ Daten verhältnismäßig weniger ergiebig als die eingangs dieses Absatzes genannten Methoden sein.

Die strukturellen Kernelemente von Projektmanagementreifegradmodellen werden im Folgenden anhand der Abbildung 2-7 (siehe Folgeseite) erläutert.

Oberstes strukturelles Kernelement von Projektmanagementreifegradmodellen ist die **Abbildung der Reife** (vgl. Abb. 2-7(a)). Diese erfolgt bei dem Großteil der momentan verfügbaren Modelle – angelehnt an die Struktur des CMM (vgl. Abb. 2-5) – stufenartig.

Theoretischer Hintergrund

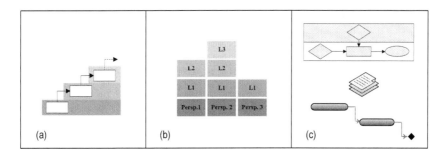

Abb. 2-7:   Kernelemente der Struktur von Projektmanagementreifegradmodellen[199]

Die Abbildung kann allerdings auch auf andere Weise und differenzierter erfolgen als über die geschlossenen Reifegrade: Das Project-oriented Company Competence Model von Gareis nutzt bspw. eine Spinnennetzdarstellung der PM-Reife (vgl. Abb. 2-8); im OPM3 wird die Reife prozentual abgetragen.

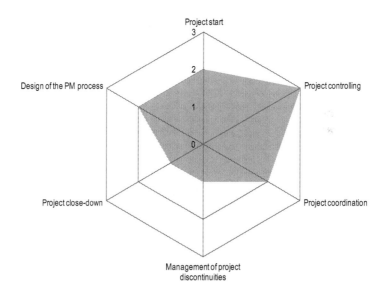

Abb. 2-8:   Abbildung des Projektmanagementreifegrades über eine Spinnennetzdarstellung[200]

---

[199] eigene Darstellung; vgl. dazu auch Albrecht und Spang 2014, S. 286
[200] entnommen aus Gareis und Huemann 2000, S. 716

Kapitel 2

In eine Projektmanagementreifegradbewertung fließen i.d.R. verschiedene Themen rund um das Projektmanagement mit ein, die in vielen Modellen zu sogenannten **Betrachtungsbereichen** (vgl. Abb. 2-7(b)) zusammengefasst werden. Für jeden Betrachtungsbereich wird dann ein zugehöriger Reifegrad ermittelt; anschließend werden die einzelnen Werte dann zum übergeordneten Gesamtreifegrad zusammengefasst. Während sich hinsichtlich der Abbildung der Projektmanagementreife viele Modelle an der stufenartigen CMM-Struktur orientieren, verwenden für die inhaltlichen Betrachtungsbereiche mehrere Modelle die Wissensbereiche *(Knowledge areas)* des PMBOK Guide des PMI als Referenz.

Auf der untersten Ebene der strukturellen Kernelemente befinden sich schließlich **Attribute oder Prozesse** (vgl. Abb. 2-7(c)), deren Ausprägung innerhalb einer Organisation im Rahmen einer Reifegradbewertung geprüft und bewertet wird. Diese Attribute können sich sowohl auf das Vorhandensein bestimmter Strukturen beziehen (d.h. z.B. ein bestimmter Ablauf ist in Form einer Prozessbeschreibung dokumentiert), als auch darauf, ob diese Strukturen im Rahmen der Abwicklung von Projekten von den Mitarbeitern auch tatsächlich „gelebt" werden (d.h. das Projektpersonal führt den Ablauf gemäß der Beschreibung aus, greift ggf. auf diese zurück).

Die Analyse bzw. die Schlüsse, die aus Bewertung und Einstufung gezogen werden, können in der Definition und Planung von Verbesserungsaktivitäten münden; das entsprechende Dokument wird teils kompakt als **Roadmap**[201] bezeichnet. Auf die Umsetzung der Verbesserungsmaßnahmen können, so sich die Organisation zu einer längerfristigen Anwendung der Reifegradsystematik entscheidet, weitere Bewertungen folgen.

Die Tatsache, dass sich viele Modelle strukturell an das CMM(I) sowie inhaltlich an die Wissensbereiche des PMBOK Guide anlehnen wird abschließend anhand von Abbildung 2-9 veranschaulicht:[202]

---

[201] vgl. z.B. Sowden et al. 2010, S. 5: „[P3M3] also acts as a roadmap for ongoing improvement [...] ", Project Management Institute 2008b, S. 2, oder Becker et al. 2009, S. 4
[202] vgl. zu dieser Tatsache auch Cooke-Davies 2004, S. 213-214

Theoretischer Hintergrund

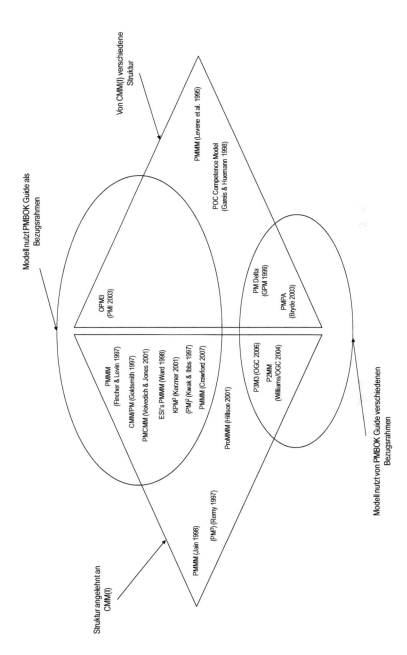

Abb. 2-9: Ordnung verschiedener Projektmanagementreifegradmodelle anhand ihrer strukturellen und inhaltlichen Bezugsrahmen

Der Abbildung kann zunächst entnommen werden, dass die Kombination *strukturelle Anlehnung an CMM(I) und inhaltliche Anlehnung an PMBOK Guide* die häufigste ist. Das OPM3 stützt sich inhaltlich ebenfalls auf den PMBOK Guide, bildet aber die Reife nicht stufenartig (i.S.d. CMM(I)) ab, sondern über Prozentwerte. Auf der anderen Seite verwenden bestimmte Modelle andere Bezugsrahmen, wie z.B. die britische Projektmanagementmethode PRINCE2 (P3M3 und P2MM), das EFQM Business Model (PMPA; sowohl inhaltliche als auch strukturelle Anlehnung) oder die DIN 69901 (PM Delta). Die Modelle, die innerhalb keiner der beiden Ellipsen liegen, stützen sich nicht auf einen bestimmten „Body of Knowledge"[203] des Projektmanagements.

2.3.3.3 Abgrenzung zu weiteren Reifegradansätzen im Projektmanagement und Kategorisierung

Wie bereits angedeutet[204] wird der Begriff der Reife im Projektmanagement in verschiedenen Zusammenhängen verwendet. Neben der Projekt<u>management</u>reifegradmessung und den zugehörigen Modellen kann die <u>Projekt</u>reifegradmessung als ein weiterer Bereich der Reifegradansätze im Projektmanagement identifiziert werden. Bei der Projektmanagementreifegradmessung ist der Blick auf die Organisation als Ganze gerichtet: Der aktuelle Entwicklungsstand der Projektmanagementstrukturen soll aufgenommen, mittel-/ langfristige Ziele für deren Weiterentwicklung sollen definiert werden. Ansätze zur Messung der Projektreife[205] werden hingegen mit operativem Horizont eingesetzt und blicken auf den Entwicklungsstand eines einzelnen Projektes.

Während der Begriff der Projektreife (oder englisch: *Project maturity*) in internationalen Veröffentlichungen selten und hinsichtlich seiner semantischen Bedeutung auch anders verwendet wird[206], wurden in Deutschland v.a. im Kontext von Produktentwicklungsprojekten der Automobilindustrie verschiedene Ansätze zur Messung der Projekt- oder Produktreife[207] entwickelt.[208] Die Motivation zur Entwick-

---

[203] Der Begriff wird an dieser Stelle stellvertretend für Richtlinien, Normen und Standards verwendet.
[204] vgl. Kapitel 2.3.1
[205] teils wird auch von <u>Produkt</u>reife gesprochen (vgl. bspw. Schneider 2008)
[206] siehe dazu Andersen und Jessen 2003
[207] Diese Begriffe verhalten sich in diesem Zusammenhang nicht vollständig trennscharf zueinander bzw. können nicht losgelöst voneinander gesehen werden. Während Pfeifer et al. 1996, S. 565, Weinzierl 2006, S. 21, und Jahn 2010 die Produktreife als ein Element der Projektreife sehen, beschreibt Wißler 2000, S. 72 f., Projekt- und Produktreife nahezu synonym: „Bezieht man den Begriff der Reife auf Produkte, so soll unter der Produktreife die zeitliche Entwicklung des Produktes verstanden werden, in deren Verlauf eine Annäherung an die vorgegebenen Produkt- und Projektziele erfolgt."

lung o.g. Ansätze ergibt sich v.a. aus dem hohen Wettbewerbsdruck und dem damit verbundenen Antrieb die Time-to-Market, also den Zeitraum vom Beginn der Produktentwicklung bis zur Platzierung des Fahrzeugs am Markt, möglichst kurz zu halten.[209] Daraus ergibt sich wiederum die Notwendigkeit einer hohen Transparenz hinsichtlich des Status der Projektabwicklung. Die Autoren bauen teilweise aufeinander auf, woraus sich folgende Gemeinsamkeiten der Ansätze ergeben:

- Transparenz des Status der Projektab- bzw. Produktentwicklung[210] und frühzeitige Erkennung von Handlungsbedarf[211] als wesentliche Zielstellungen

- Beschreibung des Projektreifegrades als eine aggregierte Größe, die sich aus verschiedenen Dimensionen und mess-/ bewertbaren Einzelindikatoren zusammensetzt[212]

Der Gesamtreifegrad des Projektes[213] oder des zu entwickelnden Produktes[214] steht – wie in Abbildung 2-10 zu sehen ist – an der Spitze einer Baumstruktur in deren folgender Ebene sich zunächst die einzelnen Dimensionen des Reifegrades (z.B. Kosten, Zeit, Produktumfang/ -qualität, Prozessqualität[215]) oder die einzelnen Komponenten des zu entwickelnden Produktes finden. Auf der untersten Ebene dieser Struktur liegen die Einzelindikatoren des Reifegrades, die ggf. auf einer weiteren, vorgelagerten Ebene zu Gruppen oder Hauptindikatoren zusammengefasst werden können. Die Reifegrade der Indikatoren werden dann in einem definierten, z.B. monatlichen[216] Intervall – qualitativ oder möglichst quantitativ – erfasst[217] und zum Gesamtreifegrad zusammengeführt. Anschließend können Soll-Ist-Vergleiche und Prognosen über die zukünftige Reifegradentwicklung erstellt sowie Handlungsbedarfe identifiziert werden.[218]

---

[208] Wißler 2006, S. 42: „Jüngere Ansätze zur ergebnisorientierten Projektfortschrittsmessung sind die Serienreifegradmessung, der Projektreifegrad und der Produktreifegrad in der Automobilindustrie, die in der Literatur bei Wangenheim, Fischer, Staiger und Heiler/Wißler näher beschrieben sind."
[209] vgl. Pfeifer et al. 1996, S. 564
[210] vgl. Pfeifer et al. 1996, Wißler 2000, S. 76, und Fischer und Dangelmaier 2000, S. 141
[211] vgl. Hessenberger und Späth 1998
[212] vgl. Fischer und Dangelmaier 2000, S. 142
[213] vgl. Pfeifer et al. 1996, S. 565
[214] vgl. Wißler 2000, S. 75
[215] vgl. Hessenberger und Späth 1998, S. 256 ff.
[216] vgl. Fischer und Dangelmaier 2000, S. 142
[217] vgl. Wangenheim 1998, S. 117 f.
[218] Hier zeigt sich sehr deutlich, dass die Projektreifegradmessung letztendlich eine Art integrierten Projektcontrolling-Ansatz (vgl. Wangenheim 1998, S. 118) darstellt. Pfeifer et al. 1996, S. 567, sprechen explizit von „Reifegradcontrolling". Fischer et al. 2011, S. 23, bilden den (Projekt-) Reifegrad neben Kosten und Terminen als eine von drei Zieldimensionen im Spannungsdreieck des Projektmanagements ab.

Kapitel 2

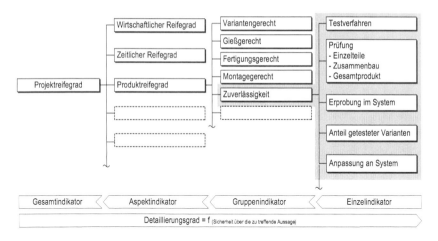

Abb. 2-10: Exemplarische Detaillierung des Projektreifegrades[219]

Neben den Projektmanagementreifegradmodellen und den Projektreifegradansätzen existieren weitere Ansätze, in denen der Begriff der Reife bzw. der Reifegrade Verwendung findet. Als Beispiele können das Infrastructure Project Assessment Tool[220] (IPAT; vormals: Infra Maturity Tool[221]), mittels dessen eine projektbezogene Projektmanagementreifegradmessung in verschiedenen Phasen eines Infrastrukturprojektes vorgenommen werden kann, das von Meyer und Ahlemann[222] vorgestellte Reifegradmodell zur Bewertung von Projektmanagementsoftware sowie die für Automobil-Produktentwicklungsprojekte erarbeitete VDA[223]-Richtlinie „Reifegradabsicherung für Neuteile" genannt werden. Bei letzterer werden in „runden Tischen" zwischen Kunde und Lieferant risikokritische Lieferumfänge identifiziert. Die besonders risikokritischen Lieferumfänge werden über den Projektlebenszyklus weiterverfolgt und zu wesentlichen Meilensteinen im Produktentstehungsprozess (den Reifegraden) beurteilt („Reifegrad-Meilenstein-Philosophie").

Es ergibt sich folgende Kategorisierung von Reifegradansätzen im Projektmanagement:

---

[219] entnommen aus Pfeifer et al. 1996, S. 565
[220] siehe http://netlipse.eu/about-netlipse/ipat
[221] vgl. Hertogh 2008, S. 131-138
[222] vgl. Meyer und Ahlemann 2011
[223] Verband der Automobilindustrie e.V.

Theoretischer Hintergrund

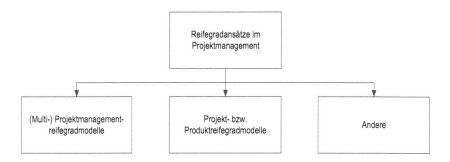

Abb. 2-11: Kategorisierung von Reifegradansätzen im Projektmanagement

2.3.3.4 Kritik

In den vergangenen Jahren haben sowohl Praktiker als auch Wissenschaftler Kritik an Projektmanagementreifegradmodellen geäußert. Diese bezog sich auf die Vielzahl entwickelter Modelle, auf den Entwicklungsprozess sowie auf verschiedene inhaltliche und strukturelle Aspekte, hier jedoch besonders auf die Dominanz des Themas Prozessformalisierung in der Systematik der meisten Reifegradmodelle.

Wie oben bereits ausgeführt wurde[224], existieren im Projektmanagement knapp 20 Reifegradmodelle, im Managementbereich allgemein sogar über 150 Modelle. Becker et al. äußern sich zu dieser Modellvielfalt wie folgt: „Die Veröffentlichung immer neuer Reifegradmodelle für häufig sehr ähnliche Anwendungsbereiche erweckt [..] zunehmend den Eindruck einer gewissen Beliebigkeit der vorgeschlagenen Modelle."[225] Aus der breiten Landschaft an verfügbaren (Projektmanagement-) Reifegradmodellen ergibt sich für potenzielle Modellanwender eine gewisse Unsicherheit bzgl. der Auswahl eines für die eigenen Zwecke geeigneten Modells. Mullalys Kritik geht in eine ähnliche Richtung: Er bemängelt, dass bisher kein Modell eine weit verbreitete Akzeptanz gewinnen konnte.[226]

Zum Thema Transparenz des Entwicklungsprozesses und Dokumentation von (Projektmanagement-) Reifegradmodellen äußern sich Becker et al. ebenfalls – beide Sachverhalte werden kritisiert: „Nur in seltenen Fällen wird überhaupt offen gelegt, wie die Entwicklung eines neuen Reifegradmodells motiviert war, in wel-

---

[224] vgl. Kapitel 2.3.2.3
[225] Becker et al. 2009, S. 3
[226] vgl. Mullaly 2006, S. 64, und dazu auch Schlichter 2000 in Jugdev und Thomas 2002a

chen Schritten es entwickelt wurde, wer an diesen Schritten beteiligt war und ob und wie evaluiert wurde, dass das neue Modell seine Funktion erfüllt."[227] Und: "[...] there is little documentation in the public domain regarding their structure, contents, assessment approach, or results."[228]

Aus dem Ursprung von Reifegradansätzen und -modellen im Prozess- und Qualitätsmanagement[229] resultieren weitere Angriffs- und Kritikpunkte. Kujala und Artto sehen Projektmanagementreifegradmodelle als geeignetes Instrument für Organisationen, die Projekte mit vergleichsweise hohem Wiederholungsgrad abwickeln. Auf der anderen Seite sehen sie die Modelle als weniger geeignet für Organisationen, die Projekte mit starkem Neuartigkeitscharakter durchführen, an.[230] Pasian greift diesen Punkt auf und diskutiert die Modelle im Kontext der „Goals-and-Methods Matrix" von Turner und Cochrane[231]. Sie sieht gewisse Ungereimtheiten bzw. eine Unvereinbarkeit zwischen der Dominanz der Themen Prozessformalisierung und -steuerung auf der einen Seite und Projekten, deren Ziele und/ oder Methoden der Zielerreichung in manchen Fällen nur schwer greifbar sind, auf der anderen.[232]

Jugdev und Müller kritisieren, dass sich Projektmanagementreifegradmodelle auf dokumentiertes (*codified, tangible*) Wissen beziehen, während ein Großteil des Projektmanagementwissens in ihren Augen implizit ist.[233]

Die Kritik an Struktur und Inhalt der Modelle von Seiten der Praxis lässt sich in folgenden Punkten zusammenfassen:

- Limitierter Betrachtungsbereich durch alleinigen Fokus auf eine Kategorisierung des „Verhaltens" der Organisation
- Inflexibilität der Modelle hinsichtlich Veränderungen innerhalb der Organisation und in deren Umfeld
- Hinweis auf Schwächen der Organisationsstrukturen, jedoch kein Aufzeigen von Lösungsmöglichkeiten

---

[227] Becker et al. 2009, S. 3
[228] Mullaly 2006, S. 64
[229] vgl. Kapitel 2.3.2
[230] vgl. Kujala und Artto 2000
[231] vgl. Turner und Cochrane 1993
[232] vgl. Pasian 2010
[233] vgl. Jugdev und Müller 2005 und auch Jugdev und Thomas 2002b

Theoretischer Hintergrund

- Nicht ausreichende(r) Granularität/ Detaillierungsgrad der Modelle (insbes. derer mit „klassischem", fünfstufigem Aufbau)
- Unpraktische, zu starre Formulierung der Modelle sowie zu umfangreiche Methodologie
- Vernachlässigung menschlicher (engl.: *Human resource*) Aspekte[234]

An letzterem Punkt setzen auch Cooke-Davies und Arzymanow an, die darauf hinweisen, dass eine angenommene sukzessive Prozessverbesserung im Gegensatz zu der Art und Weise steht, auf die Menschen sich Fähigkeiten aneignen.[235]

2.3.4 Stand der Forschung

Seit Mitte der 1990er Jahre wurden knapp 20 Projektmanagementreifegradmodelle entwickelt.[236]

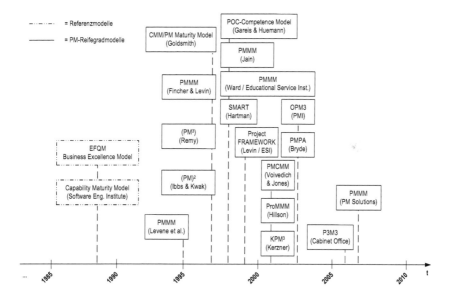

Abb. 2-12: Übersicht über verschiedene Projektmanagementreifegradmodelle sowie Referenzmodelle[237]

---

[234] vgl. zu diesen Kritikpunkten Cabanis 1998, Dinsmore 1998, Jugdev und Thomas 2002b sowie Andersen und Jessen 2003
[235] vgl. Cooke-Davies und Arzymanow 2003
[236] Siehe Liste in Anhang A. Die Literaturangaben zur Anzahl verfügbarer Modelle schwanken teils erheblich: Während Cooke-Davies et al. 2001, S. 1, von circa 30 Modellen sprechen, erwähnen Jugdev et al. 2001 im selben Jahr nur acht Modelle; Walker 2014 nennt später mehr als ein Dutzend Modelle.

41

Kapitel 2

Ein Großteil der Modelle entstand rund um die Jahrtausendwende, wie Abbildung 2-12 zu entnehmen ist. In der Folgezeit gab es zahlreiche Forschungsarbeiten zum Thema Projektmanagementreife: "The idea of organizational project management maturity is another thread of literature that discriminates between poor practice and good practice. This theme has been among the most popular in the project management literature in recent years."[238]

Die Forschungsarbeiten lassen sich in drei Phasen unterteilen, wie Abbildung 2-13 zeigt.

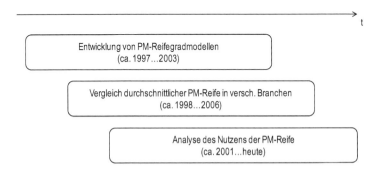

Abb. 2-13: Wesentliche Phasen in der Forschung zum Thema Projektmanagementreife[239]

Insbesondere in den Jahren um die Jahrtausendwende entstand eine Vielzahl von Projektmanagementreifegradmodellen. In dieser Phase der Modellentwicklung entstanden diverse Fallstudien, die den Modelleinsatz in jeweils einer oder mehreren Organisationen beschrieben.[240] Die Forschung konzentrierte sich in der Folge auf Vergleiche durchschnittlicher Reifegrade verschiedener Branchen. Die entsprechenden Forschungsarbeiten können Tabelle 2-3 entnommen werden.

---

[237] Eigene Darstellung; vgl. ähnliche Darstellung bei Wagner 2010, S. 26. Der Begriff des Referenzmodells wird teilweise auch bei der Beschreibung der Struktur von Reifegradmodellen verwendet (vgl. z.B. DIN 2011; Bewertungsmodell und Referenzmodell). Hier sind damit allerdings Modelle gemeint, an die sich die Entwickler von Projektmanagementreifegradmodellen strukturell und/ oder inhaltlich angelehnt haben.

[238] Besner und Hobbs 2008, S. 124

[239] eigene Darstellung; vgl. dazu auch Albrecht und Spang 2014, S. 288

[240] vgl. Rosenquist 1997, Couture und Russett 1998, Rosenstock et al. 2000, Gareis 2001 sowie Burns und Crawford 2002, alle in Grant und Pennypacker 2006

Tab. 2-3: Forschungsarbeiten zum Vergleich durchschnittlicher Projektmanagementreifegrade von Unternehmen unterschiedlicher Branchen

Autor(en) & Jahr	Modell	Branchen
Levene, Bentley & Jarvis (1995)	Project Management Maturity Model	Telekommunikation, Banken, Gebrauchsgüter
Mullaly (1998)	Eigenes, unveröffentlichtes, an das CMM angelehntes Modell	"wide cross-section of industries"[241] u.a. Hochtechnologie, Maschinenbau/ Bau, Kommunikation, Staatliche Organisationen, (Finanz-/ Gesundheits-) Dienstleistungen, usw.
Ibbs & Kwak (2000)	$(PM)^2$	Maschinenbau, Bau, Telekommunikation, IT, Produzierendes Gewerbe (high tech.)
Pennypacker & Grant (2003 und 2006)	PM Solutions' Project Management Maturity Model	Produzierendes Gewerbe, Informationstechnologie, Finanz-/ Versicherungsbranche, Dienstleistungen
Cooke-Davies & Arzymanow (2003)	Im Rahmen eines Expertenkreises entwickeltes Modell	Pharma, Telekommunikation, Verteidigungssektor, Finanzdienstleistungen, Bau, Anlagenbau
Füssinger (2005)	POC Competence Model	Öffentliche Verwaltung, Hochbau, Beratung, Maschinenbau, Forschung, IT
Mullaly (2006)	Eigenes, unveröffentlichtes, an das CMM angelehntes Modell	verschiedene (nicht näher bezeichnet)

Bei den oben aufgeführten Forschungsarbeiten wurde jeweils die Reife mehrerer Unternehmen einer Branche per Befragung erhoben. Die durchschnittlichen Reifegrade verschiedener Branchen wurden anschließend miteinander verglichen. Aufgrund der Uneinheitlichkeit bezüglich der jeweils eingesetzten Reifegradmodelle und des damit verknüpften Verständnisses von Projektmanagementreife sind die Studien kaum miteinander vergleichbar und es ergeben sich teils scheinbar widersprüchliche Ergebnisse: In einer Studie von Ibbs und Kwak erreichten Unternehmen der Branchen Maschinenbau und Bau den im Vergleich zu anderen Branchen höchsten Reifegrad[242], während der Maschinenbau in einer Untersuchung von Füssinger hinsichtlich durchschnittlicher Projektmanagementreife seiner Unternehmen klar hinter anderen Branchen, wie z.B. IT, zurücklag und insgesamt im Branchenvergleich im unteren Bereich lag[243]. Zudem unterscheiden sich die Zielstellungen der genannten Arbeiten und dieser Arbeit zum Teil deutlich voneinan-

---

[241] Mullaly 1998, S. 5
[242] Ibbs und Kwak 2000, S. 35 f.; die weiteren untersuchten Branchen waren Entwicklung und Produktion von Hi-Tech Produkten, Telekommunikation und Softwareentwicklung
[243] Fuessinger 2005; weitere in die Untersuchung einbezogene Branchen waren Öffentliche Verwaltung, Bau, Beratung und Informations- und Kommunikationstechnologie

der, sodass auf eine eingehende Beschreibung der Ergebnisse der einzelnen Arbeiten hier verzichtet wird.

Während bereits 1997 erste qualitative Arbeiten auf einen Zusammenhang zwischen der Reife von Software-Entwicklungsprozessen (gemessen mit dem CMM) und bestimmter Performance-Kriterien auf der Ebene der Organisation hindeuteten[244], beschäftigten sich mit Beginn der 2000er Jahre erste Forschungsarbeiten mit den Konsequenzen sowie dem Nutzen eines bestimmten Projektmanagementreifegrades für eine Organisation. Ahlemann et al. fassen prägnant zusammen: „Eine der wesentlichen Prämissen [derartiger Modelle] ist, dass mit einer zunehmenden Kompetenz die Wahrscheinlichkeit des Projekterfolges steigt."[245] Mit Blick auf die Nutzeneffekte im Einzelnen wird auf die Ausführungen in Kapitel 2.3.3.1 verwiesen.

Tabelle 2-4 gibt zunächst einen Gesamtüberblick über die diesem Forschungszweig zuzuordnenden Arbeiten:

Tab. 2-4: Forschungsarbeiten zu den Nutzeneffekten einer hohen Projektmanagementreife

Autor(en) & Jahr	Untersuchungsgegenstand	Wesentliche Ergebnisse
Kwak & Ibbs (2000a)	Zusammenhang zwischen PM-Reife und Termin- und Kostentreue bei Industrieunternehmen/ -projekten	"Neither of the relationships [betw. PM maturity and cost index/ schedule index] were statistically significant."[246]
Ibbs & Reginato (2002b)	siehe Kwak & Ibbs (2000a)	Organisationen mit höherem PM-Reifegrad erreichen eher Zeit- und Kostenziele als solche mit niedrigerem PM-Reifegrad; Vorhersagbarkeit der Ist-Werte zu Gesamtprojektdauer und -kosten nimmt mit steigendem PM-Reifegrad zu
Jugdev & Thomas (2002b)	Trägt die Anwendung von (Projektmanagement-) Reifegradmodellen dazu bei, Wettbewerbsvorteile zu erlangen?	"[Maturity models] do not lead to sustained competitive advantages as purported in the literature."[247]

---

[244] Herbsleb et al. 1997 berichten im Ergebnis einer Reihe von Fallstudien in Organisationen, die das CMM zur Verbesserung ihrer Software-Prozesse verwendeten, u.a. von allgemeinen Produktivitätssteigerungen.
[245] Ahlemann et al. 2005, S. 24
[246] Kwak und Ibbs 2000a, S. 42
[247] Jugdev und Thomas 2002b, S. 10

Autor(en) & Jahr	Untersuchungsgegenstand	Wesentliche Ergebnisse
Thomas & Mullaly (2007, 2008)	Untersuchung zum Wert von Projektmanagement	"What clearly emerged from this study is that value appears to increase in proportion to the maturity of the project management implementation that is encountered. In particular, greater levels of intangible value were reported in organizations that have a higher level of maturity. Tangible value, however, was seen at all levels of maturity. There was certainly tangible value [...] that [was] observed by organizations at high levels of maturity. Tangible value, however, was demonstrated at all levels of maturity."[248]
Besner & Hobbs (2008)	Identifikation von Unterschieden hinsichtlich der PM-Praktiken von leistungsfähigen und weniger leistungsfähigen (bezieht sich auf Innovationskraft) Organisationen	PM-Reifegrad ist potenzielles Unterscheidungsmerkmal zwischen sehr leistungsfähigen und weniger leistungsfähigen Organisationen; Ergebnisse nicht statistisch robust
Yazici (2009)	Einfluss der Projektmanagementreife auf die Performance auf Projektebene sowie auf Organisationsebene	"A significant relationship is found between project management maturity and business performance [savings, competitiveness, market share]." "[...] there is no significant relationship between project maturity and project performance [on time, on budget, to the stakeholders' satisfaction]."[249]
Jiménez Jiménez et al. (2012)	Untersuchung von Einflüssen zwischen Prozessen entsprechend dem EFQM-Modell, der PM-Reife und der Performance auf Organisationsebene	"We have found a positive relationship between the degree of maturity in the PM implementation and organizational performance [change in market share, new product success, growth, profitability]."[250]
Brookes et al. (2014)	Qualitative Untersuchung der Vorgehensweise bei der Anwendung von PM-Reifegradmodellen mit Fokus auf der Art und Weise 1. wie eine Organisation versucht zu einem einheitlichen Verständnis bzgl. ihres Reifegrads zu kommen und 2. wie aus einer Reifegradmessung Verbesserungspotenziale abgeleitet werden	Zentrales Kriterium der Wiederholbarkeit[251] wird infrage gestellt; Art der abgeleiteten Verbesserungspotenziale hängt von der Struktur des Reifegradmodells und seinem Referenzmodell ab

---

[248] Thomas und Mullaly 2008, S. 352-353
[249] Yazici 2009, S. 21
[250] Jiménez Jiménez et al. 2012, S. 7
[251] vgl. Crawford 2006; danach sollten Bewertungen mit einem Reifegradmodell reproduzierbare Ergebnisse liefern

Diese Forschungsarbeiten hängen teils eng mit der Forschung zum Wert oder Return on Investment (ROI) von Projektmanagement zusammen. Im Kern sind die Fragestellungen nach dem Nutzen eines bestimmten Projektmanagementreifegrades hinsichtlich Projekterfolg und dem ROI von (Investitionen in) Projektmanagement identisch. Mit Ibbs, Kwak, Reginato, Thomas und Mullaly haben denn auch einige Autoren Forschungsergebnisse erarbeitet und veröffentlicht, die Erkenntnisse zu beiden Themen, d.h. sowohl Konsequenzen bzw. Nutzen eines bestimmten Projektmanagementreifegrades als auch Wert/ ROI von Projektmanagement, gebracht haben. Die Unterschiede zwischen beiden Forschungssträngen liegen in der Perspektive: Während die Forschung zum ROI von Projektmanagement das Thema aus betriebswirtschaftlicher Sichtweise beleuchtet, wird im Rahmen der Reifegrad-Forschung eher eine sozialwissenschaftliche Perspektive bzw. die Perspektive der Organisationsforschung eingenommen.

Die in Tabelle 2-4 genannten Arbeiten sind für dieses Forschungsvorhaben von hoher Relevanz und werden daher im Folgenden ausführlich vorgestellt.

In der Studie von Ibbs und Kwak wurde der Einfluss des Projektmanagementreifegrades auf einen Kostenindex, gebildet aus tatsächlichen Projektkosten geteilt durch ursprüngliches Projektbudget, und einen Terminindex, gleich tatsächliche Projektdauer durch ursprünglich geplante Projektdauer, untersucht.[252] Es konnte jedoch kein statistisch signifikanter positiver Zusammenhang zwischen Projektmanagementreifegrad und Kosten- bzw. Zeitindex ermittelt werden. Die Autoren sprechen von einer positiven Tendenz zwischen einem höheren Projektmanagementreifegrad und den Indices.[253] Mullaly kritisiert die Aussagen von Kwak und Ibbs in Bezug auf ihre Forschungsergebnisse hart: „The most widely known study of the relationship between maturity and organizational results (Kwak & Ibbs, 2000) demonstrated no statistically significant correlation between process maturity and project results, despite the lack of hard results an anecdotal link was claimed."[254]

Ibbs verfolgte die Themen Nutzen von Projektmanagementreife und Wert von Projektmanagement weiter und veröffentlichte 2002 die Ergebnisse einer gemeinsam mit Reginato durchgeführten Studie[255]. Bei den Projekten handelte es sich

---

[252] vgl. Kwak und Ibbs 2000a
[253] vgl. ebd., S. 42-43
[254] Mullaly 2006, S. 64
[255] vgl. Ibbs und Reginato 2002b

um interne wie externe, in verschiedenen Branchen (u.a. IT und Bau) abgewickelte Projekte. Ein Großteil davon waren IT-Projekte. Erneut wurde das Modell (PM)² für die Reifegradbewertung der Organisationen eingesetzt und es wurden Daten zur Bildung des Termin- und Kostenindex (geplante Projektdauer bzw. geplantes Projektbudget im Verhältnis zu tatsächlicher Projektdauer bzw. tatsächlichen Projektgesamtkosten) erhoben. Ibbs und Reginato kamen in ihrer Untersuchung zu dem Ergebnis, dass Organisationen mit einer höheren Projektmanagementreife besser dazu in der Lage sind, in ihren Projekten Planwerte hinsichtlich Dauer und Kosten einzuhalten. Ein weiteres Ergebnis ihrer Forschungsarbeit war, dass die Vorhersagbarkeit der Ist-Werte für Projektdauer und -kosten mit steigendem Projektmanagementreifegrad zunimmt (Standardabweichung der Indices sinkt mit steigendem Reifegrad).

Ibbs und Reginato sagen wenig über die statistische Relevanz der von ihnen aufgezeigten Zusammenhänge. Hinsichtlich des Einflusses des Reifegrades auf bestimmte Erfolgskriterien liegen die erwähnten Maße für die Güte ihrer Regressionsmodelle eher auf niedrigem Niveau (Termintreue: R^2 = 0,3907; Kostentreue: R^2 = 0,1258). Hinsichtlich der Vorhersagbarkeit der Zielerreichung in den genannten Bereichen ist die Stichprobengröße (Bezug auf Zeit und Kosten: N = 7) recht klein. Diese Punkte lassen insgesamt vermuten, dass es sich nicht um statistisch belastbare Zusammenhänge bzw. Einflüsse handelt. Die Aussagen verschiedener Autoren zu diesem Thema, die in Kapitel 3.1 noch aufgegriffen werden, deuten ebenfalls in diese Richtung.

Jugdev und Thomas untersuchten den Zusammenhang von Projektmanagementreifegrad und Wettbewerbsvorteilen für eine Organisation. Sie kamen zu dem Ergebnis, dass Investitionen, die auf eine erhöhte Reife abzielen, zu Wettbewerbsgleichheit statt zu Wettbewerbsvorteilen führen.[256]

Die Forschungen von Thomas und Mullaly[257] sind dem Zweig des Return on Investment (ROI) von Projektmanagement zuzuordnen. Sie weisen darauf hin, dass in früheren Arbeiten zu den Auswirkungen von Investitionen in Projektmanagement vorausgesetzt wurde, dass höhere Reifegrade mit verbesserter Leistungsfähigkeit in Projekten (wiederum mit den Folgen von Kosten-/ Zeiteinsparungen) korrelieren. Allerdings wird die Belastbarkeit dieser Forschungen von ihnen in Zweifel gezogen und der Bedarf weiterer Untersuchungen betont.

---

[256] vgl. Jugdev und Thomas 2002b und dazu auch Duncan et al. 1998
[257] vgl. Thomas und Mullaly 2007 und 2008

Kapitel 2

Im Ergebnis ihres eigenen im Zeitraum 2005 bis 2008 durchgeführten Forschungsprojektes *Researching the value of project management* machen sie verschiedene Aussagen zu den Nutzeneffekten der Projektmanagementreife.[258] Dazu ist jedoch zu bemerken, dass für dieses Forschungsprojekt kein Projektmanagementreifegradmodell eingesetzt wurde. Der organisationale Reifegrad wurde stattdessen aus einer Reihe von Beobachtungen und Daten abgeleitet.[259] Kernergebnisse dieses Forschungsprojekts sind:[260]

- Über die Hälfte der untersuchten Organisationen wiesen die Schaffung materieller Werte (z.B. Kosteneinsparungen) als Ergebnis der Einführung von Projektmanagement auf

- Der Großteil der untersuchten Organisationen wies immaterielle Werte (z.B. Verbesserungen hinsichtl. Kommunikation, Transparenz von Strukturen, etc.) als Ergebnis der Projektmanagementeinführung auf; dabei wurde die (hohe) Bedeutung dieser immateriellen Werte durch die Organisationen betont

- Es wurde ein positiver Zusammenhang zwischen dem Reifegrad der Organisation und der Schaffung immaterieller Werte erkannt, während materielle Werte von Organisationen auf allen Reifegradstufen realisiert wurden

Des Weiteren kommen sie zu der Hypothese, dass es einen Schwellenwert für den Reifegrad gibt, ab dem immaterielle Werte durch das Projektmanagement entstehen.[261]

Zusätzlich zur oben angemerkten dahingehenden Einschränkung, dass von Thomas und Mullaly kein Projektmanagementreifegradmodell eingesetzt wurde, erscheinen einzelne Ergebnisse dem Verfasser widersprüchlich: Wie im ersten Kernergebnis oben bereits beschrieben, konnten bestimmte Organisationen als Resultat der Einführung von Projektmanagement offenbar greifbaren Mehrwert (*Tangible value*) nachweisen. In ihren weiteren Ausführungen schreiben sie allerdings, dass keine Organisation diesen greifbaren Mehrwert in Zahlen ausdrücken konnte.[262] Über den Zusammenhang zwischen Projektmanagementreifegrad und

---

[258] vgl. Thomas und Mullaly 2008, S. 352 f.
[259] vgl. ebd., S. 352
[260] vgl. ebd., S. 350 ff.
[261] vgl. dazu auch Jiang et al. 2004
[262] "More than half of our case study organizations demonstrate tangible value being realized as a result of their [PM] implementation." (Thomas und Mullaly 2008, S. 350) Und: "[…] none of the organizations that

Projekterfolg sagen die Forschungen von Thomas und Mullaly schließlich nichts aus.

Besner und Hobbs[263] identifizierten im Zuge ihrer Forschungen zu Projektmanagementpraktiken in Projekten unterschiedlicher Arten vier Variablen, anhand derer der Unterschied zwischen weniger leistungsfähigen und sehr leistungsfähigen Organisationen festgemacht werden konnte. Eine dieser Variablen ist der Projektmanagementreifegrad der Organisation.[264] Ihre Arbeitsergebnisse werden von den Autoren als interessant jedoch nicht robust genug, um das Thema für beendet zu erklären, bezeichnet. Sie weisen explizit auf Forschungsbedarf bzgl. der Zusammenhänge von Projektmanagementreife, Projektmanagementpraktiken und Projekterfolg hin.

Mit der Studie von Yazici[265] wurde neben der Wirkung der Projektmanagementreife auf bestimmte Erfolgskriterien auf Projektebene auch erstmals die Wirkung auf Erfolgskriterien auf der Ebene der Gesamtorganisation untersucht. Während sich kein signifikanter Einfluss auf die Termin- und Budgettreue sowie die Erfüllung der Kundenerwartungen und die Zufriedenheit der Teammitglieder auf Projektebene ergab, konnte eine positive Wirkung auf die von den Befragten wahrgenommene Business-Performance der Unternehmen belegt werden. Darunter fallen Einsparungen für das Unternehmen, eine Verbesserung seiner Wettbewerbsfähigkeit sowie die Erhöhung seines Marktanteils.

Jiménez Jiménez et al.[266] weisen in einer aktuelleren Untersuchung ebenfalls einen positiven Einfluss der Projektmanagementreife auf die Performance auf Organisationsebene nach und bezogen sich dabei auf die Kriterien Wachstum und Profitabilität sowie den Erfolg von Neuprodukten und eine Vergrößerung des Marktanteils.

---

should have been able to quantify the degree of tangible value that has been attained have actually formally done so." (ebd.)
[263] vgl. Besner und Hobbs 2008
[264] weitere sind die Befugnisse, die dem Projektleiter zugestanden werden, Präzision der Projektdefinition und Verfügbarkeit kompetenten Personals
[265] vgl. Yazici 2009; N = 86; untersuchte Branchen: Informationstechnologie, Banken, Bildungswesen, Gesundheitsvorsorge, Beratung, Handel und Gebrauchsgüter; Reifegrad erfasst mittels an PMBOK Guide und CMM angelehntes Modell der Beratungsfirma PM Solutions
[266] vgl. Jiménez Jiménez et al. 2012; N = 200; Unternehmen verschiedener Branchen mit > 100 Mitarbeitern; eingesetztes Reifegradmodell: P3M3

Brookes et al.[267] stellen im Ergebnis ihrer qualitativen Untersuchung in sieben Industrieunternehmen schließlich die Wiederholbarkeit von Reifegradmessergebnissen infrage: Bei der Befragung mehrerer Personen des jeweils selben Unternehmens zum Reifegrad dessen ergaben sich zum Teil starke Schwankungen.

Insgesamt bleibt an dieser Stelle festzuhalten, dass ein positiver Einfluss der Projektmanagementreife einer Organisation auf den Erfolg seiner Projekte bislang nicht empirisch nachgewiesen werden konnte. Im folgenden Unterkapitel wird in Vorbereitung der eigenen Untersuchung[268] das Thema Erfolg im Projektmanagement näher beleuchtet.

2.4 Begriff und Konstrukt des Erfolges im Projektmanagement

2.4.1 Einleitendes

Begriff und Konstrukt des Erfolges im Projektmanagement sind Themen, die im Prinzip seit Beginn der Herausbildung von Projektmanagement als eigenständiger Disziplin von Interesse für die Forschergemeinde – und naturgemäß auch für die Praxis – sind.[269] Shenhar et al. bezeichnen Projekterfolg als das wahrscheinlich am häufigsten diskutierte Thema im Projektmanagement.[270] Trotz oder vielleicht gerade aufgrund dieser ausgiebigen Diskussionen ist man sich in der Projekterfolgsforschung hinsichtlich nur sehr weniger Sachverhalte einig geworden[271], wie im Folgenden deutlich werden wird. Dazu zählt u.a., dass Projekterfolg heute als stark kontextabhängiges und multidimensionales Konstrukt angesehen wird.[272] Dementsprechend wird Projekterfolg in vielen Zusammenhängen erforscht und das Thema ist nach wie vor von großer Bedeutung innerhalb der Projektmanagementforschung, wie folgendes Zitat von Jugdev und Müller zeigt, das auch eine Verbindung zur Forschung zu Reifegradmodellen herstellt: "The topic [of success] is important because it has bearings on the future directions of project management [...] in the view of some areas of current research in the field (e.g., [...] maturity models [...])."[273]

---

[267] vgl. Brookes et al. 2014
[268] vgl. Kapitel 4
[269] so stellen Jugdev und Müller 2005 eine bis in die 1960er Jahre zurückreichende Retrospektive zum Thema Projekterfolg vor
[270] vgl. Shenhar et al. 1997
[271] was im Übrigen auch für das Thema Projektmisserfolg gilt (vgl. Pinto und Mantel 1990)
[272] vgl. Ika 2009, S. 7
[273] Jugdev und Müller 2005, S. 19

Neben der Kontextabhängigkeit und Multidimensionalität herrscht in der Projektmanagementforschung weitgehende Einigkeit darüber, dass hinsichtlich des Erfolges im Projektmanagement zwischen Projekterfolgskriterien und Projekterfolgsfaktoren[274] sowie Projektmanagementerfolg und Projekterfolg[275] unterschieden werden kann. Die Struktur des folgenden Unterkapitels 2.4.2 orientiert sich an diesen drei Sachverhalten.

2.4.2 Begriffliche und konzeptionelle Hintergründe

2.4.2.1 Projekterfolgskriterien und Projekterfolgsfaktoren

Die Begriffe Erfolgsfaktoren und -kriterien wurden in der Projektmanagementliteratur zeitweise synonym verwendet.[276] Eine Unterscheidung begann sich in den 1970er und 1980er Jahren mit den Arbeiten von Murphy et al.[277] und insbesondere von Pinto und Slevin[278] herauszubilden. Letztere legten mit ihrer Aufstellung von zehn Erfolgsfaktoren den wissenschaftlichen Grundstein für die Erfolgsfaktorenforschung im Projektmanagement. Bis zu diesem Zeitpunkt existierten in dieser Richtung v.a. Erfolgsfaktoren, die aus Erfahrungen von Projektmanagern hervorgegangen waren, jedoch nicht das Ergebnis wissenschaftlicher Untersuchungen darstellten.[279]

> Unter einem Erfolgsfaktor versteht man einen Umstand, Sachverhalt oder Einfluss, der zu einem bestimmten Ergebnis beiträgt.
>
> Ein Erfolgskriterium wird auf der anderen Seite als Grundlage oder Standard gesehen, anhand derer/ dessen etwas gemessen wird oder werden kann.[280]

2.4.2.2 Projektmanagementerfolg und Projekterfolg

Die Unterscheidung geht maßgeblich auf de Wit zurück.[281] Ausgangspunkt für seine Entwicklung eines neuen Bezugsrahmens für Projekterfolg waren zum einen

---

[274] vgl. Lim und Mohamed 1999 oder Jugdev und Müller 2005
[275] Diese Unterscheidung wurde von vielen Autoren betont. Einen maßgeblichen und vielfach zitierten Beitrag leistete Wit 1988. Kürzlich wies bspw. auch Khan 2014, S. 2 ff., auf diese Unterscheidung hin; auf seine Arbeit wird auch für weitere Quellen bzgl. dieses Sachverhalts verwiesen.
[276] vgl. Lim und Mohamed 1999
[277] vgl. Murphy et al. 1974
[278] vgl. Pinto und Slevin 1987, Pinto und Prescott 1988 und Pinto und Slevin 1988a
[279] vgl. Ika 2009
[280] Definitionen nach *Concise English Dictionary* in Lim und Mohamed 1999, S. 243; vgl. dazu auch Bredillet 2008a
[281] Wit 1988 und daran anknüpfend Cooke-Davies 2002a sprechen darüber hinaus noch von kontinuierlichem Projekterfolg *(Consistently successful projects)*, der durch die Übertragung der Ziele der Gesamtorganisation in einzelne Projekte sowie den Aufbau geeigneter Rahmenbedingungen und den Aufbau organisationsweiter Projektmanagementpraktiken gekennzeichnet sei.

die Frage, an was Projekterfolg gemessen wird/ werden sollte, was nach vorherrschender Meinung die „klassischen" Projekterfolgskriterien Zeit, Kosten und Qualität[282] (Spannungsdreieck des Projektmanagements) waren. Zum anderen die Tatsache, dass es aus seiner Sicht viele Beispiele für Projekte gab, die als Erfolg wahrgenommen wurden, jedoch die Ziele insbesondere in den beiden Dimensionen Zeit und Kosten zum Teil erheblich verfehlt hatten. Er kam folglich zur Aussage: "A project can be a success despite poor project management performance and vice versa. The conclusion one may draw from the above is that for measuring success, a distinction should be made between the success of the project and the success of the project management activity."[283] Verschiedene mögliche Betrachtungsperspektiven[284] (und damit zusammenhängend jeweils angelegte Erfolgskriterien) sowie Betrachtungszeitpunkte machen diese Unterscheidung also notwendig. Sie wurde einige Jahre später durch Munns und Bjeirmi[285], Lim und Mohamed[286] sowie Baccarini[287] ebenfalls thematisiert. Die Arbeiten von Munns und Bjeirmi sowie Lim und Mohamed sind gewissermaßen in der Tradition von de Wit zu sehen. Seine grundsätzliche Unterscheidung wird aufgegriffen und um einige Aspekte ergänzt. Baccarini macht die genannte Unterscheidung zwar auch, fasst allerdings das Verhältnis von Projektmanagement- und Projekterfolg zueinander anders auf.

Munns und Bjeirmi setzen an der von de Wit vorgeschlagenen Unterscheidung an. Auch gehen sie auf die Erfolgskriterien in Abhängigkeit der jeweiligen Interessengruppe und den Zusammenhang mit dem Lebenszyklus eines Projekts/ Projektprodukts ein. Neu ist der Aspekt, dass der Projektmanagementerfolg (nur) ein Teil des Projekterfolgs sei, was sie am Projektlebenszyklus verdeutlichen (siehe dazu Abb. 2-14 auf der Folgeseite).

---

[282] Damit wird in der Regel assoziiert, dass das Ergebnis eines Projekts hinsichtlich Umfangs und hinsichtlich seiner Funktionen dem entspricht, was in der Aufgabenstellung des Projekts definiert wurde. Zum Verständnis des Qualitätsbegriffs wird auch auf die weiteren Ausführungen in Kapitel 2.4.3.3 verwiesen.
[283] Wit 1988, S. 165
[284] vgl. z.B. Bryde und Robinson 2005 und Davis 2014
[285] vgl. Munns und Bjeirmi 1996
[286] vgl. Lim und Mohamed 1999
[287] vgl. Baccarini 1999

Theoretischer Hintergrund

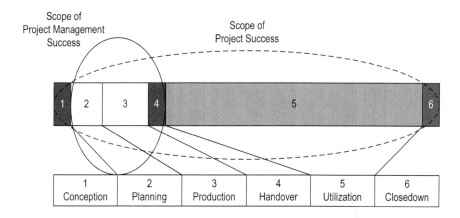

Abb. 2-14: Der Bezugsrahmen des Erfolgs in Zusammenhang mit dem Projektlebenszyklus[288]

Danach ist das Projektteam der Auftragnehmerorganisation in den Phasen 2 bis 4 involviert; das Hauptinteresse gilt einer erfolgreichen Übergabe des Projektprodukts. Der Kunde hat hingegen in allen sechs Phasen ein Interesse am Projekt. Die mit dem Projektmanagementerfolg assoziierten Kriterien, wie Kosten, Zeit und die Erfüllung von Spezifikationen, sind in den Phasen 2 bis 4 von vordergründigem Interesse. Diese Phasen machen in der Darstellung von Munns und Bjeirmi jedoch nur ca. ein Viertel des gesamten Projektlebenszyklusses aus. Mit Übergabe des Projektergebnisses treten sie hinter andere Kriterien – Munns und Bjeirmi bezeichnen sie als von den Nutzern des Projektprodukts wahrgenommenen Nutzen (*Perceived values*) sowie Kundenzufriedenheit (*Client satisfaction*) – zurück: "The three assessment criteria [implementation, perceived values and client satisfaction] illustrate the notion that project management techniques are not solely important for project success. There are other external criteria which are at least as important, if not more so, for the successful implemenation of projects. Perceived values and client satisfaction will persist for a longer period than implementation."[289]

Der Blickwinkel bzw. die Wahrnehmung einzelner am Projekt beteiligter/ interessierter Parteien steht im Mittelpunkt der Überlegungen von Lim und Mohamed.

---
[288] Entnommen aus Munns und Bjeirmi 1996, S. 85. Der Begriff „Production" steht hier für die Erstellung des Projektprodukts. In einem Automobil-Produktentwicklungsprojekt ist die Production-Phase bspw. die Entwicklung des serienreifen Automodells, während in der Utilization-Phase das Modell in Serie produziert und an den Endkunden verkauft wird.
[289] Munns und Bjeirmi 1996, S. 85

53

Statt von Projektmanagement- und Projekterfolg sprechen sie von einer Micro- und einer Macro-Perspektive. Kernfrage aus dem Blickwinkel der Macro-Perspektive ist: Ist das Projektergebnis der ursprünglichen Projektidee gerecht geworden? (engl.: "Is the original project concept achieved?") Aus Sicht der Macro-Perspektive von besonderer Bedeutung sind die Phasen der ersten Projektidee (*Conceptual phase*) und die der Benutzung/ des Betriebs des Projektprodukts (*Operation*). Die Micro-Perspektive wird hingegen nur während der tatsächlichen Erstellung des Projektprodukts eingenommen.[290]

Baccarini äußert sich expliziter zum Verhältnis einzelner Erfolgskomponenten zueinander und zu ihrer Hierarchie. Laut ihm setzt sich der Projekterfolg aus den beiden Komponenten Projektmanagementerfolg und Produkterfolg zusammen (siehe Abb. 2-15). Der Produkterfolg besteht demnach aus den drei Bestandteilen ‚Erfüllung des vom Auftraggeber definierten Projektziels', ‚Befriedigung der Bedürfnisse der Nutzer des Projektprodukts' und ‚Befriedigung der Bedürfnisse weiterer Stakeholder in Bezug auf das Projektprodukt' und ist laut Baccarini als dem Projektmanagementerfolg übergeordnet zu sehen. Zur Beziehung dieser beiden Erfolgsarten äußert er sich weiter: "Project management success can influence the achievement of product success. Good project management can contribute toward product success but is unlikely to be able to prevent product failure."[291]

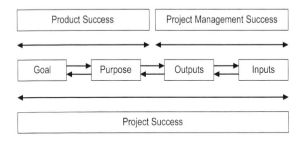

Abb. 2-15: Produkt- und Projektmanagementerfolg als Komponenten des Projekterfolgs[292]

---

[290] Golini et al. 2013 sprechen in Bezug auf den Projektmanagementerfolg von *internal project performance* und in Bezug auf den Projekterfolg von *external project performance*.
[291] Baccarini 1999, S. 30
[292] entnommen aus Baccarini 1999, S. 28

2.4.2.3 Erfolg im Projektmanagement als kontextabhängiges und mehrdimensionales Konstrukt

Die **Mehrdimensionalität von Erfolg im Projektmanagement** wurde bereits in den beiden vorigen Unterkapiteln deutlich und ist in der Literatur breit dokumentiert.[293] Eine Studie zu den Charakteristika von Projekterfolg von Ika[294], die u.a. feststellte, dass Autoren von 25 aus 30 ausgewählten Artikeln in ihrer Definition von Erfolg über Zeit, Kosten und Qualität hinausgehende Kriterien berücksichtigten sowie folgende Definition von Kerzner zeigen, dass Projekterfolg zumindest von Theoretikern längst nicht mehr nur mit den gerade genannten „klassischen" Erfolgskriterien/ Zieldimensionen assoziiert wird:

> „[...] ein Projekt muss wie folgt durchgeführt werden, um als erfolgreich zu gelten:
> - Innerhalb des vorgesehenen Zeitrahmens
> - Im Rahmen der geplanten Kosten
> - Mit der gewünschten Leistung oder dem beabsichtigten Spezifikationsgrad
> - Zur Zufriedenheit des Kunden bzw. Benutzers
> - Mit minimaler oder mit dem Auftraggeber abgestimmter Veränderung des Projektziels
> - Ohne den Hauptarbeitsablauf des Unternehmens zu beeinträchtigen
> - Ohne die Unternehmenskultur zu verändern."[295]

Je nach **Projektkontext** spielen diese Erfolgskriterien und dementsprechend auch die Erfolgsfaktoren eine unterschiedlich ausgeprägte Rolle. Der Kontext kann sich dabei u.a. aus der Einbettung des Projektes in eine Mutterorganisation[296], Erfahrungen aus der Vergangenheit[297] sowie der Phase nach Projektabschluss[298], der Art und Ausgestaltung der rechtlichen Grundlage der Zusammenarbeit zwischen Auftraggeber und -nehmer des Projekts, dem Projektumfeld (z.B. Anzahl, Einstellung und Einfluss der Projektstakeholder; Branchen- und/ oder Marktcharakteristika; politisches, ökonomisches, soziales und technologisches Umfeld; andere, in Zusammenhang stehende Projekte)[299], Zusammensetzung des Projektteams, usw. bestehen.

---

[293] vgl. Morris und Hough 1987, Larson und Gobeli 1989, Deutsch 1991, Pinto und Pinto 1991 sowie Neumann et al. 1993 alle in Bryde 2003
[294] vgl. Ika 2009; untersucht wurden im Zeitraum 1986 bis 2004 erschienene Artikel in den beiden internationl wichtigsten Projektmanagementfachzeitschriften (*Project Management Journal* und *International Journal of Project Management*)
[295] Kerzner 2003, S. 4 f.
[296] einschl. Organisationsart, -zweck, oder -größe; vgl. Engwall 2003
[297] vgl. ebd.
[298] vgl. Gareis 2005, S. 234
[299] vgl. Belassi und Tukel 1996

Kapitel 2

2.4.3 Erfolgskriterien im Projektmanagement: Spektrum und Bedeutung

2.4.3.1 Spannungsdreieck des Projektmanagements

Zeit, Kosten und Qualität sind die in der Literatur wohl am häufigsten mit einer erfolgreichen Projektabwicklung assoziierten Kriterien. Gemeinsam bilden sie das in der nachfolgenden Abbildung gezeigte Spannungsdreieck[300] des Projektmanagements

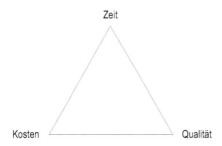

Abb. 2-16: Spannungsdreieck des Projektmanagements[301]

Anstelle der Qualität wird teils auch (Projekt-) Umfang[302] (engl.: *Scope*), Leistung[303] (*Performance*) oder (seltener) Reifegrad[304] – in diesem Fall als Projektreifegrad zu interpretieren – verwendet. Ein Projekt ist – angelehnt an das Spannungsdreieck – also dann ein Erfolg, wenn das Projektergebnis zum geplanten Termin und zu den geplanten Kosten an den Auftraggeber übergeben wird sowie die gewünschte Qualität hat. Des Weiteren können sich diese Dimensionen gegenseitig beeinflussen: Wird bspw. der Projektendtermin im Laufe des Projektes vorgezogen, so kann er ggf. nur zu höheren Kosten oder zulasten der Qualität eingehalten werden.

Gleichwohl im Laufe der Jahre weitere potenzielle Erfolgskriterien hinzugekommen sind, kann die Bedeutung der Kriterien des Spannungsdreiecks als nach wie

---

[300] verschiedentlich auch als „eisernes", „magisches" oder „BERMUDA-Dreieck des Projektmanagements" bezeichnet
[301] Diese Darstellung wurde unzählige Male reproduziert. Atkinson, bei dem sie ebenfalls zu finden ist (vgl. Atkinson 1999, S. 338), nennt Olsen 1971 als früheste Quelle zu diesen drei zentralen Erfolgskriterien.
[302] vgl. Jugdev und Müller 2005
[303] vgl. Wit 1988, Lim und Mohamed 1999 und Bredillet 2008a
[304] vgl. Fischer et al. 2011

vor hoch eingeschätzt werden. Dies zeigen auch aktuelle empirische Untersuchungen, bspw. von Müller und Turner.[305]

Auch wenn sich die Bedeutung der Kriterien des Spannungsdreiecks wie gerade beschrieben insgesamt auf hohem Niveau bewegt, kann die Bedeutung in Bezug auf das einzelne Kriterium je nach Projekt(-kontext) variieren. Die Bedeutung des Kriteriums ‚Zeit' kann bspw. bei einer externen Produktentwicklung im Automobilbereich wesentlich wichtiger sein als bei einem internen Reorganisationsprojekt (dort: Akzeptanz der neu geschaffenen Organisationsstrukturen). Das Kriterium ‚Kosten' kann bspw. bei internen Organisationsprojekten hinter andere Kriterien zurücktreten.[306] Ferner kann seine Wichtigkeit bei strategisch bedeutenden oder stark prestigebehafteten Projekten geringer sein. Dennoch ist kaum ein Projekt denkbar, das nicht in irgendeiner Art und Weise finanziellen Restriktionen unterliegt.

2.4.3.2 Kriterien des Projekterfolgs

Anknüpfend an die obigen Ausführungen kommt man schnell zu den Fragen, wer denn die Qualität des Projektprodukts definieren kann sowie wer sie wann und wie beurteilen kann. Ausgehend von der Betrachtungs- und der zeitlichen Perspektive auf das Projekt und sein Produkt, entwickelte sich so die Unterscheidung zwischen Projektmanagementerfolg und Projekterfolg. Letzterer umfasst die Kriterien des Projektmanagementerfolgs sowie Kundenzufriedenheit, Endnutzerzufriedenheit und die Zufriedenheit weiterer Projektstakeholder (siehe Abb. 2-17 auf der Folgeseite).

Der Kundenzufriedenheit wird dabei von verschiedenen Autoren eine herausragende Bedeutung auch gegenüber den anderen Kriterien zugeschrieben: "In reviewing academic studies and anecdotal reports over the preceding twenty years, Nicholas (1989) concluded that the satisfaction of the key project stakeholders, including the customer, was the overriding measure of project success, with stakeholders being satisfied if their quality-related criteria were met. More recent research arrives at the same conclusion (Wateridge 1995, Atkinson 1999,

---

[305] Vgl. Müller und Turner 2007. In 14 semi-strukturierten Interviews wurden Manager (versch. Regionen und Industriezweige), die u.a. für die Besetzung von Projektleitern verantwortlich waren, nach Projekterfolgskriterien gefragt. Die Erfüllung der Spezifikationen, Budgeteinhaltung und Termintreue wurden in dieser Kombination am häufigsten genannt (zwölf Mal).

[306] Strohmeier 2007 nennt hier den Nutzen des Projektergebnisses und das Ausbleiben schädlicher Wirkungen für die Organisation, Stauber 2002 die Wissensgenerierung.

Kapitel 2

Tukel und Rom 2001)."[307] Dvir und Lechler schreiben dazu: "Lipovetsky et al. (1997) who have used four dimensions for measuring project success have found that customer satisfaction is by far the most important criteria [sic], almost twice as important as efficiency."[308]

Abb. 2-17: Kriterien des Projekterfolges[309]

Folglich kann davon ausgegangen werden, dass die Kundenzufriedenheit unabhängig von der Projektart bzw. vom einzelnen Projekt und dessen spezifischem Kontext eine gleichbleibend sehr hohe Bedeutung hat. Dies ist letztendlich nur logisch, da das Projektgeschäft für Unternehmen – wie in Kapitel 1.1 beschrieben – einen signifikanten Anteil am Gesamtgeschäft ausmacht und der enge Zusammenhang zwischen Kundenzufriedenheit und langfristigem Unternehmenserfolg mittlerweile über eine Vielzahl von Studien nachgewiesen werden konnte.

Geht man – angelehnt an nachfolgende Definition des Qualitätsbegriffs von Ireland – davon aus, dass es der Auftraggeber oder Kunde ist, der die Qualität eines Projektproduktes sowohl definiert, als auch bei Übergabe oder danach beurteilt, so bedarf das Verhältnis der beiden Konstrukte ‚Qualität' und ‚Kundenzufriedenheit' näherer Betrachtung und Erläuterung:

---

[307] Bryde 2003, S. 230
[308] Dvir und Lechler 2004, S. 6
[309] Eigene, auf der Grundlage des Spannungsdreiecks des Projektmanagements sowie Erkenntnissen von u.a. Munns und Bjeirmi 1996, Shenhar et al. 1997, Baccarini 1999 und Cooke-Davies 2002b entstandene Darstellung. Ika 2009, S. 8, schreibt dazu in einer umfassenden Literaturrückschau unter Bezugnahme auf einige der o.g. Autoren sowie auf Lim und Mohamed 1999: "[…] project success becomes a hexagon, where, in addition to the traditional dimensions of time, cost, and quality, we find the realization of the strategic objectives of the client organization that initiated the project the satisfaction of end users, and the satisfaction of other stakeholders."

"Quality is continuously meeting and satisfying the needs of the customers. It is the customer who defines quality - not the provider of a product or service. Quality, simply stated, is satisfying the customer's requirements."[310]

2.4.3.3 Qualität und Kundenzufriedenheit

In diesem Unterkapitel werden die beiden Begriffe ‚Qualität' und ‚Kundenzufriedenheit' zunächst einzeln geklärt, wobei ergänzend auf bestimmte Ansätze des Qualitätsmanagements sowie Modelle zur Erklärung der Kundenzufriedenheit eingegangen wird. Schließlich erfolgt eine Abgrenzung.

Der **Qualitätsbegriff** wird in sehr vielen Zusammenhängen in Gemein- wie Fachsprache (Qualitätsmanagement) verwendet. Die Klärung des fachlichen Qualitätsbegriffs begann in den 1940er Jahren. Erst 1972 kam es zu einer erstmaligen Einigung auf die Definition der British Standards Institution.[311] Laut ISO 9000:2005 ist Qualität heute definiert als:

Grad, in dem ein Satz inhärenter Merkmale Anforderungen erfüllt.[312]

Über der Zeitschiene betrachtet, vollzog sich hinsichtlich des fachlichen Qualitätsbegriffs insgesamt ein Wandel von der rein produktorientierten Sichtweise (Ansatz: Qualitätskontrolle als Endkontrolle; 1950er bis 70er Jahre) über eine prozessorientierte Sichtweise (Qualitätssicherung über den Prozess hinweg; 1970er bis 90er Jahre) hin zu einer Sichtweise von Qualität als einer Art Paradigma, welches sich organisationsweit auf alle Abläufe/ Prozesse sowie deren Produkte bezieht (Qualitätsmanagement; 1990er Jahre bis heute).[313] Wie aus einer Studie von Geiger und Kotte unter Führungskräften des Qualitätsmanagements aus dem Jahr 2008 deutlich wurde, kann jedoch in der Praxis nicht von einem einheitlichen Begriffsverständnis ausgegangen werden.[314]

Hinsichtlich der praktischen Verwendung des Qualitätsbegriffs unterscheidet Garvin zwischen fünf verschiedenen Arten des Verständnisses:[315]

---

[310] Ireland 1992, S. 123; vgl. dazu auch die Definition von Masing 2007, S. 4, der Qualität als „Übereinstimmung der Beschaffenheit eines Produktes oder einer Dienstleistung mit den Forderungen bzw. Erwartungen eines Kunden, welche von diesem stets im Vergleich zu konkurrierenden Produkten und Dienstleistungen bewertet wird", beschreibt.
[311] vgl. Geiger 2003, S. 21 f.
[312] DIN 2005, S. 18
[313] vgl. Schelle et al. 2007, S. 47
[314] vgl. Geiger und Kotte 2008
[315] vgl. Garvin 1984

Tab. 2-5: Arten des Verständnisses des Qualitätsbegriffs nach Garvin

Art des Verständnisses des Qualitätsbegriffs	Erläuterung
Transzendent	Subjektive, nicht messbare Erfahrung einer Person hinsichtlich der Merkmale einer Leistung (in etwa umgangssprachliche Sichtweise)
Produktbezogen	Erfüllung allgemein festgelegter Anforderungen durch ein Produkt
Kundenbezogen	Perfekte Realisierung aller Kundenanforderungen an ein Produkt
Wertorientiert	Angemessenheit bezüglich Kosten-Nutzen-Vergleich
Fertigungsbezogen	Erfüllung von Zeichnungsangaben, Vereinbarungen und Normen

Bemerkenswert ist, dass alle in den vergangenen Jahren entstandenen Ansätze des Qualitätsmanagements, wie das Total Quality Management (TQM), Total Quality Control (TQC) oder Quality Function Deployment (QFD), auf einer kundenorientierten Sichtweise des Qualitätsbegriffs basieren.[316] Daher kann dessen Bedeutung nach heutigem Stand des Wissens gegenüber den anderen Sichtweisen als herausragend angesehen werden.

Entsprechend des kundenbezogenen Qualitätsverständnisses besteht ein sehr enger Zusammenhang zwischen Qualität und Kundenzufriedenheit – gilt dies jedoch auch unter der Annahme der anderen Begriffsverständnisse bzw. führt Qualität immer bzw. automatisch zu Kundenzufriedenheit? Um diese Frage beantworten zu können, soll zunächst das Konstrukt ‚**Kundenzufriedenheit**' näher betrachtet werden. Dazu wird auf das Confirmation/Disconfirmation-Paradigma (C/D-Paradigma) zur Entstehung von Kundenzufriedenheit zurückgegriffen, welches von Wissenschaftlern wie von Praktikern aus verschiedenen Gründen[317] als eine Art Grundmodell[318] zur Erklärung von Kundenzufriedenheit angesehen wird und eine weite Verbreitung[319] erlangt hat.

Das **C/D-Paradigma** beschreibt mit Hilfe eines Vergleichsprozesses die Entstehung von Kundenzufriedenheit. Demnach resultiert Kundenzufriedenheit aus einem Vergleich zwischen den Erwartungen des Kunden (Vergleichsstandard = Soll-Leistung) und den Erfahrungen, die der Kunde mit der tatsächlich erbrachten Leis-

---

[316] vgl. diesbzgl. Pfeifer 2001, S. 4 und 13 ff., und Oess 1991, S. 89, zum Total Quality Management, Schmitt und Pfeifer 2010, S. 81, zur Total Quality Control sowie Bartsch-Beuerlein und Frerichs 2010 und Burghardt 2008, S. 62, zum Quality Function Deployment

[317] vgl. dazu Griese 2002, S. 42

[318] vgl. Stauss 1999, S. 6

[319] vgl. Oliver 1997

tung macht (wahrgenommene Leistung = Ist-Leistung). Aus dem Vergleich zwischen Soll-Leistung und Ist-Leistung können die folgenden drei möglichen Konstellationen differenziert werden:

(1) Stimmt die wahrgenommen Leistung (Ist-Leistung) exakt mit den Erwartungen des Kunden (Soll-Leistung) überein, so kann eine Konfirmation (Bestätigung) verzeichnet werden, woraus sich Kundenzufriedenheit ergibt.

(2) Ist die Ist-Leistung größer als die Soll-Leistung, dann liegt eine positive Diskonfirmation (positive Nicht-Bestätigung) vor. Daraus resultiert ebenfalls Kundenzufriedenheit, denn die Erwartungen des Kunden werden deutlich übertroffen.

(3) Wenn allerdings die Ist-Leistung unterhalb der Soll-Leistung liegt, d.h. die erbrachte Leistung erfüllt die Kundenerwartungen nicht, so wird von einer negativen Diskonfirmation (negative Nicht-Bestätigung) gesprochen. Dieser Zustand würde letztendlich zu Unzufriedenheit des Kunden führen.[320]

Abbildung 2-18 (Folgeseite) veranschaulicht den beschriebenen Vergleichsprozess, der dem C/D-Paradigma zugrunde gelegt wird. In Anlehnung an das Erklärungskonzept des C/D-Paradigmas kann Kundenzufriedenheit als das „Ergebnis eines kognitiven Vergleiches"[321] definiert werden. Kundenzufriedenheit entsteht demnach genau dann, wenn die Erwartungen des Kunden an eine bestimmte Leistung entweder erfüllt oder sogar übertroffen worden sind. Die Kundenerwartungen bilden somit eine wichtige Grundlage für den Vergleichsprozess. Denn die Bewertung dieser hinsichtlich Konfirmation bzw. Diskonfirmation führt letztendlich zur Zufriedenheit bzw. Unzufriedenheit des Kunden. Das Zufriedenheitsniveau hängt folglich im Wesentlichen davon ab, inwieweit die Erwartungen der Kunden erfüllt worden sind.[322]

Das C/D-Paradigma hat – wie oben beschrieben – eine hervorgehobene Bedeutung als Erklärungsmodell für Kundenzufriedenheit. Auf eine einheitliche Begriffsdefinition konnte sich jedoch bislang nicht geeinigt werden.[323]

---

[320] vgl. Homburg und Stock-Homburg 2006, S. 20
[321] ebd., S. 22
[322] Scharnbacher und Kiefer 2003, S. 10
[323] vgl. Stauss und Seidel 2006; eine Übersicht über verschiedene Definitionsansätze bietet Schütze 1994, S. 125 ff.

Kapitel 2

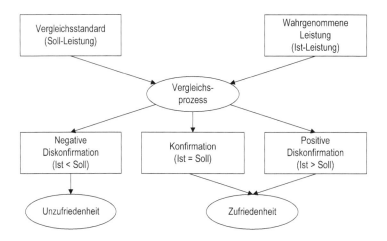

Abb. 2-18: Das C/D-Paradigma[324]

Bevor nun darauf eingegangen wird welche inhaltlichen bzw. Leistungsaspekte die Kundenzufriedenheit im Industriegüterbereich beeinflussen (können), wird mit dem **Kano-Modell**[325] ein weiteres allgemeines Modell zur Erklärung von Kundenzufriedenheit herangezogen. Im Rahmen dieses Modells erfährt Kundenzufriedenheit mit Blick auf die Leistungsart eine Erweiterung zu einem mehrdimensionalen Konzept[326]; der direkte Zusammenhang zwischen Kundenzufriedenheit und Erwartungserfüllung, der in der Systematik des C/D-Paradigmas als ein eindimensionales Konzept vorgestellt wurde, muss folglich differenzierter gesehen werden.

Leistungen haben demnach unterschiedliche Auswirkungen auf die Kundenzufriedenheit. So kann bspw. die Erfüllung einer Leistung zu Kundenzufriedenheit führen, während eine andere Leistung bloß Unzufriedenheit des Kunden verhindert. Das Kano-Modell differenziert zwischen drei Arten von Faktoren, welche stellvertretend für die jeweiligen Leistungsarten stehen:

(1) Basisfaktoren stellen Mindestanforderungen dar, die vom Kunden zwar vorausgesetzt aber nicht explizit gefordert werden. Werden die Basisfaktoren nicht erfüllt, so führt dies zu starker Unzufriedenheit des Kunden. Das Erfüllen oder sogar Übertreffen der Erwartungen führt jedoch auch nicht zu

---

[324] entnommen aus Homburg et al. 2010, S. 115
[325] Benannt nach Prof. Noriaki Kano, der das Modell im Jahr 1978 entwickelte. Auch: Mehr-Faktoren-Modell (vgl. Homburg und Stock-Homburg 2006, S. 32).
[326] vgl. Huber et al. 2009, S. 68, und Homburg und Stock-Homburg 2006, S. 23

Kundenzufriedenheit, es wird lediglich verhindert, dass Unzufriedenheit entsteht.

(2) Leistungsfaktoren umfassen jene Anforderungen, die vom Kunden erwartet und auch ausdrücklich verlangt werden. Werden die Leistungsfaktoren entsprechend den Erwartungen erfüllt, so führt dies lediglich zu mäßiger Kundenzufriedenheit. In diesem Fall werden die unternehmerischen Leistungen als austauschbar empfunden, sodass der Kunde der Leistung neutral bzw. indifferent gegenübersteht. Die Kundenzufriedenheit steigt hingegen, wenn die Kundenerwartungen übertroffen werden. Unzufriedenheit des Kunden entsteht somit dann, wenn die Leistungsfaktoren nicht erfüllt werden.

(3) Begeisterungsfaktoren sind schließlich diejenigen Faktoren, die den Kunden in der Regel begeistern, da der Kunde diese Attribute nicht erwartet. Somit lösen sie Kundenzufriedenheit aus, wenn sie bereitgestellt werden. Wenn die Begeisterungsfaktoren allerdings nicht vorhanden sind, so führt dies auch nicht zur Unzufriedenheit des Kunden.[327]

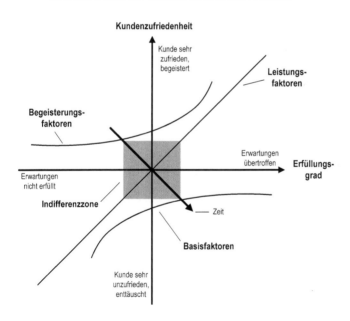

Abb. 2-19: Das Kano-Modell[328]

---

[327] vgl. Homburg und Stock-Homburg 2006, S. 32, und Hinterhuber und Matzler 2009, S. 16 f.
[328] entnommen aus Geers 2011, S. 105

Kapitel 2

In Abbildung 2-19 werden die drei oben beschriebenen Faktoren und ihr jeweiliger Einfluss auf die Kundenzufriedenheit grafisch dargestellt. Welche Leistungen vom Kunden letztendlich als Basis-, Leistungs- und Begeisterungsfaktoren wahrgenommen werden, hängt stark von den Erwartungen des Kunden und somit von seinen persönlichen Bedürfnissen ab. Da sich die persönlichen Bedürfnisse eines Kunden jedoch im Laufe der Zeit ändern können, verändert sich ebenfalls die Kategorisierung der Leistungen.[329]

Entsprechend des Untersuchungsbereichs dieser Arbeit werden nachfolgend zwei Begriffsdefinitionen aus dem Industriegüter- oder Business-to-Business (B2B)-Bereich diskutiert. Industriegütertransaktionen unterscheiden sich von Konsumgütertransaktionen durch eine derivate[330] Nachfrage, Multipersonalität, verschiedene Beschaffungsphasen, hohe Markttransparenz, teilweise kleine Anzahl von Nachfragern, Komplexität der Leistungsbündel sowie Internationalität.[331] Diese Besonderheiten äußern sich entsprechend im Verständnis von, den Einflussfaktoren auf sowie den Auswirkungen von Kundenzufriedenheit. Anderson und Narus definieren Kundenzufriedenheit als einen

> „positiv beeinflussten Zustand resultierend aus der Bewertung aller Aspekte einer Unternehmensbeziehung zu einem anderen Unternehmen."[332]

Die Betrachtung der kompletten Geschäftsbeziehung zwischen einem Lieferanten und seinem Kunden führt zu enormen Herausforderungen hinsichtlich der Operationalisierbarkeit des Konstruktes Kundenzufriedenheit für Forschungszwecke. Festge orientiert sich in seiner Definition stärker am C/D-Paradigma als Anderson und Narus und rückt den Fokus auf eine einzelne Transaktion.

> „Kundenzufriedenheit ist die emotionale Reaktion eines Kunden auf die aus einem kognitiven Vergleichsprozess resultierende wahrgenommene Diskrepanz zwischen einem vor der Nutzung bekannten Vergleichsstandard (z.B. der gesamten Erfahrungen eines Kunden mit einem Anbieter oder einer bestimmten Produktgruppe) und der wahrgenommenen Leistung eines Beurteilungsobjektes."[333]

---

[329] vgl. Hinterhuber und Matzler 2009, S. 16 f.
[330] d.h. abgeleitete
[331] Vgl. Engelhardt und Günter 1981, S. 24, zu derivater Nachfrage, Webster und Wind 1972 zu Multipersonalität, Backhaus 2003, S. 3 ff., und Backhaus und Voeth 2004, S. 7 ff., zu verschiedenen Beschaffungsphasen, zur Markttransparenz, zur Komplexität der Leistungsbündel und zur Internationalität sowie Bingham und Raffield 1990, S. 8, zur kleinen Anzahl der Nachfrager.
[332] Anderson und Narus 1984
[333] Festge 2006, S. 34

Theoretischer Hintergrund

Die oben gestellte Frage wieder aufgreifend lässt sich eine vom Kunden wahrgenommene Leistung durchaus auch als wahrgenommene Qualität beschreiben. Ferner können die Kundenerwartungen (als Teil des Vergleichsstandards) auch als Qualitätsanforderungen betrachtet werden. Es besteht somit eine starke Verbindung zwischen Kundenzufriedenheit und Qualität.[334]

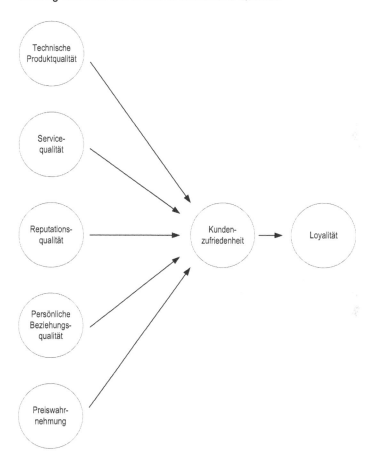

Abb. 2-20: Das konzeptionelle PROSAT-Modell nach Rapp[335]

Um nun deutlich zu machen, wie facettenreich diese Verbindung sein kann, d.h. welche Qualitätsaspekte im Einzelnen einen Einfluss auf die Kundenzufriedenheit haben können, wird sich hier eines zweiten Modells zur Erklärung der Kundenzu-

---

[334] vgl. Scharnbacher und Kiefer 2003, S. 13
[335] entnommen aus Rapp 1995, S. 16; hier in einer vereinfachten Form

65

friedenheit bedient – dem 1995 von Rapp[336] entwickelten und auf den Arbeiten von Bender[337] und Fornell[338] basierenden[339] **PROSAT-Modell**.

Abbildung 2-20 (vorherige Seite) zeigt die wichtigsten Einflussfaktoren auf die Kundenzufriedenheit in der Systematik des PROSAT-Modells. Sowohl diese Faktoren als auch die Loyalität äußern sich über reflektive Indikatoren bzw. können über diese gemessen werden. Ein Indikator der Servicequalität ist entsprechend des PROSAT-Modells bspw. die Reaktionsbereitschaft; ein Indikator der Loyalität des Kunden ist die Weiterempfehlung des Produkts. Auf eine umfassende Beschreibung bzw. Diskussion der einzelnen Faktoren und Indikatoren wird an dieser Stelle verzichtet.[340] Wichtig ist zu bemerken, dass – im Sinne des Kano-Modells – davon auszugehen ist, dass der Einfluss der Faktoren im konkreten Fall unterschiedlich stark ausgeprägt ist, was auch von Rapp betont wird.[341]

Für den Industriegüter- bzw. Business-to-Business-Bereich wurden mit der INDSAT-Skala nach Rudolph[342], dem Ansatz zur Kundenzufriedenheitsmessung nach Festge[343] sowie dem POMS-Ansatz von Thelen et al.[344] weitere Modelle entwickelt. Während die ersten beiden Ansätze inhaltlich und auch in Bezug auf die Konstruktoperationalisierung gewisse Parallelen zum PROSAT-Modell aufweisen, werden bei der Erfassung der Kundenzufriedenheit im Sinne des POMS-Ansatzes mehrere Methoden aus dem Marketing miteinander kombiniert.[345]

Schließlich soll anhand von Abbildung 2-21 noch auf die Auswirkungen einer positiv bzw. negativ ausgeprägten Kundenzufriedenheit eingegangen werden:

---

[336] vgl. Rapp 1995
[337] vgl. Bender 1991 in Rapp 1995, S. 6
[338] vgl. Fornell 1992
[339] Die Einflussfaktoren auf die Kundenzufriedenheit (Techn. Produkt-, Service-, Reputations- und Persönl. Beziehungsqualität sowie Preiswahrnehmung gehen dabei auf Bender zurück (Quality-Value-Ansatz), die Zusammenhänge zwischen Zufriedenheit, Loyalität und Gewinn auf Fornell (Quality-Satisfaction-Profit-Ansatz).
[340] es wird stattdessen direkt auf Rapp 1995, S. 58 ff., verwiesen
[341] vgl. ebd., S. 15
[342] vgl. Rudolph 1998; INDSAT steht für *Industrial satisfaction*
[343] vgl. Festge 2006; bezieht sich speziell auf den Anlagen- und Sondermaschinenbau
[344] vgl. Thelen et al. 2006; *Process oriented measurement of customer satisfaction*
[345] *Sequence oriented problem identification*, Conjoint-Analyse und *Top-of-mind associations*

Theoretischer Hintergrund

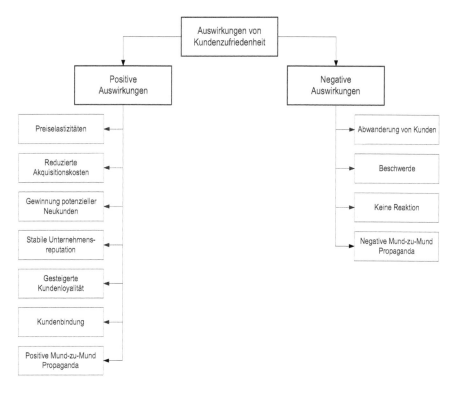

Abb. 2-21: Auswirkungen von Kundenzufriedenheit[346]

Sowohl bei einem zufriedenen als auch bei einem unzufriedenen Kunden ist denkbar, dass dieser keine unmittelbare Reaktion zeigt, was es für den Lieferanten schwer macht seine eigene Leistung zu beurteilen bzw. Maßnahmen abzuleiten. Als weiterer Aspekt ist noch der Einfluss von Kundenzufriedenheit auf den Unternehmensgewinn zu nennen.[347]

In der Projektmanagementforschung wird das Konstrukt Kundenzufriedenheit in standardisierten Befragungen häufig über ein einzelnes Item operationalisiert.[348] Mit dem Project Implementation Profile nach Slevin und Pinto[349] existiert nur ein

---

[346] eigene Darstellung in Anlehnung an Homburg und Rudolph 1998, S. 51; vgl. zu den genannten Auswirkungen u.a. Fornell 1992 und Rudolph 1998, S. 36
[347] vgl. dazu Sanzo et al. 2003, Rudolph 1998, S. 36, oder Anderson et al. 1994
[348] vgl. z.B. Raz und Michael 2001, Zwikael und Globerson 2004, Milosevic und Patanakul 2005 oder Papke-Shields et al. 2010
[349] Slevin und Pinto 1986 und Pinto und Slevin 1988b

Kapitel 2

dem Verfasser bekanntes Messinstrument innerhalb dessen Kundenzufriedenheit differenzierter, d.h. über mehrere Variablen[350], erfasst wird.

2.4.3.4 Weitere Erfolgskriterien im Projektmanagement

Neben den aus Abbildung 2-17 ersichtlichen, mit dem Projekterfolg assoziierten Kriterien, wurden in den vorangegangenen Unterkapiteln bereits weitere mögliche Erfolgskriterien im Projektmanagement angedeutet. Beispiele dafür sind:

- Strategischer Mehrwert für die Organisation (z.B. Marktzugang)
- Prestige[351]
- Health, Safety, Environment[352]
- Sozialerfolg[353]
- und ggf. weitere[354]

2.4.4 Erfolgsfaktoren im Projektmanagement

2.4.4.1 Einleitende Bemerkungen

Seit den späten 1960er Jahren haben Wissenschaftler des Projektmanagements versucht Faktoren zu identifizieren, die den Erfolg bzw. Misserfolg von Projekten beeinflussen.[355] Dieser Forschungszweig besteht bis heute, womit es kaum ein Thema in der Projektmanagementforschung gibt, dem sich über einen ähnlich langen Zeitraum gewidmet wurde.[356] Zugleich handelt es sich um einen der heterogensten Zweige der Projektmanagementforschung, in dem eine beinahe unüberschaubar große Anzahl von Autoren gewirkt hat. Die Heterogenität[357] ergibt sich u.a. aus der Unterschiedlichkeit der...

---

[350] Pinto und Mantel 1990 führen sechs Items auf, wobei eins davon eine deutlich geringere Faktorladung aufweist, als die übrigen. Mahaney und Lederer 2006 verwenden in ihrer Studie fünf Items.
[351] vgl. Joosten et al. 2011 zu Marktzugang und Prestige
[352] vgl. dazu bspw. die Ausführungen zu Fall E in Kapitel 4.2.4.2
[353] vgl. z.B. Lechler 1997, S. 91
[354] vgl. dazu bspw. die Projekterfolgsdefinition von Kerzner eingangs Kapitel 2.4.2.3
[355] vgl. Cooke-Davies 2002b, S. 185, und Fortune und White 2006, S. 53
[356] Söderlund 2004, S. 189, bezeichnet die Erfolgsfaktorenforschung als „dominanten" Strang innerhalb der Projektmanagementforschung.
[357] Was die Heterogenität und die daraus abzuleitenden Möglichkeiten der Durchführung von Meta-Analysen anbetrifft ergibt sich im Übrigen in der Erfolgsfaktorenforschung im Innovationsmanagement ein ganz ähnliches Bild, wie Hauschildt und Salomo 2011, S. 31 ff., und Sammerl 2006, S. 45 ff., aufzeigen.

- Definitionen von Projekterfolg bzw. der einbezogenen Projekterfolgskriterien[358]

- Untersuchungsbereiche (Branchen, Organisationsarten, Projektarten, Länder/ Kulturkreise)[359]

- Erhebungs- und Analysemethoden[360]

Es ergibt sich (dementsprechend) aus der Literatur ein uneinheitliches Bild hinsichtlich der Frage was die wichtigsten Erfolgsfaktoren im Projektmanagement sind.[361] Diese Uneinigkeit der Forscher gepaart mit der Selbsteinschätzung verschiedener Autoren jeweils *die* wichtigsten Faktoren ermittelt zu haben[362] sowie dem Fakt, dass der Anteil gescheiterter Projekte seit Jahren nicht spürbar abnimmt[363], gaben Anlass zur Kritik. Wesentliche Kritikpunkte waren dabei, dass Beziehungen und Abhängigkeiten einzelner Erfolgsfaktoren untereinander sowie eine möglicherweise variierende Bedeutung über den Projektlebenszyklus bisher nicht hinreichend untersucht und gewürdigt wurden[364], oder dass die Erfolgsfaktorenforschung die Dynamik und die soziale Verankerung des Projektmanagements nicht hinreichend berücksichtige[365].

Der Versuch einer möglichst rigorosen Aufarbeitung des Status quo der Erfolgsfaktorenforschung wurde bereits verschiedentlich unternommen[366]; Lechler, der insgesamt 44 Studien identifizieren konnte, kommt allerdings letztlich zu der Aussage, „da[ss] sich die [einzelnen] Studien einer metaanalytischen Betrachtung entziehen"[367] und führt dies i.W. auf die Heterogenität bzgl. der eingesetzten Verfahren der Datenanalyse zurück. Es stellen sich folglich die Fragen erstens nach der schieren Machbarkeit einer umfassenden Aufarbeitung des Standes des Wis-

---

[358] Vgl. dazu Wateridge 1995, S. 171, der dazu schreibt: "There does not appear to be a consensus of opinion among researchers and authors on the criteria for judging project success and the factors that influence that success." Sowie Gemünden 1992: „Wer Aussagen über Erfolgsfaktoren des Projektmanagements machen möchte, der muss sich zunächst dem Problem stellen, was unter dem Erfolg eines Projektes verstanden werden soll."

[359] siehe dazu allgemein Dvir et al. 1998, Fortune und White 2006, S. 53, und Söderlund 2011; siehe zu Unterschieden in Abhängigkeit der Organisationsart Blindenbach-Driessen und van der Ende 2006; siehe zu möglichen Unterschieden zwischen Ländern bzw. Kulturkreisen Balachandra 1994, S. 457

[360] Söderlund 2011, S. 160, führt dazu aus: "The early studies generally rely on a limited data set or author experience with primarily anecdotal evidence. Over time, there has been more rigorous survey research, with large cross-sectional samples and a few in-depth case studies."

[361] vgl. Fortune und White 2006, S. 54, Wateridge 1995 und Andersen 2010, S. 5

[362] "the ‚real' success factors"; "the critical few"

[363] vgl. Standish Group 2009 in Andersen 2010

[364] vgl. Nandhakumar 1996 und Larsen und Myers 1999, beide in Fortune und White 2006

[365] vgl. Söderlund 2004

[366] vgl. Gemünden 1990, Lechler 1997 oder Fortune und White 2006

[367] Lechler 1997, S. 83

sens der Erfolgsfaktorenforschung im Projektmanagement sowie zweitens nach deren Sinnhaftigkeit vor dem Hintergrund der für die vorliegende Arbeit formulierten Ziele. Die erste wird im Lichte obiger Aussage mit schwierig bis unmöglich beantwortet[368], die zweite ebenfalls negativ. Es wird sich im Folgenden vielmehr auf Forschungsergebnisse, die die Erfolgsfaktorenforschung an sich betreffen und die im Zuge der Konstruktoperationalisierung, Datenerhebung und -auswertung im Rahmen dieser Arbeit potenziell von Bedeutung sein können, konzentriert.

2.4.4.2 Ausgewählte Erkenntnisse der Projekterfolgsfaktorenforschung

Will man zu aussagekräftigen Ergebnissen gelangen, ergibt sich zunächst die Notwendigkeit einer klaren Eingrenzung des Untersuchungsbereichs. Zwei wesentliche Erkenntnisse der Erfolgsfaktorenforschung sind des Weiteren die gegenseitige Beeinflussung von Erfolgsfaktoren untereinander sowie eine mögliche Schwankung hinsichtlich ihrer Bedeutung über dem Projektlebenszyklus.

Eine gegenseitige Beeinflussung von Erfolgsfaktoren ist grundsätzlich sowohl unidirektional als auch wechselseitig denkbar. Die Beeinflussung von Erfolgsfaktoren untereinander wurde erstmals umfassend von Lechler[369] nachgewiesen. Ein Erfolgsfaktor kann demnach sowohl einen direkten, als auch einen indirekten Einfluss (über einen anderen Erfolgsfaktor) auf den Projekterfolg ausüben. Bei der möglichst gezielten Beeinflussung der Erfolgsfaktoren im Sinne der Ziele eines Projektes müssen diese Abhängigkeiten entsprechend berücksichtigt werden.[370]

Das Thema der gegenseitigen Beeinflussung von Erfolgsfaktoren äußert sich auch im Entwurf von theoretischen Bezugsrahmen von Erfolgsfaktoren[371], zu dem man in den 1990er Jahren überging, während in der Dekade zuvor Erfolgsfaktoren schlicht gelistet wurden.[372] Innerhalb dieser Bezugsrahmen erfolgt eine Gruppierung potenziell zusammengehöriger Erfolgsfaktoren.

---

[368] Dazu auch Ika 2009, S. 9: "Research in the area of [critical success factors] and success criteria has demonstrated that it is simply impossible to develop an exhaustive list that will meet the needs of all projects."
[369] vgl. Lechler 1997, S. 276, und Gemünden und Lechler 1997
[370] vgl. King 1996 in Clarke 1999
[371] Belassi und Tukel 1996 bilden bspw. folgende Gruppen von Projekterfolgsfaktoren: *The project*, *The project manager and the team members*, *The organization* und *The external environment*. Für eine aktuelle Übersicht über derartige theoretische Bezugsrahmen von Projekterfolgsfaktoren siehe Khan 2014, S. 36 ff.
[372] vgl. Jugdev und Müller 2005

Des Weiteren kann die Wichtigkeit eines Erfolgsfaktors über verschiedene Phasen des Projektlebenszyklus' hinweg schwanken.[373] Die organisatorische Einbettung eines Projektes kann bspw. v.a. in der Initiierungsphase von Bedeutung sein, während eine gute Performance der Lieferanten v.a. in der eigentlichen Abwicklungsphase wichtig ist.

2.5 Zusammenfassung

Projektmanagementreifegradmodelle können von Organisationen zur Bewertung der Qualität ihrer Projektmanagementstrukturen sowie zur Begleitung strategischer Initiativen zur Verbesserung dieser Strukturen eingesetzt werden. Die Modelle legen – entsprechend der Ursprünge der Reifegradmessung im Qualitäts- bzw. Prozessmanagement – den Fokus auf das Vorhandensein und die Ausprägung von Projektmanagementprozessen und sind ferner durch Qualitätsmanagementphilosophien wie den Kontinuierlichen Verbesserungsprozess geprägt. Strukturell ist bei vielen Modellen eine Anlehnung an das CMM(I) zu beobachten, inhaltlich an die Wissensbereiche des PMBOK Guide. Der Begriff der Projektmanagementreife ist bislang nicht einheitlich definiert.[374] Neben verschiedenen definitorischen Perspektiven und den in den existierenden Reifegradmodellen dokumentierten Ansätzen gibt es Forschungsarbeiten zur inhaltlichen Zusammensetzung des theoretischen Konstrukts ‚Projektmanagementreife'.[375] Die vorhandene Arbeit konnte insbesondere durch die Benennung struktureller Elemente von Projektmanagementreifegradmodellen sowie die Kategorisierung von Reifegradansätzen im Projektmanagement erste Beiträge zur theoretischen Ordnung in diesem Feld leisten – ein Punkt, der in der Forschung bereits verschiedentlich kritisiert wurde.[376]

Hinsichtlich der Forschung zu Projektmanagementreifegradmodellen lassen sich verschiedene Phasen identifizieren, wobei der Fokus seit den frühen 2000er Jahren auf den Nutzeneffekten der Projektmanagementreife bzw. des Einsatzes von Projektmanagementreifegradmodellen liegt. Die zentrale Prämisse der Reifegradmodelle, d.h. der positive Zusammenhang zwischen dem Projektmanagementrei-

---

[373] vgl. Pinto und Slevin 1988a, Pinto und Prescott 1988, Shenhar et al. 1997, Larsen und Myers 1999
[374] vgl. Walker 2014
[375] vgl. Pasian 2014
[376] vgl. zu diesem Absatz die Ausführungen in Kapitel 2.3.3

fegrad einer Organisation und dem Erfolg ihrer Projekte, konnte bislang nicht durch entsprechende quantitative Studien untermauert werden.[377]

Bezüglich des zweiten wesentlichen Konstrukts dieser Arbeit, des Projekterfolgs, herrscht in der Literatur Einigkeit über die Unterscheidung zwischen Erfolgskriterien (zur Erfolgsmessung) und -faktoren (die je nach Ausprägung zum (Miss-) Erfolg eines Projektes beitragen), zwischen Projektmanagementerfolg (am Projektende gemessen mittels der Kriterien Zeit, Kosten und Qualität) und dem sich aus Projektmanagement- und Produkterfolg zusammensetzenden Projekterfolg (in Ergänzung der vorgenannten Kriterien über die Zufriedenheit wesentlicher Stakeholder mit zeitlichem Versatz zu messen) sowie hinsichtlich der Kontext- und Perspektivenabhängigkeit des Projekterfolgs. Ein für diese Arbeit wesentlicher Sachverhalt ist, dass Kundenzufriedenheit verschiedentlich als übergeordnetes und wichtigstes Projekterfolgskriterium bezeichnet wurde. Gleichzeitig mangelt es innerhalb der Fachliteratur des Projektmanagements jedoch an Ansätzen zur Operationalisierung von Kundenzufriedenheit, in denen sich auch deren Mehrdimensionalität widerspiegelt.[378]

---

[377] vgl. zu diesem Absatz die Ausführungen in Kapitel 2.3.4 sowie Albrecht und Spang 2014
[378] vgl. zu diesem Absatz die Ausführungen in Kapitel 2.4

3 Forschungsbedarf, Forschungsdesign und Einordnung

3.1 Forschungsbedarf

> "The field of maturity models is itself far from mature, with many models based on widely differing assumptions and ranging from the overly simplistic to the overly complex."[379]

Obiges Zitat von Cooke-Davies aus dem Jahr 2004 macht deutlich, dass sich die Forschung im Bereich der Reifegradmodelle zu diesem Zeitpunkt noch in den Anfängen ihrer Entwicklung befand und folglich vielerlei Forschungspotenziale barg. Seither lag der Schwerpunkt der Forschung – wie in Kapitel 2.3.4 beschrieben – in der Untersuchung von Nutzeneffekten der Projektmanagementreife, insbesondere des Zusammenhangs zwischen Reifegrad und Erfolg. Es ist jedoch bis heute nicht in einer quantitativen Untersuchung gelungen einen positiven Einfluss der Projektmanagementreife einer Organisation weder auf den Projekterfolg als geschlossenes Konstrukt, noch auf einzelne Erfolgskriterien auf Projektebene statistisch signifikant nachzuweisen: "The most widely known maturity study to date is that conducted by Kwak and Ibbs (2000), which asserted a correlation between maturity and performance but demonstrated no statistically significant correlations. [...] there is no empirically sound research supporting the use of maturity models as an improvement tool [...]"[380] Dieser Forschungsbedarf wurde bereits im Jahr 2005 durch Ahlemann et al. explizit betont.[381] Grant und Pennypacker[382] sowie Besner und Hobbs[383] äußerten sich später ähnlich. Des Weiteren beschäftigten sich bisherige empirische Studien vordergründig mit der Untersuchung des Einflusses des Projektmanagementreifegrades auf Kriterien des Projektmanagementerfolgs; die Zufriedenheit verschiedener Projektstakeholder, insbesondere des Kunden, wurde dagegen bisher nicht einbezogen.

---

[379] Cooke-Davies 2004
[380] Mullaly und Thomas 2010, S. 5
[381] „Bis heute gibt es nur rudimentäre Bemühungen den Erfolg der Anwendung von Kompetenzmodellen empirisch zu belegen und damit deren Nutzen nachzuweisen. Hier kann ein großer Forschungsbedarf konstatiert werden [...]" (Ahlemann et al. 2005, S. 43) Ahlemann et al. betrachten Reifegradmodelle als eine Unterklasse von Kompetenzmodellen.
[382] "One of the most important issues that future research should address is to establish a clear relationship between project management maturity and successful project delivery." (Grant und Pennypacker 2006, S. 67)
[383] "A possible avenue of research would be to investigate the relationships between project management maturity, project management practices, and project success." (Besner und Hobbs 2008, S. 129)

Kapitel 3

Aus dieser Situation wird die **übergeordnete Forschungsfrage** dieser Arbeit abgeleitet:[384]

> Inwiefern beeinflusst der Projektmanagementreifegrad einer Organisation den Erfolg ihrer Projekte?

Zunächst stellt sich die Frage, welche Erfolgskriterien im Einzelnen vom Projektmanagementreifegrad einer Organisation beeinflusst werden. Des Weiteren müsste – der Systematik der Reifegradmodelle folgend – im Prinzip jede Organisation den höchsten Reifegrad anstreben, um die vom jeweiligen Modellentwickler aufgezeigten Nutzeneffekte auch maximal ausschöpfen zu können. Hinter jeder Anstrengung einer Organisation zur Erhöhung der eigenen Projektmanagementreife steht jedoch auch ein bestimmter Aufwand – im Zweifelsfall in Form von Opportunitätskosten. Es stellt sich folglich die Frage nach einem organisationsindividuellen „idealen" (i.S.v. ökonomischen) Projektmanagementreifegrad. Der Gedanke, dass nicht jede Organisation zwingend den höchsten Reifegrad anstreben sollte bzw. dass durch die positiven Effekte von reifegraderhöhenden Maßnahmen ab einem bestimmten Punkt von den Aufwänden für diese Maßnahmen überkompensiert werden, wurde von Modellentwicklern[385], Wissenschaftlern[386] und Praktikern[387] geäußert. Zudem hat die Unternehmenspraxis gezeigt, dass professionelles Projektmanagement auch unterhalb der höchsten Reifegradstufe möglich ist.[388]

Das oben beschriebene Phänomen des organisationsspezifischen idealen Reifegrades bedarf einer *explorativen* Untersuchung: Es stellt sich die Frage welche Faktoren auf diesen idealen Reifegrad einwirken und wie – auf der Grundlage ihrer Kenntnis – dieser Zielreifegrad ermittelt werden kann.

In gewisser Hinsicht erscheint die oben gestellte Forschungsfrage paradox, da Management ja an sich nutzenstiftend bzw. förderlich für die Entwicklung bzw. den Betrieb dessen sein soll was gemanagt wird. Es werden jedoch in der unterneh-

---

[384] Im Untersuchungsbereich dieser Arbeit sind zwar bestimmte Zusammenhänge theoretisch beschrieben und es gibt auch einzelne empirische Studien, allerdings keinen ausreichenden empirischen Nachweis für den (positiven) Einfluss des Projektmanagementreifegrades auf den Projekterfolg. Hällgren 2012, S. 806, bezeichnet eine derart gelagerte Forschungsfrage als "neglect spotting".

[385] vgl. bspw. Crawford 2007, S. 17, und Project Management Institute 2008b, S. 3

[386] Vgl. Kwak und Ibbs 2000a, S. 43: "[...] because it suggests that there is such a thing as too much PM maturity." Andersen und Jessen 2003, S. 457: "In the real world, we will not find the fully matured organization; no one has reached the stage of maximum development and no one will." Becker et al. 2009, S. 5: „Welcher Reifegrad jedoch als Zielzustand anzusehen ist, hängt i.d.R. von weiteren Rahmenbedingungen ab. Daher muss es nicht unter jeglichen Umständen sinnvoll sein, die oberste Stufe eines Reifegradmodells als Zielzustand des Objekts anzusehen."

[387] vgl. Wheatley 2007

[388] vgl. Steeger 2010

merischen Praxis Aufgabenstellungen mit Projektcharakter teils im Alltagsgeschäft (durch erfahrenes Personal) bearbeitet, d.h. eine Projektabwicklung ohne systematisches Projektmanagement existiert in der Praxis.[389] Des Weiteren wurde sich in der Projektmanagementforschung mehrfach mit dem tatsächlichen Projekterfolgsbeitrag von Projektmanagement bzw. einzelner Aspekte des Projektmanagements kritisch auseinandergesetzt.[390]

Schließlich können folgende drei Punkte zur Untersetzung der Forschungsfrage angeführt werden: Bei der Vielzahl an entwickelten Reifegradmodellen ergibt sich der Eindruck einer gewissen Beliebigkeit.[391] Gleichzeitig sind die theoretische Fundierung vieler Modelle und damit auch die von ihren Entwicklern beschriebenen Nutzeneffekte fraglich, wie Wendler im Ergebnis einer Meta-Studie zur Forschung zu Prozessreifegradmodellen[392] folgert: "[...] many maturity models suffer a lack of a proper validation of their structure and applicability and therefore of their usefulness."[393]

Zweitens sind die Nutzeneffekte der Projektmanagementreife bislang wenig empirisch untersetzt worden, wie in Kapitel 2.3.4 deutlich gemacht wurde. Drittens hat die Forschung zum Nutzen der Projektmanagementreife auch dazu geführt, dass das Konstrukt ‚Projektmanagementreife' hinterfragt wurde und unterschiedliche Perspektiven auf die Projektmanagementreife beleuchtet wurden.[394] Sowohl hinsichtlich des Begriffs als auch hinsichtlich des Konstrukts ‚Projektmanagementreife' und seiner Bestandteile herrscht in der Forschung bislang keine Einigkeit. Es ist folglich auch ein Potenzial für eine weitere theoretische Ordnung in diesem Bereich vorhanden.

Neben dieser wissenschaftlichen Relevanz des Forschungsproblems ist zweifellos auch eine praktische Relevanz gegeben. Zunächst ist die Projektmanagementreifegradmessung ohnehin ein sehr stark anwendungsorientierter Bereich. Durch die Fülle an einsetzbaren Modellen fällt den potenziellen Anwendern die Auswahl eines für sie geeigneten Modells jedoch schwer. Des Weiteren müssen die Anwender die Versprechen der Modellentwickler hinsichtlich der Generierung be-

---

[389] vgl. Schwaninger und Körner 2004
[390] vgl. Munns und Bjeirmi 1996, Morris 2003, Besner und Hobbs 2006, Kraus und Westermann 2010, S. 23, oder Golini et al. 2013
[391] vgl. Becker et al. 2009, S. 3, bzw. Kapitel 2.3.3.4
[392] dazu zählen, wie in Kapitel 2.3.2.3 gezeigt, auch Projektmanagementreifegradmodelle
[393] Wendler 2012, S. 1330
[394] Dieser wissenschaftliche Diskurs wurde maßgeblich von Pasian angeregt (vgl. Pasian 2010, 2011 und 2014 sowie Pasian et al. 2012).

stimmter Nutzeneffekte als solche hinnehmen, da der empirische Nachweis – wie oben beschrieben – bislang fehlt.

3.2 Forschungsdesign

Wie im vorigen Unterkapitel deutlich geworden ist, ist diese Forschungsarbeit in erster Linie deduktiver Natur: Der Zusammenhang zwischen den beiden wesentlichen Konstrukten dieser Arbeit, der ‚Projektmanagementreife' und dem ‚Projekterfolg', stellt sich in der Theorie als positiver Einfluss des einen Konstrukts auf das andere dar. Bedingt durch die Notwendigkeit der Aufschlüsselung beider Konstrukte (Aus welchen Elementen setzt sich die Projektmanagementreife zusammen? Und: Welches sind die im Untersuchungsbereich wichtigsten Erfolgsdimensionen?) sowie durch den explorativen Forschungsbedarf in Bezug auf den organisationsspezifischen idealen Reifegrad, ergibt sich ein Forschungsdesign mit sowohl qualitativen als auch quantitativen Elementen, ein Mixed-Methods Design. Die folgende Abbildung 3-1 zeigt diese Elemente:

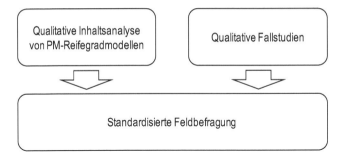

Abb. 3-1: Empirische Elemente dieser Arbeit

Ausgehend von der Projektmanagementreifegrad-Definition des DIN[395], ist es das Ziel der **qualitativen Inhaltsanalyse** einer bestimmten Anzahl von Projektmanagementreifegradmodellen, die Elemente zu identifizieren, aus denen sich die Projektmanagementreife zusammensetzt. Dazu wurde die Modelldokumentation (d.h. allgemeine Modellbeschreibungen, Beschreibungen der Reifegrade und Fragebögen bzw. Bewertungswerkzeuge) zunächst gesichtet und anschließend analysiert. Die Sichtung diente der Bildung von Kategorien, den Reifegradclustern, entlang

---

[395] „Beurteilung einer Organisation anhand von Reifegradmodellen hinsichtlich ihrer Leistungsfähigkeit im Projektmanagement." (DIN 2009, Teil 5, S. 14); vgl. Kapitel 2.3.1

derer im Rahmen der Analyse einzelne Textelemente aus der Modelldokumentation strukturiert und zusammengefasst wurden.[396]

Neben der Inhaltsanalyse der Modelle stellen die **Fallstudien** in Industrieunternehmen das zweite qualitative Element dieser Arbeit dar. Sie dienen der Ermittlung der Bedeutung einzelner Zieldimensionen im Untersuchungsbereich sowie der Exploration möglicher Einflussfaktoren auf den organisationsspezifischen idealen Projektmanagementreifegrad. Fallstudien eignen sich prinzipiell gut für explorative Untersuchungen.[397] Zudem wurde diese Forschungsmethode bereits häufig für Studien im Bereich des Managements von Industrieunternehmen eingesetzt.[398] Ein wesentlicher Grund für die Wahl des Fallstudienansatzes (anstatt bspw. mehrerer Einzelinterviews) war jedoch die Möglichkeit der Triangulation[399]. Innerhalb der – gemäß der von Yin[400] beschriebenen allgemeinen Vorgehensweise durchgeführten – Fallstudien wurden die Methoden des semi-strukturierten, leitfadengestützten Interviews, der standardisierten Befragung[401] sowie der Dokumentanalyse eingesetzt. Die Interviews wurden aufgezeichnet und anschließend durch den Verfasser transkribiert. Die Transkripte wurden entlang zuvor definierter Ziele bzw. Kernfragen analysiert. Durch die Untersuchungseinheiten zur Verfügung gestellte Dokumente konnten zum Abgleich einzelner Informationen eingesetzt werden.

Die Ergebnisse dieser beiden qualitativen Elemente mündeten in Hypothesen und unterstützten die dafür erforderliche Konstruktoperationalisierung. Das Mixed-Methods Design zeigt sich in dieser Arbeit folglich in seiner Ausprägung als sequenzielle Strategie mit der Durchführung und Analyse eines qualitativen Teils zu Beginn und der darauf aufbauenden Durchführung und Analyse eines quantitativen Teils (vgl. Abb. 3-2 auf der Folgeseite).

---

[396] vgl. Mayring 2010, S. 602
[397] vgl. Tellis 1997
[398] vgl. McCutcheon und Meredith 1993
[399] Flick 2004, S. 11, definiert: „Vereinfacht ausgedrückt bezeichnet der Begriff der Triangulation, dass ein Forschungsgegenstand von (mindestens) zwei Punkten aus betrachtet – oder konstruktivistisch formuliert: konstruiert – wird." In der vorliegenden Arbeit handelt es sich um Methoden-Triangulation.
[400] vgl. Yin 2014
[401] „Bei der standardisierten Befragung wird ein detailliert ausgearbeiteter Fragebogen verwendet, in dem sowohl die Formulierung der einzelnen Fragen wie auch die Reihenfolge der Fragen fixiert sind." (Lamnek 1980, S. 134)

Kapitel 3

Abb. 3-2: Sequenzielle Strategie im Rahmen eines Mixed-Methods Designs[402]

Im Rahmen der **Feldstudie** wurden Personen, die über Erfahrung als (Teil-) Projektleiter von Industrieprojekten verfügen, befragt. Die Studie beschränkte sich auf Unternehmen des deutschsprachigen Raums. Bei den Fragebogenitems handelt es sich bis auf ein Item um geschlossene Items. Die Gruppen von Items, die jeweils bestimmte Konstrukte (d.h. insbes. die Reifegradcluster sowie die Kundenzufriedenheit) abbilden sollten, wurden unter Anwendung von Verfahren der Itemanalyse sowie unter Anlegung statistischer Gütekriterien zu Skalen zusammengefasst. Die auf diese Weise operationalisierten Konstrukte wurden schließlich für die Hypothesenprüfung eingesetzt.

3.3 Einordnung des Forschungsvorhabens

Bredillet, Turner und Anbari haben in einer umfangreichen Aufarbeitung der Forschungsliteratur neun Schulen der Projektmanagementforschung benannt (siehe Abb. 3-3 auf der nächsten Seite).[403] Ein ähnlicher Ansatz wurde etwas später auch von Söderlund[404] verfolgt. Die neun Schulen der Projektmanagementforschung nach Bredillet et al. werden im Folgenden als Bezugsrahmen für eine Einordnung der vorliegenden Arbeit verwendet. Anschließend werden Bezüge dieser Arbeit zu allgemeinen Organisationstheorien erläutert.

---

[402] vgl. ähnliche Darstellungen bei Creswell 2014, S. 220; zur Notation vgl. Morse 1991 in Creswell 2014, S. 229
[403] vgl. Bredillet 2007a, 2007b, 2007c, 2008a, 2008b und 2008c
[404] vgl. Söderlund 2011

Forschungsbedarf, Forschungsdesign und Einordnung

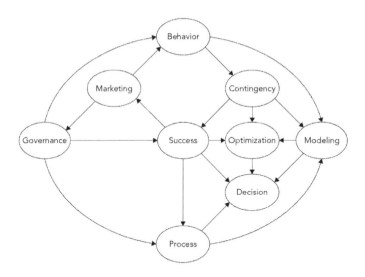

Abb. 3-3: Zusammenhänge zwischen den neun Schulen der Projektmanagementforschung[405]

3.3.1 Einordnung innerhalb der Projektmanagementforschung

Entsprechend ihres Titels sowie der in Kapitel 3.1 postulierten übergeordneten Forschungsfrage ist diese Arbeit der Erfolgsfaktorenforschung zuzurechnen. Die *Success* school dient folglich als Ausgangspunkt der Betrachtungen. Auf der Grundlage der prinzipiellen Unterscheidung zwischen Projekterfolgsfaktoren und Projekterfolgskriterien[406] wurde im Rahmen der dieser Schule zuzurechnenden Arbeiten der Einfluss bestimmter Faktoren auf einzelne Erfolgskriterien untersucht. Während der Fokus – parallel zur *Optimization school* – zunächst auf den Kriterien des Spannungsdreiecks des Projektmanagements lag, etablierte sich später ein breiteres Verständnis von Projekterfolg und dessen Messkriterien. Der Literaturzweig zum Wert von Projektmanagement, der sich ab Mitte der 2000er Jahre bildete, ist ebenfalls dieser Denkschule zuzuordnen.[407] Hinsichtlich dieses Zweigs ist das Forschungsprojekt von Thomas und Mullaly[408] hervorzuheben, dessen Ziele

---

[405] entnommen aus Bredillet 2008c, S. 3
[406] vgl. Kapitel 2.4.2.1
[407] vgl. Bredillet 2008a
[408] vgl. Thomas und Mullaly 2008 sowie Thomas und Mullaly 2007, Mullaly und Thomas 2009 und 2010; als weitere Forschungsarbeiten in diesem Bereich sind bspw. Ibbs und Reginato 2002b, Lappe 2012 oder Mir und Pinnington 2014 zu nennen

79

sie wie folgt beschreiben: "[...] to provide evidence of the value organizations recognize when project management is appropriately implemented."[409] Die Fragestellungen des genannten Forschungszweigs und dieser Arbeit sind im Kern folglich identisch, unabhängig davon, ob sie bspw. an einer Return-on-Investment- oder einer Reifegradsystematik gespiegelt werden: In welchen positiven Effekten äußert sich die Implementierung und Weiterentwicklung von Projektmanagementstrukturen?

Über die *Success school* hinaus lassen sich mit der *Process school* und der *Contingency school* noch zu zwei weiteren Schulen Bezüge herstellen. Letztere markiert auch den Übergang zur Herstellung organisationstheoretischer Bezüge.

Grundgedanken der *Process school* wurden bereits in den Kapiteln 2.1.3 und 2.2.2 beschrieben. Ausgehend von einem Sollzustand dienen Projekte der Herstellung eines Zielzustandes. Der Projektmanagementprozess läuft parallel zum inhaltlichen Projektprozess, gibt diesem Struktur und steuert ihn. Entsprechend ihrer Verwurzelung im Qualitäts- und Prozessmanagement[410] sind innerhalb dieser Schule auch Reifegradmodelle wie das Project-Oriented Company Competence Model von Gareis[411] entstanden. In den vergangenen Jahren rückten innerhalb dieser Schule Projektkategorisierungssysteme[412] verstärkt in den Fokus der Forschung.[413] Diese können als Ausgangspunkt für ein projektspezifisches Zuschneiden der Managementprozesse herangezogen werden.

Der zentrale Gedanke der *Contingency school* ist, dass das Projektmanagement für ein Projekt an dessen Kontext angepasst werden muss.[414] Dementsprechend kann der Bereich der Projektkategorisierungssysteme als Bindeglied zwischen *Process* und *Contingency school* betrachtet werden.

3.3.2 Organisationstheoretische Bezüge

Die *Contingency school* ist Ausdruck des Einflusses einer allgemeinen Organisationstheorie, dem Situativen Ansatz bzw. *Contingency theory* oder *Contingency approach*, auf die Forschung im Projektmanagement. Eine Vielzahl von For-

---

[409] Thomas und Mullaly 2007, S. 74
[410] vgl. Kapitel 2.3.2
[411] vgl. Gareis 2002
[412] vgl. z.B. Crawford et al. 2005
[413] vgl. Bredillet 2008b
[414] vgl. ebd.

schungsarbeiten im Projektmanagement[415] – insbesondere in den vergangenen ca. 15 Jahren – bezog sich auf diese Theorie, die ihren Ursprung bereits in den 1950er und 60er Jahren hat.[416]

Der Situative Ansatz fußt auf den klassischen Ansätzen der Organisationstheorie, v.a. dem Bürokratie-Ansatz nach Weber.[417] Im Gegensatz zur verhaltenswissenschaftlichen Entscheidungsprozessforschung, bei der das Individuum im Vordergrund steht, richtet er seinen Fokus auf die Organisationsstruktur.[418] Der Ursprung des situativen Ansatzes liegt in der These, dass sich die Organisation an die „Imperative, die (ggf. verschlüsselt) aus der Umwelt kommen", anzupassen hat, um ihre Existenz zu sichern.[419] Es wird also nach exogenen Determinanten gesucht, die zur unterschiedlichen Ausgestaltung verschiedener Organisationsstrukturen geführt haben. Wesentliche situative Einflüsse ergeben sich aus der Umwelt bzw. dem Umfeld der Organisation[420], ihrer Größe[421] sowie der Organisationsstrategie[422].[423] Aus der Kenntnis der Einflussfaktoren können optimale kontextabhängige Gestaltungskriterien für Unternehmen abgeleitet werden.[424]

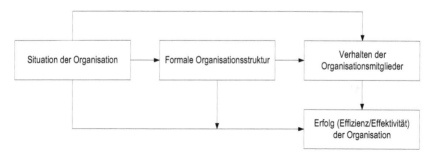

Abb. 3-4: Forschungsprogramm des Situativen Ansatzes[425]

---

[415] vgl. z.B. Dvir et al. 1998, Engwall 2003, Müller und Turner 2007, Geraldi 2008 oder Mullaly und Thomas 2010
[416] vgl. Woodward 1958, Burns und Stalker 1961 und Lawrence und Lorsch 1967
[417] vgl. Scherm und Pietsch 2007, S. 35
[418] vgl. Kieser 2006, S. 215
[419] Schreyögg 2008, S. 270
[420] vgl. Burns und Stalker 1961
[421] vgl. Child 1975
[422] vgl. Chandler Jr. 1962
[423] vgl. dazu Donaldson 2001, S. 2 ff.
[424] vgl. Schreyögg 2008, S. 276 f.
[425] entnommen aus Kieser und Kubicek 1992, S. 57

Von Kieser und Kubicek wurde das auf der vorigen Seite abgebildete Forschungsprogramm des Situativen Ansatzes entworfen. Im Zentrum steht die formale Organisationsstruktur. Diese wird maßgeblich durch die Situation der Organisation beeinflusst und beeinflusst ihrerseits das Verhalten der Organisationsmitglieder und schließlich den Erfolg der Organisation.

Es ergeben sich in der empirischen Forschung entsprechend des Situativen Ansatzes folgende wesentliche Fragestellungen:

1. „Wie können Organisationsstrukturen beschrieben [...] und operationalisiert [...] werden, um Unterschiede zwischen Organisationsstrukturen in empirischen Untersuchungen aufzeigen zu können?
2. Welche situativen Faktoren oder Einflussgrößen erklären eventuell festgestellte Unterschiede zwischen Organisationsstrukturen?
3. Welche Auswirkungen haben unterschiedliche Situation-Struktur-Konstellationen auf das Verhalten der Organisationsmitglieder und die Zielerreichung (Effizienz) der Organisation? [...]"[426]

Zur Operationalisierung der Organisationsstruktur werden Messgrößen benötigt. Diese können in folgenden Dimensionen definiert werden:

Tab. 3-1: Dimensionen der Organisationsstruktur[427]

Dimension	Bedeutung
Spezialisierung (Arbeitsteilung)	Verteilungsgrad von Tätigkeiten auf unterschiedliche spezialisierte Stellen
Standardisierung	Festlegungsgrad von Verhaltensweisen der Arbeitsperson durch Routineverfahren
Zentralisierung	Ausmaß der Entscheidungskompetenzen an der Spitze der Hierarchie
Formalisierung	Ausmaß von schriftlich fixierten Regeln, Verfahren, Anweisungen und schriftlicher Kommunikation
Konfiguration	Form des Stellengefüges; vorrangig durch die Zahl der Hierarchieebenen bestimmt
Partizipation	Grad der Beteiligung von Mitarbeitern an den Leitungsaufgaben

Die situativen Einflussfaktoren können gleichfalls in Dimensionen sowie anhand weiterer Kriterien klassifiziert werden, wie Tabelle 3-2 zeigt:

---

[426] Kieser 2001, S. 171
[427] entnommen aus Schulte-Zurhausen 2010, S. 28; beruhend auf Arbeiten von u.a. Weber (vgl. insbesondere Weber 1922) sowie Pugh und Hickson (vgl. z.B. Pugh und Hickson 1971)

Tab. 3-2: Einflussfaktoren der Organisationsstruktur[428]

Dimensionen der internen Situation	Dimensionen der externen Situation
Gegenwartsbezogene Faktoren: • Leistungsprogramm • Größe • Fertigungstechnik • Informationstechnik • Rechtsform und Eigentumsverhältnisse	Aufgabenspezifische Umwelt: • Konkurrenzverhältnisse • Kundenstruktur • Dynamik der Entwicklung
Vergangenheitsbezogene Faktoren: • Alter der Organisation • Art der Gründung • Entwicklungsstadium der Organisation	Globale Umwelt: • Gesellschaftliche Bedingungen • Kulturelle Bedingungen

Ein zentrales Konzept des Situativen Ansatzes ist das des „Fit" zwischen formaler Organisationsstruktur und der Situation der Organisation[429]: Fit bezeichnet allgemein[430] die optimale Anpassung der Organisationsstruktur an die Situation.[431] Durch die Stimmigkeit zwischen Struktur- und Situationsvariablen soll der Organisationserfolg gefördert[432] und so das Fortbestehen der Organisation gesichert[433] werden.

Wichtige Arbeiten zur Etablierung des Situativen Ansatzes als eigenständiger Theorie wurden von den Forschergruppen um Blau, Schoenherr, Meyer et al. (University of Chicago)[434] sowie um Pugh, Hickson et al. (Aston University, Birmingham)[435] geleistet. Letztere machten sich u.a. um die integrative Betrachtung der Zusammenhänge zwischen Situation und Struktur einerseits sowie zwischen Struktur und Verhalten der Organisationsmitglieder verdient, welche sich auch im oben gezeigten Bezugsrahmen von Kieser und Kubicek wiedererkennen lässt.[436] Als Organisationstheorie hat der Situative Ansatz die empirische Forschung u.a. in der Industrieökonomik und im strategischen Management beeinflusst.[437] Auf die in

---

[428] entnommen aus Vahs 1997, S. 36
[429] vgl. van de Ven 1979
[430] bzgl. spezieller Interpretationen des Fit-Konzeptes wird auf van de Ven 1979, Venkatraman und Camillus 1984 sowie Venkatraman 1989 verwiesen
[431] vgl. van de Ven 1979
[432] vgl. Scherm und Pietsch 2007, S. 40, und van de Ven und Drazin 1985
[433] vgl. Schreyögg 2008, S. 270
[434] vgl. u.a. Blau 1970, Blau und Schoenherr 1971, Meyer und Rowan 1977 und Meyer und Rowan 1978
[435] vgl. u.a. Hickson et al. 1971, Hinings et al. 1974 und Pugh 1976
[436] vgl. Kieser 2001, S. 170
[437] vgl. Venkatraman und Camillus 1984

letzterem Gebiet entstandenen Arbeiten, insbesondere von Venkatraman[438], wird in der Projektmanagementforschung vielfach Bezug genommen.[439]

Die Operationalisierung der Organisationsstrukturen erfolgt in dieser Arbeit über einen Projektmanagementreifegradansatz. Entsprechend Tabelle 3-1 bestehen v.a. Bezüge zu den Dimensionen Formalisierung und Standardisierung. Hinsichtlich der maßgeblichen situativen Einflussgrößen auf den organisationsspezifischen idealen Reifegrad soll der qualitativ-explorative Teil der empirischen Arbeit, der in Kapitel 4.2 beschrieben wird, Anhaltspunkte liefern. Die qualitative Arbeit mündet schließlich in einer quantitativen Feldstudie, aufgrund deren Analyseergebnissen Handlungsempfehlungen zur Gestaltung der Organisationsstrukturen im Bereich Projektmanagement – stets vor dem Hintergrund des Konstrukts Projektmanagementreife – in Abhängigkeit der Situation bzw. des Kontexts der Organisation formuliert werden sollen.

---

[438] vgl. u.a. Venkatraman und Camillus 1984 sowie Ginsberg und Venkatraman 1985
[439] vgl. Mullaly und Thomas 2010, Meskendahl 2010, Unger et al. 2012, Zwikael et al. 2014, Kaiser et al. 2014 u.a.

4 Empirische Untersuchung

4.1 Qualitative Inhaltsanalyse von Projektmanagementreifegradmodellen

4.1.1 Hintergrund: Elemente und Dimensionen der Projektmanagementreife

Analysen zu den Bestandteilen bzw. Elementen der Projektmanagementreife wurden bereits an anderer Stelle durchgeführt. Bei Cooke-Davies et al.[440] werden Vorarbeiten zur Entwicklung des Modells OPM3 beschrieben: Dabei wurden über eine Delphi-Studie, bei der Mitglieder des OPM3 Guidance Teams befragt wurden, Elemente einer Organisation ermittelt, die „reif" im Projektmanagement ist. Diese wurden ferner in folgenden zehn Clustern zusammengefasst:

- Standardization and integration of methods and processes
- Performance and metrics
- Commitment to the PM process
- Business alignment and prioritization
- Continuous improvement
- Success criteria for continuation or culling
- People and their competence
- Allocating people to projects
- Organizational 'fit'
- Teamwork

Während im Rahmen der Entwicklung des OPM3 also eine expertenbasierte Identifizierung und Clusterung der Bestandteile der Projektmanagementreife durchgeführt wurde, verfolgte Pasian[441] einen anderen Ansatz: Unter Nutzung von Techniken der Grounded theory sowie unter Einsatz der Software NVivo wurde eine Analyse von Begriffsnennungshäufigkeiten über zehn Projektmanagementreifegrad-

---

[440] vgl. Cooke-Davies et al. 2001
[441] vgl. Pasian 2011, S. 78 ff.

modelle durchgeführt. In der nachfolgenden Tabelle 4-1 werden die 15 am häufigsten genannten Begriffe in absteigender Reihenfolge aufgeführt:

Tab. 4-1: Ergebnisse der Analyse von Pasian[442] zu Begriffsnennungshäufigkeiten innerhalb von Projektmanagementreifegradmodellen

(1) Management	(6) Business case & benefits	(11) Training
(2) Organization	(7) Project specifications	(12) Communications
(3) Process management	(8) Formality	(13) Quality management
(4) Process, tool development	(9) PM Office	(14) Data management
(5) Awareness	(10) Risks and management	(15) Continuous improvement

In den vorgenannten Studien wurden die Elemente der Projektmanagementreife also über einen Bottom-up-Ansatz ermittelt. Im OPM3 gehen die Beschreibungen im Gegensatz dazu von zwei allgemeinen Dimensionen der Reife aus, die im Folgenden erläutert werden. Das OPM3 ist gleichzeitig die momentan einzige Quelle, in der Dimensionen der Projektmanagementreife explizit benannt werden.

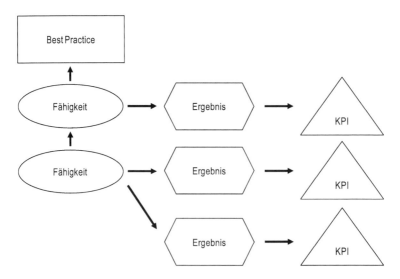

Abb. 4-1: Zusammenhänge zwischen Best Practices, Fähigkeiten, Ergebnissen und Performance-Indikatoren im OPM3[443]

---

[442] vgl. Pasian 2011, S. 78 ff.
[443] entnommen aus Project Management Institute 2008b, S. 26

Das Project Management Institute versteht die Projektmanagementreife im Sinne seines Modells OPM3 als multidimensionales Konstrukt und beschreibt zwei Dimensionen[444]: Die erste beschreibt die Prozessverbesserung über die Standardisierung der Prozesse, die Messung der Prozesse z.B. mittels Performance-Indikatoren, die Prozesssteuerung auf der Basis der Messergebnisse sowie die kontinuierliche Verbesserung der Prozesse.[445] Die zweite Dimension bezieht sich auf Best Practices in Bezug auf die Projektmanagementstrukturen einer Organisation. Der Best Practice-Begriff im Sinne des OPM3 kann nur in Zusammenhang mit weiteren Begriffen erläutert und verstanden werden. Dazu wird auf die Abbildung 4-1 auf der vorigen Seite Bezug genommen.

Jede Best Practice besteht aus zwei oder mehr Fähigkeiten und gilt nur als implementiert, wenn alle zugehörigen Fähigkeiten nachgewiesen wurden. Die Anwendung einer Fähigkeit führt zu Ergebnissen, die wiederum über Indikatoren erfasst bzw. bewertet werden können.[446]

Eine Best Practice im OPM3 ist z.B. "Establish Internal Project Management Communities". Die zugehörigen Fähigkeiten sind:

- "Facilitate Project Management Activities"
- "Develop Awareness of Project Management Activities"
- "Sponsor Project Management Activities"[447]

In der Veröffentlichung zum OPM3 werden alle Best Practices beschrieben.[448] Übersichten über die Fähigkeiten, Ergebnisse und Indikatoren existieren dort jedoch nicht, sodass das Konstrukt ‚Projektmanagementreife' – im Sinne des OPM3 – zu einem gewissen Grad intransparent bleibt.

4.1.2 Ziele und Methodisches

Über eine qualitative Inhaltsanalyse von insgesamt 15 Projektmanagementreifegradmodellen[449] soll ein Beitrag zu einem generischen, abstrakteren Verständnis

---

[444] vgl. Project Management Institute 2008b, S. 13
[445] Das Project Management Institute verwendet für diese Verbesserungsschritte die Kurzbezeichnung SMCI – Standardize, Measure, Control, Continuously Improve.
[446] vgl. Project Management Institute 2008b, S. 25 ff.
[447] vgl. ebd., S. 31
[448] vgl. ebd., S. 39 ff.
[449] Welche Modelle im Einzelnen in die Analyse einbezogen wurden, kann Anhang A entnommen werden.

des Konstrukts Projektmanagementreife geleistet werden sowie eine transparente Operationalisierung im Rahmen der quantitativen Feldstudie, deren Ergebnisse in Kapitel 4.3 vorgestellt werden, möglich gemacht werden. Diese Analyse ist nötig, da zwar eine Vielzahl an Modellen, aber kein allgemeines Verständnis von Projektmanagementreife vorhanden ist. Nur über eine umfassende Sichtung der Dokumentation der Modelle und eine Erfassung der Messgegenstände kann ein transparenter wissenschaftlicher Arbeitsprozess gewährleistet werden.

Wie in der Einleitung bereits angeklungen ist[450], soll sich das Verständnis von Projektmanagementreife im Rahmen dieser Arbeit entsprechend der DIN 69901:2009 aus den zugehörigen Modellen heraus ergeben. Damit können die in Cooke-Davies et al. beschriebenen Ergebnisse der Delphi-Analyse zwar inhaltlich hier nicht direkt herangezogen werden, der dort beschriebene methodische Ansatz ist allerdings insbesondere in Bezug auf die Clusterbildung interessant für diese Arbeit. Pasians Analyse erfolgt unmittelbar anhand verschiedener Modelle, führt bei ihr jedoch nicht zu einer Clusterbildung oder gar Dimensionsbildung. Die für Zwecke dieser Arbeit durchgeführte qualitative Inhaltsanalyse soll einzelne methodische Elemente der vorigen Untersuchungen miteinander verbinden und über eine Bildung von Clustern und Dimensionen weiterführen. Ferner wird im Vergleich zu Pasian auf eine breitere Modellbasis zurückgegriffen.

In die Analyse wurden alle Modelle einbezogen, bei denen entweder eine Beschreibung der Reifegradstufen oder der Fragebogen wenigstens für eine Selbstbewertung im Rahmen dieses Modells publiziert bzw. dem Verfasser zugänglich war. Die untersuchten Modelle sind in Monographien, im Rahmen von wissenschaftlichen Konferenzen vorgestellten Artikeln oder Artikeln in wissenschaftlichen Fachzeitschriften veröffentlicht worden oder werden von innerhalb der Projektmanagement-„Community" wichtigen Organisationen wie dem US-amerikanischen PMI oder dem britischen Cabinet Office herausgegeben. Es handelt sich ferner ausschließlich um Projektmanagementreifegradmodelle, das heißt CMM(I) und SPICE wurden als Prozessreifegradmodelle nicht in die Analyse einbezogen, gleichwohl Projektmanagement eine wesentliche Komponente im Rahmen dieser Modelle darstellt. Des Weiteren blieben Modelle unberücksichtigt, die sich nur auf die Ebenen des Programm- bzw. Portfoliomanagements[451], die sich ausschließlich

---

[450] vgl. Kapitel 1.2
[451] z.B. "Project Portfolio Management Maturity Model", vgl. Pennypacker 2005

auf ein bestimmtes Element des Projektmanagements beziehen[452] oder die nur für den Einsatz in einer bestimmten Branche entwickelt wurden[453]. Der überwiegende Teil der Modelle ist allerdings ohne einen speziellen Branchen- oder Projektmanagement-Element-Bezug angelegt.

Methodisch wurde bei der Analyse wie folgt vorgegangen:

1. Allgemeine Sichtung der Modelldokumentation
2. Bildung grober thematischer Cluster der Messgegenstände
3. Dokumentation von Aussagen innerhalb der Modelldokumentation, die inhaltlich einen Messgegenstand betreffen, und Zuordnung zu den Clustern
4. Bestätigung bzw. ggf. Verfeinerung der Cluster
5. Zusammenfassung der Cluster zu Dimensionen

Über die allgemeine Sichtung der verfügbaren Modelldokumentation wurde sich zunächst ein Verständnis der Funktionsweise einer Reifegradmessung mit dem jeweiligen Modell erarbeitet. Ferner wurde in diesem Schritt auch bereits eine gewisse inhaltliche Ausrichtung des Modells deutlich und es konnten erste Aufzeichnungen bzgl. der Messgegenstände gemacht werden. Aus diesem Arbeitsschritt ergab sich ein grobes gedankliches Konzept für eine thematisch-inhaltliche Clusterung der Messgegenstände, das später verfeinert werden konnte. Der dritte Arbeitsschritt ist der zentrale dieser qualitativen Inhaltsanalyse: Die Modelldokumentation wurde in der Art und Weise analysiert, dass jede Aussage, die einen bestimmten inhaltlichen Messgegenstand betraf, dokumentiert und einem der im vorigen Schritt festgelegten Cluster zugeordnet wurde. Anschließend wurden die Cluster auf inhaltliche Konsistenz untersucht und abschließend definiert. Im letzten Schritt der Analyse wurden die Cluster zu Dimensionen der Projektmanagementreife zusammengeführt.

4.1.3 Ergebnisdarstelllung

Die Ergebnisse der qualitativen Inhaltsanalyse wurden tabellarisch aufbereitet:

---

[452] z.B. "The Risk Maturity Model", vgl. Hillson 1997
[453] z.B. "Construction Project Management Maturity Model", vgl. Fengyong und Renhui 2007

Kapitel 4

Tab. 4-2: Ergebnisse der qualitativen Inhaltsanalyse ausgewählter Projektmanagementreifegradmodelle (Teil 1)[454]

Modell / Cluster	Prozess-management	KVP	PM-bez. Personal-entwicklung	Wissens-sicherung & -transfer	Rolle des PM innerhalb der Organisation	TMS	PM-Terminolo-gie	PM-Software	...
PMMM (Levene et al. 1995)	●	●							
PMMM (Fincher & Levin 1995)	●	●	●	●	●		●	●	
CMM/PM Maturity Model (Goldsmith 1997)	●	●	●	●					
PMMM (Jain 1997)	●			●					
(PM)² (Kwak & Ibbs 1997)	●	●	●	●		●			
PMMM (Ward / Educational Service Institute 1998)	●	●	●	●	●	●			
POC Competence Model (Gareis & Huemann 1998)	●			●					
KPM³ (Kerzner 2001)	●	●	●	●	●	●	●	●	
ProMMM (Hillson 2001)	●	●	●	●	●				

[454] In der jeweils ersten Spalte dieser und der folgenden Tabelle wird zu den Modellen jeweils das Jahr ihrer Erstveröffentlichung genannt. Analysiert wurde jeweils die aktuelle Modellausgabe. Die jeweils letzte Spalte in dieser und in der folgenden Tabelle repräsentiert weitere Cluster der Projektmanagementreife.

Empirische Untersuchung

Modell / Cluster	Prozess-manage-ment	KVP	PM-bez. Personal-entwicklung	Wissens-sicherung & -transfer	Rolle des PM innerhalb der Organisation	TMS	PM-Terminolo-gie	PM-Software	...
PMCMM (Voivedich & Jones 2001)	●	●	●			●		●	
PMPA (Bryde 2003)	●		●		●				
OPM3 (PMI 2003)	●	●	●	●	●	●			
P2MM (Williams / Office of Government Commerce 2004)	●	●	●	●	●	●	●		
P3M3 (Office of Government Commerce 2006)	●	●	●	●	●	●	●		
PMMM (Crawford / PM Solutions 2007)	●	●	●		●	●			

91

Tab. 4-3: Ergebnisse der qualitativen Inhaltsanalyse ausgewählter Projektmanagementreifegradmodelle (Teil 2)

Modell / Cluster	Integration	Inhalt/Umfang	Zeit	Kosten	Qualität	Personal	Kommunikation	Risiko	Einkauf/Beschaffung	Stakeholder	...
PMMM (Levene et al. 1995)											
PMMM (Fincher & Levin 1995)	●	●	●	●	●	●	●	●	●		
CMM/PM Maturity Model (Goldsmith 1997)	●	●	●	●	●	●	●	●	●		
PMMM (Jain 1997)											
(PM)² (Kwak & Ibbs 1997)	●	●	●	●	●	●	●	●	●		
PMMM (Ward / Educational Service Institute 1998)	●	●	●	●	●	●	●	●	●		
POC Competence Model (Gareis & Huemann 1998)						●	●	●			
KPM³ (Kerzner 2001)		●	●	●	●	●	●	●	●		
ProMMM (Hillson 2001)							●	●			
PMCMM (Voivedich & Jones 2001)	●	●	●	●	●	●	●	●	●	●	

Empirische Untersuchung

Modell / Cluster	Integration	Inhalt/ Umfang	Zeit	Kosten	Qualität	Personal	Kommunikation	Risiko	Einkauf/ Beschaffung	Stakeholder	...
PMPA (Bryde 2003)		●	●	●	●	●		●			
OPM3 (PMI 2003)	●	●	●	●	●	●	●	●	●	●	
P2MM (Williams / Office of Government Commerce 2004)		●	●	●	●		●	●		●	
P3M3 (Office of Government Commerce 2006)			●	●			●	●		●	
PMMM (Crawford / PM Solutions 2007)	●	●	●	●	●	●	●	●	●		

93

Sofern ein Modell eine stufenartige Struktur zur Abbildung der Reife vorsieht, wurden die Aussagen den einzelnen Stufen zugeordnet. Aus Gründen der vereinfachten Darstellung wurde darauf in obiger Tabelle verzichtet; hier wird über den Punkt nur angezeigt, ob ein inhaltliches Cluster überhaupt in einem Modell widergespiegelt ist. Da die Dokumentation eines Modells nur in seltenen Fällen vollständig veröffentlicht ist, muss eine leere Zelle in den beiden obigen Tabellen nicht zwangsläufig bedeuten, dass dieses Modell das entsprechende Reifegradcluster überhaupt nicht berücksichtigt.

Die nachfolgende Tabelle 4-4 listet die Cluster nach Häufigkeit des Vorhandenseins in den untersuchten Modellen.

Tab. 4-4: Übersicht über inhaltliche Cluster der Projektmanagementreife nach Häufigkeit

Cluster der Projektmanagementreife	Häufigkeit [X von 15 Modellen]	Dimension der PM-Reife
Prozessmanagement bzw. Formalisierung von Ablaufstrukturen	15	Strategische Infrastruktur
Kontinuierliche Verbesserung	12	Strategische Infrastruktur
PM-bezogene Personalentwicklung	12	Strategische Infrastruktur
Risikomanagement	12	Elemente & Prozesse
Wissenssicherung und -transfer	11	Strategische Infrastruktur
Terminmanagement	11	Elemente & Prozesse
Kosten-/ Finanzmanagement	11	Elemente & Prozesse
Kommunikationsmanagement	11	Elemente & Prozesse
Inhalts- und Umfangsmanagement	10	Elemente & Prozesse
Qualitätsmanagement	10	Elemente & Prozesse
Rolle des Projektmanagements innerhalb der Organisation	9	Strategische Infrastruktur
Personalmanagement	9	Elemente & Prozesse
Unterstützung durch das Top-Management der Organisation	8	Strategische Infrastruktur
Einkaufs-/ Beschaffungsmanagement	8	Elemente & Prozesse
Rollen und Verantwortlichkeiten im PM	7	Strategische Infrastruktur
Integrationsmanagement	7	Elemente & Prozesse
Ressourcenmanagement	7	Elemente & Prozesse

Cluster der Projektmanagementreife	Häufigkeit [X von 15 Modellen]	Dimension der PM-Reife
Projektauswahl und -klassifizierung (gemäß Organisationsstrategie)	6	Strategische Infrastruktur
Einbeziehung des Kunden	5	Strategische Infrastruktur
PM-Terminologie	4	Strategische Infrastruktur
Stakeholdermanagement	4	Elemente & Prozesse
Änderungsmanagement	4	Elemente & Prozesse
PM-Software	3	Strategische Infrastruktur
...	...	...

Aus den Tabellen 4-2 bis 4-4 gehen auch bereits die beiden Dimensionen hervor, zu denen die Cluster zusammengesetzt wurden: Die **strategische Infrastruktur des Projektmanagements** beinhaltet Reifegradcluster, die gemeinsam ein strukturelles Fundament des Projektmanagements innerhalb der Organisation darstellen. Kernelement ist die prozessorientierte Herangehensweise an die Abläufe im Projektmanagement. Die Projektmanagementprozesse sollen im Sinne der Projektmanagementreife durch dafür verantwortliche Personen bzw. Einheiten über die Organisation hinweg standardisiert, ihre Funktionsweise überprüft und die Prozesse auf der Grundlage dessen kontinuierlich verbessert werden. In der Organisation – auch und insbesondere im oberen Management – soll insgesamt ein Bewusstsein für die Bedeutung des Projektmanagements vorhanden sein, was sich in der Einrichtung projektmanagementbezogener Personalentwicklungsstrukturen, der Institutionalisierung von Projektmanagement z.B. über ein Project Management Office sowie der Schaffung von Plattformen für den projektübergreifenden Wissenstransfer äußern kann.

Die Dimension der **Projektmanagementelemente und -prozesse** betrifft die inhaltliche Seite der Projektmanagementprozesse z.B. der Termin- und Ablaufplanung, des Risikomanagements etc. Als Bezugsraster hierfür wurden die zehn Wissensbereiche des PMBOK Guide, die auch von mehreren der untersuchten Reifegradmodelle referenziert wird[455], verwendet. In einzelnen Modellen werden

---

[455] vgl. Kapitel 2.3.3.2, insbesondere die dortige Abbildung 2-9

jedoch auch darüber hinausgehende Cluster, wie z.B. das Projektänderungsmanagement, aufgegriffen.[456]

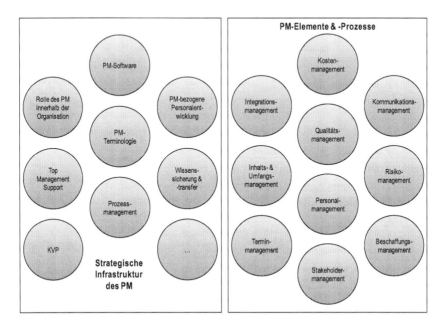

Abb. 4-2: Dimensionen und Cluster der Projektmanagementreife

Abbildung 4-2 zeigt die in den untersuchten Modellen am häufigsten genannten Cluster der strategischen Infrastruktur des PM sowie die Cluster der Dimension der Projektmanagementelemente und -prozesse in der Übersicht. Aus Tabelle 4-4 wird deutlich, dass die drei am häufigsten genannten Cluster allesamt der Reifegraddimension der strategischen Infrastruktur zuzuordnen sind. Mit Blick auf die quantitative Feldstudie[457] wird der Fokus im weiteren Verlauf der empirischen Untersuchung aus testökonomischen Gründen auf dieser Dimension liegen. Die Auswahl der die strategische Infrastruktur des Projektmanagements repräsentierenden Cluster für den weiteren Untersuchungsverlauf richtet sich in erster Linie nach der Häufigkeit, mit der sie in den 15 Modellen genannt werden. Weiterhin wurden hier ebenfalls testökonomische Gründe berücksichtigt: So geht der Verfasser bspw. davon aus, dass sich die Cluster PM-Terminologie und PM-Software

---

[456] vgl. zum Projektänderungsmanagement u.a. Voivedich und Jones 2001, Bryde 2003 und Office of Government Commerce 2010; weitere Cluster sind z.B. Vertragsmanagement (vgl. Kerzner 2005, S. 56, und Bryde 2003) und Konfigurationsmanagement (vgl. Bryde 2003)

[457] vgl. Kapitel 4.3

durch weniger Fragebogenitems abbilden lassen, als das Cluster Einbeziehung des Kunden.

4.2 Qualitative Fallstudien

4.2.1 Ziele und Methodisches

Für die qualitativen Fallstudien wurden folgende Ziele bzw. Kernfragen formuliert:

1. Dokumentation genereller Charakteristika[458] des Projektgeschäfts der Untersuchungseinheit
2. Messung des Projektmanagementreifegrades der Untersuchungseinheit mit einem international anerkannten Modell
3. Welche Rolle spielen Formalisierung und Standardisierung von Abläufen im Projektmanagement in der Untersuchungseinheit und wie ist die Meinung der Interviewees zu den Auswirkungen?
4. Gibt es Anhaltspunkte für die Existenz eines organisationsspezifischen „idealen" Reifegrades bzw. für einen Grad an Formalisierung/ Standardisierung, bei dem deren positive Effekte durch negative Auswirkungen überkompensiert werden? Zu welchen Charakteristika des Kontexts bzw. der Situation der Untersuchungseinheit werden durch die Interviewees in diesem Zusammenhang Bezüge hergestellt?
5. Wie ist der Projekterfolg in der Untersuchungseinheit definiert? Welche Zieldimensionen werden in diesem Zusammenhang einbezogen?
6. Wer ist der Kunde in Projekten der Untersuchungseinheit? Gibt es ggf. mehrere Kunden in einem Projekt? Wer sind weitere typische Stakeholder in Projekten der Untersuchungseinheit?
7. Was können während der Abwicklung eines Projektes oder nach dessen Abschluss Indikatoren dafür sein, dass die Zufriedenheit bestimmter Stakeholder, insbesondere des Kunden, positiv oder negativ ausgeprägt ist?

Fallstudien sind als Untersuchungsmethode besonders geeignet für praxisnahe Forschungsbereiche[459], was auf das Projektmanagement im Allgemeinen und den

---

[458] Beispiele sind: Dauer der Projekte, Größe der Projektteams, finanzielles Volumen der Projekte, Grad an Internationalität etc.
[459] vgl. Karvinen und Bennett 2006, Blomquist et al. 2006 und Turner 2006

Bereich der Reifegradmessung im Speziellen zutrifft. Sie ermöglichen ferner ein detailliertes Verständnis von Organisationsstrukturen sowie Prozessen und Zusammenhängen innerhalb von Organisationen.[460] Insbesondere die Projektmanagementreifegradmessung der Untersuchungseinheit (vgl. 2. Ziel) sowie der explorative Charakter bestimmter Kernfragen (v.a. 4. und 7.) führten zur Auswahl dieses Untersuchungsansatzes. Innerhalb der Fallstudien wurden die Methoden des leitfadengestützten Interviews, der standardisierten Befragung sowie der Dokumentenanalyse eingesetzt. Diese Kombination mehrerer Methoden ermöglichte eine Triangulation der Daten und somit eine Erhöhung deren Belastbarkeit. Der Aufbau des Leitfadens wird im nächsten Unterkapitel näher erläutert.

Bei der Reifegradmessung entschied sich der Verfasser statt eines eigenen, aus der Inhaltsanalyse der Modelle hervorgehenden Ansatzes, für ein etabliertes Modell, um den potenziellen Untersuchungseinheiten einen unmittelbaren Nutzen und Mehrwert einer Teilnahme aufzeigen zu können. Zwar flossen auf diese Weise bei der Reifegradmessung auch nur die inhaltlichen Cluster der Projektmanagementreife dieses einen Modells ein, weitere Cluster wurden jedoch im Rahmen der semi-strukturierten Interviews thematisiert.

In der Systematik vieler Projektmanagementreifegradmodelle werden die Strukturen von Organisationen auf der untersten Reifegradstufe als informell bezeichnet.[461] Daraus lässt sich schließen, dass mit steigendem Reifegrad auch der Grad an Formalisierung der Organisationsstrukturen zunimmt. Diese Formalisierung kann z.B. durch Etablierung einer Landschaft bzw. eines Systems von Projektmanagementprozessen erfolgen. Die starke Prozessorientierung von Projektmanagementreifegradmodellen ist in der Literatur breit dokumentiert.[462] Bei stufenartig aufgebauten Prozessreifegradmodellen findet sich häufig folgendes Muster[463]:

1. Es sind keine Prozesse definiert; die Strukturen sind informell
2. Prozesse sind in bzw. für Teilbereiche der Organisation definiert und dokumentiert
3. Prozesse sind über die Organisation hinweg standardisiert
4. Prozesse werden unter Einsatz von Kennzahlen überprüft

---

[460] vgl. Eisenhardt 1989
[461] vgl. Albrecht und Spang 2014
[462] vgl. z.B. Pasian 2011, S. 9
[463] vgl. dazu z.B. Geers 2011, S. 75 f.

5. Prozesse unterliegen einem kontinuierlichen Verbesserungsprozess

Die Kernfragen 3. und 4. nehmen auf diesen Sachverhalt Bezug: Die Interviewees wurden nach dem Grad der Formalisierung und Standardisierung in ihrer Organisation befragt und sollten sowohl positive als auch negative Effekte dieses Grades an Formalisierung beschreiben. Von Interesse war ferner warum jeweils ein ganz bestimmter Grad an Formalisierung implementiert ist und zu welchen Charakteristika der Organisation, des Projektgeschäfts sowie deren Umfelds Bezüge durch die Interviewees hergestellt wurden.

Dvir und Lechler kritisieren, dass obwohl Projekterfolg in der Fachliteratur einhellig als multidimensionales Konstrukt angesehen wird[464], vielfach nicht deutlich gemacht wird, wie stark der Einfluss bestimmter Erfolgsfaktoren auf verschiedene Erfolgskriterien im Einzelnen ist.[465] Der zweite Themenkomplex innerhalb der Fallstudien betrifft folglich den Projekterfolg (Kernfragen 5. bis 7.): Hier sollten zunächst die Bedeutung und die Zusammenhänge zwischen verschiedenen Zieldimensionen in den Projekten der jeweiligen Untersuchungseinheit ermittelt werden.

In Kapitel 2.4.3 sind einerseits die Multidimensionalität des Konstrukts Projekterfolg sowie andererseits die überragende Bedeutung der Kundenzufriedenheit deutlich geworden. Während in anderen Forschungsdisziplinen, wie z.B. dem Marketing, ein sehr differenziertes Bild des Konstrukts Kundenzufriedenheit existiert und sich dies auch in den Ansätzen zu deren Erfassung widerspiegelt, wurde sie in der Projektmanagementforschung häufig über ein einzelnes Fragebogenitem erfasst.[466] Mit dem Project Implementation Profile von Pinto und Slevin existiert in der Projektmanagementforschung bislang nur ein einziger dem Verfasser bekannter Ansatz, in dem die Kundenzufriedenheit über mehrere Items operationalisiert wird. Die Interviews im Rahmen der Fallstudien zielen daher – gemäß der Empfehlung von Mahaney und Lederer[467] – auch darauf ab, weitere potenzielle Indikatoren für eine positiv oder negativ ausgeprägte Kundenzufriedenheit zu identifizieren (7. Kernfrage).

Der Kunde eines Projektes muss nicht zwingend eine geschlossene Einheit bzw. eine Person sein, sondern es können ggf. mehrere Kunden für dasselbe Projekt-

---

[464] vgl. dazu die Ausführungen in Kapitel 2.4.2.3
[465] vgl. Dvir und Lechler 2004
[466] vgl. Kapitel 2.4.3.3 und dort insbesondere die in der Fußnote 348 angegebenen Quellen
[467] vgl. Mahaney und Lederer 2006

ergebnis existieren. In einem Anlagenbauprojekt können bspw. sowohl der Projektleiter bzw. das Projektteam auf Auftraggeberseite als auch die für Betrieb und Wartung verantwortliche Abteilung des Auftraggebers als Kunden aufgefasst werden. Die Existenz und die Rolle mehrerer Kunden sowie weiterer Projektstakeholder sind folglich ebenfalls Gegenstand der Fallstudien (6. Kernfrage).

Für die qualitativen Fallstudien wurden mit der Automobilzulieferindustrie und dem Energieanlagenbau zwei Zielbranchen gewählt. Aufgrund der Tatsache, dass die nachfolgende quantitative Feldstudie mit einem erweiterten Fokus auf Industrieunternehmen des deutschsprachigen Raums durchgeführt wurde, wurde es als notwendig erachtet die Fallstudien auf zumindest zwei Industriezweige zu beziehen. Die Begrenzung auf genau zwei Fallstudien ermöglicht in der Vorbereitung eine intensive theoretische Auseinandersetzung mit dem Branchenkontext. Die Auswahl genau dieser beiden Branchen erfolgte letztendlich aus pragmatischen Gründen des Zugangs zu den Fällen. Auf weitere Gesichtspunkte der Fallauswahl wird im Rahmen der Ergebnisdarstellung[468] eingegangen.

Für die Anbahnung der Fallstudien wurden Kontakte des Fachgebiets Projektmanagement der Universität Kassel genutzt. Führungskräfte in potenziellen Untersuchungseinheiten wurden angeschrieben, worauf ggf. das Forschungsvorhaben und speziell die Ziele der Fallstudien vorgestellt wurden. Anschließend erfolgte eine Entscheidung für oder gegen eine Durchführung. Vor den Interviews wurden die entsprechenden Ansprechpartner und Interviewees der Untersuchungseinheit über die Aufzeichnung der Interviews sowie die vertrauliche und anonymisierte Verwendung der Ergebnisse ausschließlich zu Forschungszwecken in Kenntnis gesetzt. Die Interviews wurden mit einem digitalen Diktiergerät[469] aufgezeichnet und anschließend mit der Software f4[470] transkribiert[471]. Nach den Interviews wurden im Rahmen der Fallstudien Dokumente zur Analyse und Ergänzung der in den Interviews gemachten Angaben zur Verfügung gestellt. Nach einer ersten Sichtung des Datenmaterials bestand in allen Fällen die Möglichkeit Rückfragen zu stellen.

---

[468] vgl. Kapitel 4.2.4
[469] Modell „MicroTrack 24/96" des Herstellers M-AUDIO
[470] heruntergeladen von der URL: http://www.audiotranskription.de/f4.htm; letzter Zugriff am 01.10.2012
[471] vgl. das in Dresing und Pehl 2011, S. 18 ff., beschriebene „Einfache Transkriptionssystem"

4.2.2 Aufbau des Interviewleitfadens

Der Interviewleitfaden umfasste sechs Abschnitte, die mit Ausnahme des Abschnitts C durch den Verfasser entwickelt wurden. Abschnitt C wurde aus dem Modell PjM3 übernommen und für die Zwecke dieses Vorhabens adaptiert[472]. Der Leitfaden enthielt sowohl offene (gekennzeichnet durch ein „▶") als auch geschlossene („◼") Fragen, die ferner für Zwecke der Transkription und Analyse mit einem Code versehen wurden.

Die Unterteilung in Abschnitte und die Codierung erfolgten aus Gründen der Systematisierung, Anonymisierung der Informationen und der Flexibilisierung des Leitfadens. Zum letzten Punkt ist weiter zu erklären, dass in einem Interview nicht alle Abschnitte des Leitfadens durchlaufen werden sollten (z.B. müssen die demographischen Daten eines Unternehmens nur einmal erfasst werden). Die Abschnitte (oder ggf. auch nur einzelne Fragen) sollten vielmehr als „Bausteine" für die Interviews ausgewählt werden können. Die Auswahl der Abschnitte bzw. Einzelfragen erfolgte nach folgenden Gesichtspunkten:

- Funktion/ Aufgaben des Befragten innerhalb der Organisation
- Gegenprüfung von in einem vorigen Interview innerhalb derselben Organisation gemachten Angaben
- maximale Dauer eines Interviews zwischen 60 und 90 Minuten

Hinsichtlich der ersten beiden Punkte konnte sich bereits im Rahmen der unmittelbaren Vorbereitung auf bestimmte Abschnitte und Einzelfragen festgelegt werden. Dabei wurde gewissermaßen zwischen „Muss-" und „Kann-Abschnitten/ -Fragen" unterschieden, so dass im einzelnen Interview entsprechend des zeitlichen Verlaufs bestimmte Fragen gestellt oder weggelassen werden konnten.

Bis auf Abschnitt C wurden alle Fragen durch den Autor selbst entwickelt. Die Fragen dieses Abschnittes stammen aus dem für die Zwecke der Fallstudien ausgewählten Projektmanagementreifegradmodell.[473] Sie wurden durch den Autor ins Deutsche übersetzt.

---

[472] Die Anpassungen betreffen die Übersetzung vom Englischen ins Deutsche durch den Verfasser sowie die Entfernung der Prozessperspektive ‚Benefits Management'.
[473] vgl. dazu die Ausführungen des nachfolgenden Unterkapitels

Kapitel 4

4.2.3 Auswahl eines Projektmanagementreifegradmodells

Für bisher durchgeführte empirische Untersuchungen im Themenbereich wurde häufig[474] ein durch den jeweiligen Wissenschaftler (bzw. die Gruppe von Wissenschaftlern) selbst entwickeltes Modell verwendet. Hinsichtlich der empirischen Forschung zu Projektmanagementreifegradmodellen bzw. dem Konstrukt Projektmanagementreife finden sich systematische Vergleiche verschiedener Modelle nur bei Kwak und Ibbs[475] sowie bei Pasian[476]. Einen weiteren Vergleich stellten Ahlemann et al.[477] im Zuge einer allgemein-theoretischen Auseinandersetzung an. Die Vergleichskriterien dieser Autoren sind Tabelle 4-5 zu entnehmen.

Tab. 4-5: Kriterien für den Vergleich und die Auswahl von Projektmanagementreifegradmodellen

Kwak & Ibbs (2000)	Ahlemann et al. (2005)	Pasian (2011)
Zielbranche oder -disziplin	Empirische Fundierung der Modellkonstruktion (keine / fallbasiert / empirische Grundlagenarbeit)	Zielbranche
Anzahl der Reifegradstufen (von…bis)	Werkzeugunterstützung (keine / dezentral / zentral)	Art der Reife (PM / Organisation)
Wird Organisationseffektivität bewertet? (ja / nein / unklar)	Grad der Standardisierung (Einzelperson / Organisation / PM-Organisation / DIN, ISO Norm)	Abbildung der Reife (Stufen / kontinuierlich)
Wird finanzielle Effektivität bewertet? (ja / nein / unklar)	Flexibilität/ Grad der Anpassbarkeit (nicht bzw. schwer möglich / möglich / möglich mit meth. Hintergrund)	Stil des Modells (angelehnt an CMM / multidimensional)
Reifegradbewertung durch Betrachtung von Prozessen und Projektphasen (ja / nein / unklar)	Benchmarking-Eignung (ungeeignet / intern / extern)	
Vergleich [der Prozesse] mit der tatsächlichen Performance in Projekten der Organisation (ja / nein / unklar)	Zertifizierung (ja / nein)	
Werden Return-on-Investment-Berechnungen angestellt? (ja / nein / unklar)	Prozessoptimierungspotenzial (ja / nein)	

---

[474] betrifft z.B. die Studien von Levene et al. 1995, Mullaly 1998 oder Ibbs und Kwak 2000
[475] Kwak und Ibbs 2000b
[476] Pasian 2011
[477] Ahlemann et al. 2005

Empirische Untersuchung

Kwak & Ibbs (2000)	Ahlemann et al. (2005)	Pasian (2011)
Wurde Modell bisher (erfolgreich) angewandt? (ja / nein / unklar)	Nachweis der Korrelation von Projektmanagement-Reife und Projekterfolg (ja / nein)	
Wird das Thema kontinuierliche Verbesserung berücksichtigt? (ja / nein / unklar)		
Geschätzter Einfluss auf/ innerhalb der „PM Community" (fünfstufige Likert-Skala)		

Wie aus der Tabelle deutlich wird gibt es außer dem Kriterium ‚Zielbranche' keine Mehrfachnennungen. Da somit kein anerkanntes Raster an Vergleichskriterien existiert, erscheint es legitim die Kriterien für die Auswahl eines Modells für Zwecke dieses Forschungsvorhabens v.a. anhand pragmatischer Gesichtspunkte auszuwählen. Die gewählten Kriterien werden in Tabelle 4-6 genannt, wobei die grau hinterlegten Ausprägungen jeweils zum Modellausschluss führten.

Tab. 4-6: Morphologie der Kriterien zur Auswahl eines Projektmanagementreifegradmodells und ihrer möglichen Ausprägungen[478]

Kriterien	Mögliche Ausprägungen		
Zielbranche	branchenneutral	Industriebereich	andere
Abbildung der Reife	stufenartig	kontinuierlich	
Veröffentlichungsstatus	vollständig veröffentlicht	in Teilen veröffentlicht; mindestens Fragebogen für Selbstbewertung	unveröffentlicht
Umfang des Bewertungswerkzeugs	gering	mittel	hoch
Wissenschaftlicher Charakter der Modellentwicklung bzw. Beteiligung wiss. Institutionen	ja	nein	
Internationale Anerkanntheit	gegeben	nicht gegeben	

Aus der Anlegung dieser Kriterien ging das Modell „Project Management Maturity Model (PjM3)" des britischen Cabinet Office[479] als geeignetstes hervor. Beim PjM3

---

[478] Nimmt ein Modell hinsichtlich eines oder mehrerer Kriterien eine grau hinterlegte Ausprägung an, so führt dies zum Ausschluss des Modells aus dem Auswahlprozess.

Kapitel 4

handelt es sich um ein „Teilmodell" innerhalb des „Portfolio, Programme and Project Management Maturity Models (P3M3)" (vgl. Abb. 4-3). Das übergeordnete P3M3 besteht aus drei Teilmodellen zur Messung der Portfolio-, Programm- und Projektmanagementreife einer Organisation. Diese können unabhängig voneinander eingesetzt werden.

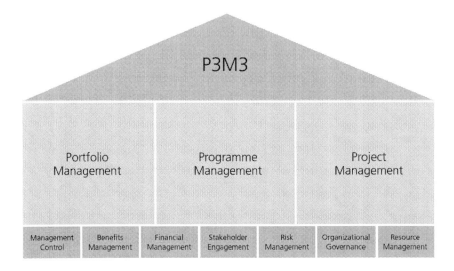

Abb. 4-3: Struktur des P3M3[480]

Mit Hilfe des P3M3 kann die Reife einer Organisation entlang von fünf Reifegradstufen gemessen werden. Des Weiteren existieren im P3M3 sieben Prozessperspektiven, die ebenfalls aus obiger Abbildung ersichtlich sind (*Management Control* etc.). Die drei Teilmodelle besitzen denselben strukturellen Aufbau.

Die vorgenannten Kriterien[481] werden nach Ansicht des Verfassers durch das PjM3 erfüllt. Die Bewertung kann entweder als formale Bewertung durch ein organisationsexternes Bewertungsteam oder als Selbstbewertung mittels eines frei verfügbaren[482] Bewertungswerkzeugs stattfinden. Für diese Fallstudie wurde letztere Variante gewählt. Das (wohl umfassendere) Bewertungswerkzeug für die formale Bewertung ist nicht kostenlos verfügbar. Bei dem Werkzeug zur Selbst-

---

[479] früher: Office of Government Commerce (OGC)
[480] entnommen aus Sowden et al. 2010, S. 7
[481] vgl. Tabelle 4-6
[482] siehe Office of Government Commerce 2010

bewertung handelt es sich um einen neun Fragen und jeweils fünf Antwortvorgaben umfassenden Fragebogen, der im Original in englischer Sprache vorliegt und vom Verfasser für die Zwecke seines Forschungsvorhabens übersetzt wurde.

Die Frage zur Prozessperspektive *Benefits Management* wurde im Rahmen der Fallstudie nicht gestellt. Diese Perspektive wird im Leitfaden zum Modell P3M3 wie folgt beschrieben:

"Benefits management is the process that ensures that the desired business change outcomes have been clearly defined are measurable and are ultimately realized through a structured approach and with full organizational ownership."[483]

Der Begriff des ‚Benefits management' ist nach Ansicht des Verfassers im deutschen Sprachraum bisher nicht in dem Maße etabliert, als dass hier durch eine Befragung aussagekräftige Daten generiert werden könnten. Der Fall, dass existierende Modelle entsprechend der Zwecke der eigenen Forschung angepasst werden, findet sich in der Literatur auch an anderer Stelle.[484]

4.2.4 Ergebnisdarstelllung

4.2.4.1 Auswahl und demographische Informationen zu den Fällen

Tabelle 4-7 zeigt allgemeine demographische Informationen zu den drei Fällen, die hier in chronologischer Reihenfolge der Durchführung der Fallstudien aufgeführt sind. Bei den Fällen handelt es sich um Organisationseinheiten innerhalb größerer Gesamtunternehmen. Pro Untersuchungseinheit wurden mindestens zwei Interviews geführt. Insgesamt wurden sieben Personen interviewt. Die Interviewees stammten teils aus den Fällen selbst, teils aus Zentraleinheiten der Gesamtunternehmen. Die Einbeziehung letzterer ist von Bedeutung, da die Projektmanagementstrukturen der Fälle einerseits geschäftsspezifisch ausgerichtet, andererseits jedoch durch Vorgaben und Standards aus den Zentraleinheiten beeinflusst sind.

Die für die Weiterentwicklung der Projektmanagementstrukturen verantwortlichen Zentraleinheiten der Gesamtunternehmen der Fälle A1 und E setzen jeweils auch ein auf die Unternehmensbedürfnisse angepasstes Reifegradmodell ein. Diese

---

[483] vgl. Office of Government Commerce 2010, S. 10
[484] Vgl. dazu bspw. Yazici 2009, S. 17, die ebenfalls im Hinblick auf ihre Studienteilnehmer ein Reifegradcluster ausschloss: "This study excluded Project Procurement Management, as participants from service organizations were in the majority and procurement management did not seem to apply to them."

Kapitel 4

Tatsache ermöglichte Diskussionen zur Ausgestaltung der Modelle, ihrer Akzeptanz im Unternehmen sowie von Vor- und Nachteilen der Reifegradmessung und war ein wesentlicher Beweggrund für die Auswahl dieser Fälle.

Tab. 4-7: Allgemeine Informationen zu den Fällen

Charakteristika	Fall A1	Fall E	Fall A2
Branche	Automobilindustrie	Energieanlagenbau	Automobilindustrie
Position in Wertschöpfungskette	Tier-1-Zulieferer	Anlagenbauunternehmen	Tier-2-Zulieferer
Untersuchungseinheit	Organisationseinheit innerhalb eines größeren Gesamtunternehmens	Organisationseinheit innerhalb eines größeren Gesamtunternehmens	Organisationseinheit innerhalb eines größeren Gesamtunternehmens
Art der Projekte	Produktentwicklungsprojekte (Komponenten)	Investitionsprojekte (Kraftwerke)	Produktentwicklungsprojekte (Komponenten)
Technologische Unsicherheit der Projekte	Medium-Tech	Medium-Tech	Low- bis Medium-Tech
Jahresumsatz Fall [Mio. €]	> 50	> 50	≤ 2
Mitarbeiteranzahl Fall	> 250	> 250	50 bis 250

Sowohl die Untersuchungseinheiten selbst (vgl. Tab. 4-7), als auch die Gesamtunternehmen der Fälle A1 und E sind deutlich größer als bei Fall A2. Nach Abschluss der ersten beiden Fälle wurde es im Sinne des Situativen Ansatzes, der die Organisationsgröße als eine wesentliche Determinante der Organisationsstrukturen sieht[485], als sinnvoll erachtet mit Fall A2 eine kleinere Organisation in die Fallstudienforschung einzubeziehen.

Die Interviewpartner waren Projektleiter, Vorgesetzte (einer Gruppe) von Projektleitern oder Mitarbeiter der für die Weiterentwicklung der organisationalen Projektmanagementstrukturen verantwortlichen Zentraleinheiten. Alle verfügten jedoch über mehrjährige Erfahrung als Projektleiter[486]. Auf die Interviewpartner bzw. die Interviews selbst wird in der weiteren Ergebnisdarstellung über die folgenden Codes verwiesen: PL = Projektleiter; VPL = Vorgesetzter von Projektleitern; MZE = Mitarbeiter der für die Weiterentwicklung der Projektmanagementstrukturen verantwortlichen Zentraleinheit. Daran angehängt und durch einen Punkt getrennt wird das Kürzel für den jeweiligen Fall, sodass „PL2.A2" für den zweiten interviewten Projektleiter in der Fallstudie A2 steht.

---

[485] vgl. Kapitel 3.3.2 und Donaldson 2001, S. 2 f.
[486] Die Projektleitererfahrung reichte von mindestens sechs bis maximal 26 Jahren.

4.2.4.2 Bedeutung und Zusammenhänge verschiedener Projektzieldimensionen

Zu Beginn des Abschnitts E des Interviewleitfadens wird zunächst danach gefragt wann ein Projekt in der Untersuchungseinheit als erfolgreich abgeschlossen gilt sowie welche Kriterien hier eine Rolle spielen (offene Frage E.F1). Anschließend soll der Befragte angeben hinsichtlich welcher Erfolgskriterien zum einen in seinem letzten abgeschlossenen Projekt, zum anderen grundsätzlich in seiner Organisation Projektcontrolling betrieben wird (geschlossene Frage E.F2). Tabelle 4-8 gibt eine Übersicht über die Antworten zu letzterer Frage[487]:

Tab. 4-8: Dimensionen des Projektcontrollings in den Untersuchungseinheiten

Zieldimension / Fall	A1	E	A2
Zeit/ Termine	●	●	●
Kosten/ Budget	●	●	●
Qualität/ Leistung	●	●	●
Kundenzufriedenheit		●	

Im Fall A1 wird hinsichtlich der finanziellen Ziele zwischen einem Projektbudget sowie den Kosten des in der späteren Serie zu produzierenden Erzeugnisses differenziert und jeweils überwacht.[488] Qualität und Leistung werden ebenfalls separat voneinander als Produktqualität und Leistungs- bzw. Arbeitsfortschritt betrachtet und jeweils erfasst.[489] Der zweite Automobilzulieferer A2 betreibt Projektcontrolling in denselben Zieldimensionen.

Bei dem Energieanlagenbauunternehmen E wird hinsichtlich des Budgets zwischen eigener und fremder Wertschöpfung differenziert. Mit turnusmäßigen Befragungen zur Kundenzufriedenheit im Laufe einer Projektabwicklung kommt hier eine weitere Zieldimension hinzu.[490] In den Fällen A1 und E existieren des Weiteren formale Abläufe zur Verfolgung von Änderungen und Claims.

---

[487] Eine Trennung zwischen den Controllingdimensionen des letzten abgeschlossenen Projekts des Befragten und den grundsätzlich im Unternehmen vorgegebenen Dimensionen war letztendlich nicht notwendig.
[488] vgl. Interview des Verfassers mit PL.A1 und MZE.A1 am 3.2.2012, Zeitmarke 00:16:01-3
[489] vgl. Interview des Verfassers mit VPL.A1 und MZE.A1 am 2.2.2012, Aussage von VPL.A1, Zeitmarke 00:18:43-2
[490] vgl. Interview des Verfassers mit VPL.E am 24.5.2012, Zeitmarke 00:41:10-7

Tab. 4-9: Kriterien eines erfolgreich abgeschlossenen Projektes in den Untersuchungseinheiten

Erfolgskriterien	A1	E	A2
Ergebnis entspricht der **Produktspezifikation** und **geplanter Qualität**	•		•
Abschlusstermin wird eingehalten	•		•
Kosten/ Budget werden eingehalten	•		•
Profit wird generiert	•	•	
Kunde ist mit dem Projektergebnis **zufrieden**		•	
Maßgaben hinsichtlich **HSE** werden eingehalten		•	

Tabelle 4-9 zeigt die von den Befragten explizit angegebenen Kriterien eines erfolgreich abgeschlossenen Projektes. Die Tabelle gibt dabei ausschließlich die von den Befragten explizit angesprochenen Punkte wieder. Einzelne Interviewpassagen sind in diesem Zusammenhang sehr aufschlussreich und wichtig für die weitere Untersuchung, da sie auf Beziehungen der Erfolgskriterien untereinander hindeuten. Zunächst fällt auf, dass in Fall E die „klassischen" Erfolgskriterien Zeit, Kosten und Qualität scheinbar nicht relevant sind. Über die folgenden Aussagen von VPL.E zeigt sich jedoch, dass diese eher mittelbare Erfolgskriterien sind, die in erster Linie in Verbindung mit anderen (unmittelbaren) Erfolgskriterien gesehen werden:

> "Zeit/ Termine" wissen Sie das ist bei uns in dem Sinne kein Erfolgskriterium. [...] Hauptsache das Geld ist erreicht. Also wenn die Anlage einen Monat später fertig wird und wir haben noch unser Geld wie kalkuliert, dann interessiert das eigentlich auch keinen [..]. Schlimm wird es eben dann wenn es andersrum ist.[491]

Zur Verbindung von Budget und Profit:

> Es ist noch nicht mal ein großes Problem, wenn einer sein Budget überschreitet. Wenn er dem Kunden das Geld aus der Tasche gezogen hat über Claims oder sonstwas – auch gut. [...][492]

---

[491] Interview des Verfassers mit VPL.E am 24.5.2012, Zeitmarke 00:38:59-2
[492] ebd., Zeitmarke 00:40:05-6

Sowie zu Qualität und Kundenzufriedenheit:

> "Qualität/ Leistung" ist auch so eine Frage: Äh (...) – wie soll ich das sagen – Kundenzufriedenheit ist da eigentlich wichtiger. Qualität ist ein relativer Begriff, ne. Haben wir abgeliefert was der Vertrag uns abverlangt hat, ist der Kunde happy, dann ist die Qualität auch in Ordnung. So wird das bei uns eher definiert.[493]

Neben Health, Safety und Environment stellen die finanzielle Zieldimension, d.h. in letzter Konsequenz der Profit, und die Kundenzufriedenheit die unmittelbaren Zieldimensionen für Fall E dar. Eine Nicht-Einhaltung des Projektabschlusstermins gefährdet die Erfolgswahrnehmung insbesondere dann, wenn durch Vertragsstrafen o.ä. die finanzielle Zielerreichung beeinträchtigt zu werden droht. Die Einhaltung der Produktqualität bzw. der Spezifikationen wird in direkter und ausschließlicher Verbindung zur Kundenzufriedenheit gesehen.

Verbindungen zwischen den einzelnen Projekterfolgskriterien ließen sich auch in den beiden Fallstudien in der Automobilzulieferindustrie beobachten. Hier hat der Start of Production (SOP) als Projektabschlusstermin und Eintritt in die Serienproduktion einen besonderen Stellenwert. Die Vergrößerung der Variantenvielfalt der Hersteller, die der Individualisierung der Kundenwünsche Rechnung trägt, erzeugt in der Automobilbranche insgesamt eine intensive Wettbewerbssituation und einen hohen Druck mit einem innovativen Produkt möglichst frühzeitig am Markt präsent zu sein. Um dieses Ziel der Reduzierung der Time-to-Market zu erreichen, wird der oben beschriebene Termindruck von den Herstellern an ihre Zulieferer auf den verschiedenen Ebenen der Wertschöpfungskette weitergegeben. Dennoch macht folgende Aussage von PL1.A2 eine Verknüpfung zu einer anderen Zieldimension – in diesem Fall der Kundenzufriedenheit – deutlich:

> Also, klAr spielt natürlich der TermIN rEin. Also das heißt es muss halt (..) zumIndest so rechtzeitig fertig sein, dass der Kunde damit zufrIeden ist – sage ich mal so. Also es geht wEniger darum, ob der ursprüngliche Projektplan da tag- oder wochengenau eingehalten worden ist, sondern dass man halt sagen kann: 'Ich habe es so rechtzeitig abgeschlossen, die Belieferung wurde sichergestellt, der Kunde war soweit zufrieden.' Dann war das termInlich soweit erfolgreich.[494]

---

[493] Interview des Verfassers mit VPL.E am 24.5.2012, Zeitmarke 00:39:31-3
[494] Interview des Verfassers mit PL1.A2 am 2.10.2012, Zeitmarke 01:05:51-1; vgl. dazu auch ebd., Zeitmarke 01:12:33-3

Kapitel 4

Während der Profit in Energieanlagenbauprojekten der Untersuchungseinheit E maßgeblich über die Vertragszahlungen in der Projektphase sowie bei Abschluss des Projektes festgelegt wird, generieren die Automobilzulieferer ihren Profit im Wesentlichen über den Verkauf der Serienerzeugnisse nach Projektabschluss. Folgende Aussage von PL1.A2 zeigt, dass die Herstellungskosten des Serienerzeugnisses von entscheidender Bedeutung sind:

> [...] die Stundenzahl – jetzt intern – spielt da eine untergeordnete Rolle, also wenn die überschritten ist, heißt das nicht, dass das Projekt deshalb nicht erfolgreich war. Das ist also nebensächlich, wenn man so will.[495]

Die hier gewonnenen Erkenntnisse werden im Rahmen der Hypothesenformulierung für die quantitative Untersuchung[496] wieder aufgegriffen.

4.2.4.3 Ergebnisse der Projektmanagementreifegradmessungen

Der Selbstbewertungsfragebogen des PjM3 wurde jeweils im ersten Interview einer Fallstudie eingesetzt. Die Untersuchungseinheit muss dabei pro Prozessperspektive bzw. Betrachtungsbereich (vgl. die einzelnen Abschnitte auf der horizontalen Achse in Abb. 4-4) entlang von fünf Stufen eingeordnet werden. Eine Schwäche des Selbstbewertungsfragebogens ist, dass auf jeder Stufe auf mehrere verschiedene Aspekte der Projektmanagementstrukturen eingegangen wird; die Items sind also mehrdimensional. Das führte fallweise dazu, dass die Interviewees das Vorhandensein von Strukturen hinsichtlich bestimmter Aspekte einer Stufe bejahten, hinsichtlich anderer jedoch verneinten. Die betreffenden Themen wurden daraufhin in weiteren Interviews erneut angesprochen und/ oder in die Dokumentenanalyse einbezogen. Letztendlich wurde die Untersuchungseinheit auf der niedrigeren Reifegradstufe eingeordnet oder, wenn mindestens die Hälfte der Aspekte einer Stufe erfüllt waren, zwischen zwei Reifegradstufen (vgl. Fall E bei der Prozessperspektive *Management Control*).

Eine weitere Schwäche betrifft bestimmte Formulierungen im Selbstbewertungsfragebogen, die Auslegungsspielraum bieten und daher kaum eindeutig zu beantworten sind:

> [Anm. d. Verf.: Liest Antwortvorgabe 4 vor] "Es werden ausgereifte Techniken zur effektiven Analyse des Projektumfelds

---

[495] Interview des Verfassers mit PL1.A2 am 2.10.2012, Zeitmarke 01:06:15-3
[496] Kapitel 4.3

und der StAkeholder verwEndet. (..) Dabei werden auch quantitative Daten erhoben und ausgewertet." (...) Was ist eine ausgereifte TEchnik?⁴⁹⁷

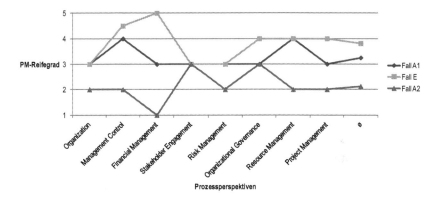

Abb. 4-4: Ergebnisse der Projektmanagementreifegradmessungen in den drei Fallstudien

Abbildung 4-4 zeigt die Ergebnisse der Reifegradmessungen. Die drei Fälle kommen dabei auf durchschnittliche⁴⁹⁸ Reifegrade von 3,2 (A1), 3,8 (E) und 2,1 (A2). Die hinsichtlich der Projektmanagementreife zustande gekommene Reihenfolge der Fälle entspricht der Reihenfolge nach Größe der Gesamtorganisation, d.h. die größte Gesamtorganisation (Fall E) hat den höchsten Reifegrad erreicht. Auffällig ist ferner, dass die einzelnen Reifegradmessungen in sich recht homogen sind: Die Differenz zwischen dem niedrigsten Reifegrad einer Untersuchungseinheit in einer Prozessperspektive und dem höchsten Reifegrad beträgt maximal zwei Stufen.

Die Rolle von Formalisierung und Standardisierung von Projektmanagementstrukturen innerhalb der Untersuchungseinheiten sowie deren positive und negative Effekte werden im nächsten Unterkapitel im nächsten Unterkapitel thematisiert werden. Dabei sollen auch die Existenz eines organisationsspezifischen idealen Reifegrades und dessen mögliche Einflussgrößen exploriert werden. Erste Anhaltspunkte fanden sich jedoch bereits bei der Anwendung des Selbstbewertungs-

---

[497] Interview des Verfassers mit VPL.A1 und MZE.A1 am 2.2.2012, Aussage von VPL.A1, Zeitmarke 01:02:01-4

[498] Auf die Bildung eines Durschnitts über die einzelnen Prozessperspektiven wird im Modell P3M3 ab dessen zweiter Auflage verzichtet. Sie wird hier aus Anschaulichkeitsgründen trotzdem vorgenommen.

fragebogens zur Reifegradmessung, wie die folgenden Aussagen aus den drei Fällen zeigen:

> Also (4) "UMfangreiches Wissen über das ProjektUMfeld UND die Stakeholder (..) wird die Kommunikation zu den Stakeholdern optimiert." (..) Das ist ein sehr hehrer Ansatz, aber ich glaube diesen FOKus [Anm. d. Verf.: Tonhöhe hoch] haben wir auch gar nicht.[499]

MZE.A1 stimmt VPL.A1 hier deutlich zu:

> Genau, ich finde der Stakeholderanalyse-Ansatz ist wichtig bei, äh [Anm. d. Verf.: überlegt] vielen Projekten aber nicht bei Kundenprojekten, weil da ist eben ein Standard [Anm. d. Verf.: „vorhanden"]; da ist vOLlkommen klar wie die Abläufe sINd, wer die internen Stakeholder sind. Man weiß oft wie die sich positionIEREn (.) und kann dann natürlich auch entsprechend die informieren [..].[500]

VPL.E geht im Gegensatz dazu auf ein anderes Thema ein:

> "Finanzmanagement." Perfekt. Da sind wir schon aus meiner Sicht überkandidelt; absolut überkandidelt.[501]

Im weiteren Verlauf des Interviews kritisiert VPL.E insbesondere den Vergangenheitsbezug des Finanz- bzw. Kostenmanagements der Organisation. Diese helfe im Projektumfeld nur sehr bedingt weiter, da dort Schätzungen bzgl. voraussichtlich anfallender Kosten wichtiger seien, um tatsächlich steuernd eingreifen zu können.[502]

In den Fällen A1 und E bezogen sich die Interviewpartner also auf Prozessperspektiven des PjM3, die der PM-Element-Dimension der Projektmanagementreife zuzurechnen sind. PL2.A2 ging demgegenüber auf das allgemeine Prozessmanagement bzw. die Prozessorientierung im Projektmanagement ein. Auf die Frage, ob er einen Nutzen darin sähe, die Tätigkeiten im Projektmanagement über die Formulierung von Prozessen oder Verfahrensanweisungen stärker zu formalisieren, antwortete er:

---

[499] Interview des Verfassers mit VPL.A1 und MZE.A1 am 2.2.2012, Aussage von VPL.A1, Zeitmarke 01:06:43-5
[500] Interview des Verfassers mit VPL.A1 und MZE.A1 am 2.2.2012, Aussage von MZE.A1, Zeitmarke 01:07:18-8
[501] Interview des Verfassers mit VPL.E am 24.5.2012, Zeitmarke 00:20:24-6
[502] vgl. ebd., Zeitmarke 00:22:10-0

NOch stÄrker würde ich NICht unbedingt sagen, denn wir haben ja schon relativ viel (...) ja (.) formalisiert wenn Sie so wollen. Also noch stärker würde ich das jetzt nicht machen wollen unbedingt, oder müssen – da sehe ich da nicht den Zwang. Weil wir schon im Grunde ALles beschrIeben hABen. [...]⁵⁰³

Durch die Interviewees wurden insgesamt jeweils unterschiedliche Prozessbereiche des PjM3 angesprochen. Vor dem Hintergrund der letztendlich erreichten Gesamtreifegrade der drei Untersuchungseinheiten fanden sich auf allen drei unterschiedlichen Stufen erste Hinweise auf die Existenz eines idealen Reifegrades.

4.2.4.4 Rolle von Formalisierung und Standardisierung

Die Ergebnisse der Reifegradmessung legen nahe, dass der Grad an Formalisierung und Standardisierung in den Fällen A1 und E ausgeprägter ist als in Fall A2. In diesem Unterkapitel soll zunächst beschrieben werden, wie die Formalia und Standards konkret aussehen. Anschließend werden positive wie negative Effekte sowie die Gründe für den gewählten Grad an Formalisierung respektive Standardisierung beleuchtet.

In Untersuchungseinheit A1 existiert ein über ein Handbuch dokumentierter und im Intranet abgebildeter Produktentstehungsprozess.⁵⁰⁴ Für die zugehörigen Teilprozesse sind Ein- und Ausgaben sowie ggf. zu benutzende Dokumentvorlagen beschrieben. Durch eine Anlehnung an den PMBOK Guide werden sowohl alle wesentlichen Elemente des Projektmanagements angesprochen, als auch der komplette Projektlebenszyklus abgedeckt. Neben der Beschreibung des Produktentstehungsprozesses wird in weiteren Dokumenten u.a. auf die Projektmanagementterminologie, Rollen in Projekten, Methoden des Projektmanagements, die Ausgestaltung und Struktur von Projektmanagementbüros sowie auf das Thema projektmanagementbezogene Personalentwicklung eingegangen. Darüber hinaus setzt die Mutterorganisation ein in Anlehnung an CMMI und den PMBOK Guide selbst entwickeltes Modell zur Projektmanagementreifemessung ein. U.a. durch die Reifegradmessungen werden Maßnahmen zur Verbesserung der Prozesse angestoßen. Die Prozesse werden „im Schnitt alle anderthalb bis zwei Jahre"⁵⁰⁵ überarbeitet.

---

[503] Interview des Verfassers mit PL2.A2 am 9.10.2012, Zeitmarke 00:22:23-5
[504] vgl. zu den Ausführungen dieses Absatzes Interview des Verfassers mit VPL.A1 und MZE.A1 am 2.2.2012, Zeitmarke 00:10:43-8
[505] Interview des Verfassers mit VPL.A1 und MZE.A1 am 2.2.2012, Aussage von VPL.A1, Zeitmarke 00:15:03-3

In Fall E existiert – genau wie in Fall A1 – auf Ebene der Gesamtorganisation eine Zentraleinheit, die für die (Weiter-) Entwicklung des Projektmanagements verantwortlich ist. Von dieser Einheit wird ein Projektmanagementhandbuch herausgegeben, in dem grundsätzliche Prozesse und Anforderungen für die Projektabwicklung in Verbindung mit einer Projektklassifizierung beschrieben sind.[506] Des Weiteren werden hier Rollen in Projekten, Grundsätze des Projektcontrollings und Projektqualitätsmanagements, der kontinuierlichen Verbesserung sowie die Möglichkeiten der Personalentwicklung im Projektmanagement beschrieben. Ausgehend von dem übergeordneten Rahmen, den das Projektmanagementhandbuch darstellt, definieren einzelne Organisationseinheiten auf den verschiedenen Hierarchieebenen weitergehende Regelungen für das Management ihrer Projekte. Konkret ergeben sich für die Projektabwicklung in der Untersuchungseinheit auf diese Weise neben dem allgemeinen Projektmanagementhandbuch der Gesamtorganisation Regelungen, die durch die beiden nächsthöheren Organisationseinheiten definiert werden, sowie eigene Regelungen der Untersuchungseinheit. In der Untersuchungseinheit existieren Beschreibungen der typischen Phasen von Energieanlagenbauprojekten und der Aufgaben des Projektmanagements in jeder Phase in Form von Verfahrensanweisungen.

Ein allgemeines Projektmanagementhandbuch wird auch von der Mutterorganisation von Untersuchungseinheit A2 herausgegeben. Darin werden u.a. Begriffe des Projektmanagements definiert und die Aufgaben der Projektbeteiligten beschrieben. Beschreibungen von Projektmanagementtätigkeiten wie z.B. Berichterstattung, Projektcontrolling oder Management von Änderungen und Risiken finden sich nur auf recht abstrakter Detaillierungsebene, sodass von Verfahrensanweisungen bzw. Prozessen in dem Sinne nicht gesprochen werden kann. Auf den weiteren Hierarchieebenen können das Projektmanagementhandbuch ergänzende Regelungen getroffen werden. Auf der Ebene der Untersuchungseinheit existieren im Wesentlichen Dokumentenvorlagen für die Freigabe eines Projektes sowie für verschiedene Planungsdokumente (Projektstrukturplan, Termin- und Ablaufplan, Kostenplan, Ressourcenplan). Im Gegensatz zu den Fällen A1 und E sind im Fall A2 neben einer Zentraleinheit für Organisationsentwicklung keine weiteren Projektmanagementbüros auf den verschiedenen Hierarchieebenen implementiert. Auch die Strukturen zur projektmanagementbezogenen Personalentwicklung sind hier weniger stark ausgeprägt: Verfügten die Organisationen in den Fällen A1 und E hier über dokumentierte Fortbildungsprogramme, sollen im Fall A2 alle potenzi-

---

[506] vgl. Interview des Verfassers mit PL2.A2 am 9.10.2012, Zeitmarke 00:18:11-1

ellen Projektleiter eine mit einem Dienstleister konzipierte und auf die Bedürfnisse der Mutterorganisation abgestimmte Projektleiterschulung durchlaufen, bevor sie erstmals Verantwortung als Projektleiter übernehmen. Dieses Konzept erweist sich in der Praxis der Untersuchungseinheit A2 jedoch als durchlässig.

Bei keinem der Interviewees deutete sich im Laufe der Befragungen eine negative Grundeinstellung zur Formalisierung bzw. Standardisierung von Tätigkeiten des Projektmanagements an. Im Gegenteil wurde in den Interviews auf verschiedene positive Effekte der Formalisierung hingewiesen, wie z.b. Abbildung bestimmter Projektmanagementabläufe, die im jeweiligen Projektgeschäft unumgänglich sind[507], Zeiteinsparungen[508], Orientierung (insbesondere für Personen mit geringerer Erfahrung in der Projektleitung[509]) oder Komplexitätsbeherrschung[510]. In folgendem Zitat von VPL.A1 wird einerseits die positive Grundhaltung deutlich; andererseits kann ausgehend davon auf kritische Aspekte und mögliche negative Konsequenzen der Formalisierung eingegangen werden:

> Ich habe damals mal zu meinem Abteilungsleiter 'Entwicklung' gesagt, ich würde mir so einen Prozess wünschen, der mich [..] an die Hand nimmt und sagt 'In dieser Phase gibt es die Teilvorschriften, die du einhalten musst' und dir genau sagt 'Und das sind deine Templates und das musst du ausfüllen und wenn du das fertig hast, dann hast du die Phase formal gut hinter dich gebracht'. DAS HABEN WIR HEUTE. Also der [Produktentstehungsprozess] (.) macht genau das [...]. Das Problem ist, dass das ganze Gebilde mittlerweile so komplex geworden ist, dass Sie in der Tagesarbeit es fast unmöglich schaffen können das zu 100 Prozent zu ha / zu erfüllen... [..] aber aus MEINER Erfahrung im Gespräch mit Projektleitern [..] bei uns – so wie so – aber natürlich auch in anderen Bereichen [...] kann ich sagen (.) die grundsätzliche Haltung ist da 'Ich muss mich dran halten und ich WILL es auch einhalten'.[511]

PL.A1 argumentiert in dieselbe Richtung und weist auf den hohen Grad an Detaillierung der Vorgaben hin, der die Projektleiter letztendlich zu stark bindet.[512] Er-

---

[507] vgl. Interview des Verfassers mit PL.A1 und MZE.A1 am 3.2.2012, Zeitmarke 00:39:34-1, und Interview des Verfassers mit VPL.E am 24.5.2012, Zeitmarke 00:15:50-5
[508] vgl. Interview des Verfassers mit PL.A1 und MZE.A1 am 3.2.2012, Zeitmarke 00:44:21-5
[509] vgl. ebd., Zeitmarke 00:46:24-5
[510] vgl. Interview des Verfassers mit VPL.A1 und MZE.A1 am 2.2.2012, Zeitmarke 00:21:30-0
[511] Interview des Verfassers mit VPL.A1 und MZE.A1 am 2.2.2012, Aussage von VPL.A1, Zeitmarke 00:17:08-4
[512] vgl. Interview des Verfassers mit PL.A1 und MZE.A1 am 3.2.2012, Zeitmarke 00:41:52-6

möglichen die Prozesse und Vorgaben an einer Stelle zeitlich effizienteres Arbeiten, können sie an anderer Stelle auch das Gegenteil bewirken.

Neben Ineffizienz wurde durch die Interviewees auch die Ineffektivität einzelner Prozessabläufe kritisiert. Interessanterweise bezogen sich die Aussagen sowohl in Fall A1 als auch in Fall E auf die Prozesse des Projektrisikomanagements:

> Also, die Prozesse sind definiert, ich fand aber das Risikomanagement – jetzt noch in meiner alten Rolle als Projektleiter – nIE so richtig / Also dieses Formale fand ich nicht so wirksam [..]. Man hat es schon gemacht und mit Plan B gearbeitet, aber... Mensch, was da in der Risikoliste stand, das waren eigentlich oft eher Trivialitäten.[513]

Und:

> Und was auch auffällt ist, ähm (6), – ich sage mal – der Bauchschmerz war in der gesamten Organisation schon im Vertrieb vorhanden, ja, aber man hat sich erschöpft in langen Risikolisten und so... was kann alles schief gehen... und hat dieses einzelne wesentliche Thema [Anm. d. Verf.: Klopft dreimal auf den Tisch] hat man irgendwie verdrängt, an die Seite gepackt oder aufgeschrieben, nicht richtig bewertet, wie auch immer... Obwohl eigentlich Allen, die Erfahrung haben, klar war: Das kann mEgamäßig anbrennen. [...] Alle haben so einen Bauchschmerz und von oben kommt der Druck [i.S.v. "das] muss unbedingt her" [...]. So und das sind unsere Risikomanagementprozesse – ich sage das immer – die sind nICht / die identifizieren diese Riesenrisiken nICHT sICHer [Anm. d. Verf.: Klopft einmal auf den Tisch]! Viel klein-klein, sehr systematisch, alles perfekt [Anm. d. Verf.: Leicht süffisanter Ton]; aber diese riesigen, diese wirklich wichtigen Dinge, die kriegen wir nicht sicher raus. Da gibt es genügend Belege für. In anderen Firmen übrigens auch – ich war lange im Einkauf. Genau das gleiche.[514]

Ein Gerüst formaler (hier: Risikomanagement-) Prozesse führt nicht automatisch dazu, dass alle Projektrisiken erfasst und gemanagt werden. Im Gegenteil werden wesentliche Risiken unter Umständen vorsätzlich nicht erfasst, weil ihre Erfassung aus unternehmenspolitischen Gründen im Grunde nicht erwünscht ist, weil ihre Behandlung und der Prozessdurchlauf an sich aufwändig sind, oder weil Einzelne die Verantwortung für die Risiken nicht übernehmen wollen. Das Prozessgerüst

---

[513] Interview des Verfassers mit VPL.A1 und MZE.A1 am 2.2.2012, Aussage von MZE.A1, Zeitmarke 01:08:50-8
[514] Interview des Verfassers mit VPL.E am 24.5.2012, Zeitmarke 00:29:46-7

kann demnach auch zur Abschiebung von Verantwortung bzw. zum „Verstecken" vor der Verantwortung missbraucht werden.[515]

Nach der Thematisierung möglicher positiver und negativer Effekte der Formalisierung wird im Folgenden nun auf die Gründe für den in den Untersuchungseinheiten aktuell implementierten Grad an Formalisierung eingegangen. Hier wurden durch die Interviewees im Wesentlichen Bezüge zur Größe der Organisation, zum Umfang der Projekte und zu den Projektstakeholdern hergestellt. VPL.A1 äußert sich zu den ersten beiden Punkten wie folgt:

> [...] je weniger komplex das Produkt ist, mit dem sich die Organisation beschäftigt – würde ich mal sagen, in erster Näherung – umso weniger komplex ist auch ihr Projektmanagementprozess... natürlicherwEIse. Und wenn Sie es an der Größe eines Unternehmens festmachen: Je kleiner das Unternehmen ist, umso wEniger Geld und Aufwand kann es reinstecken sich solche in Anführungsstrichen "Luxusstrukturen" zu leisten, die sicherstellen, dass man die Komplexität beherrscht [...].[516]

Mit Produktkomplexität ist von VPL.A1 hier die technische Komplexität gemeint.[517] Die Komplexität eines Systems definiert sich, wie in Kapitel 2.1.5 beschrieben, über seine Systemelemente (deren Beziehungen untereinander und ihre Änderungsdynamik). Mit der Anzahl der Systemelemente eines Produktes nimmt potenziell auch der Grad an technischer Komplexität zu. In der Praxis müssen für die verschiedenen Elemente eines Systems Verantwortlichkeiten festgelegt werden. Mit der Größe eines Systems nimmt folglich auch die Anzahl der Beteiligten zu (die in der Literatur als ein Komplexitätstreiber genannt wird[518]), sodass die technische Komplexität zu einem gewissen Grad auch eine organisatorische Komplexität induziert. Der Grad an Formalisierung von Ablaufstrukturen im Projektmanagement wird entsprechend obiger Aussage von VPL.A1 also zum einen durch den Grad an Projektkomplexität bedingt[519], zum anderen durch die Organisationsgröße.

---

[515] vgl. dazu auch Albrecht und Spang 2014
[516] Interview des Verfassers mit VPL.A1 und MZE.A1 am 2.2.2012, Aussage von VPL.A1, Zeitmarke 01:36:03-4
[517] VPL.A1 geht hier im Verlauf des Interviews auf Lieferanten auf verschiedenen Stufen der Wertschöpfungskette ein und nennt schließlich das Beispiel eines Schraubenherstellers, stellvertretend für ein technisch nicht besonders komplexes Produkt.
[518] vgl. Vidal et al. 2011
[519] vgl. dazu auch Interview des Verfassers mit VPL.E am 24.5.2012, Zeitmarke 01:10:44-4

Zum Thema Projektkomplexität wies VPL.A1 an verschiedenen Stellen des Interviews des Weiteren auf die Anzahl und örtliche Verteilung zentraler Projektstakeholder, d.h. der Projektteammitglieder und des Kunden, hin.[520] Auf die örtliche Verteilung der Stakeholder gingen auch beide Interviewees in Untersuchungseinheit A2, die nicht über ein A1 oder E vergleichbares Prozessgerüst verfügte, ein. Hier wurden die Ansiedelung sowohl der Kunden, als auch der Lieferanten zumeist in Deutschland sowie die Zusammenarbeit des Projektteams an einem Standort – teilweise sogar in einem Projektraum – als wesentliche Erfolgsfaktoren genannt.

Infolge obiger Beobachtungen wurden die Interviewtranskripte gezielt auf Komplexitätsindikatoren hin analysiert und es wurde ein Abgleich mit der Fachliteratur vorgenommen. Daraus geht folgende Übersicht hervor:

Tab. 4-10: Abgleich von Komplexitätsindikatoren aus den Fallstudien mit der Literatur

Komplexitäts- indikatoren	Fallstudienquellen	Literaturquellen	Art der Komplexität
Größe/ Umfang des Produkts[521]	Interview des Verfassers mit VPL.A1 und MZE.A1 am 2.2.2012, Zeitmarke 00:08:07-6	(Geraldi und Adlbrecht 2007), (Vidal und Marle 2008), (Bosch-Rekveldt et al. 2011)	Technisch
Größe des Teams	Interview des Verfassers mit VPL.A1 und MZE.A1 am 2.2.2012, Zeitmarke 00:08:07-6	(Xia und Lee 2005), (Geraldi und Adlbrecht 2007), (Müller und Turner 2007), (Thomas und Mengel 2008), (Bosch-Rekveldt et al. 2011)	Organisatorisch
Örtliche Verteilung des Teams	Interview des Verfassers mit VPL.A1 und MZE.A1 am 2.2.2012, Zeitmarken 00:08:07-6 und 00:21:30-0; Interview des Verfassers mit PL1.A2 am 2.10.2012, Zeitmarke 00:19:55-5	(Geraldi und Adlbrecht 2007), (Müller und Turner 2007), (Maylor et al. 2008), (Vidal et al. 2011), (Bosch-Rekveldt et al. 2011)	Organisatorisch

---

[520] vgl. Interview des Verfassers mit VPL.A1 und MZE.A1 am 2.2.2012, Zeitmarken 00:08:07-6 und 00:21:30-0

[521] VPL.A1 spricht hier allgemein von der Komplexität des Produkts. Zur technischen/ technologischen Produktkomplexität finden sich in der Literatur die Facetten *Umfang des Produkts* sowie *Technologische Neuartigkeit* bzw. *Anzahl eingesetzter Technologien* (vgl. zu Produktumfang und technologischer Neuartigkeit Bosch-Rekveldt et al. 2011 und die dort angegebene Literatur; vgl. zu Anzahl der Technologien Meyer und Utterback 1995 in Tatikonda und Rosenthal 2000). Entsprechend seiner weiteren Argumentation (vgl. dazu Fußnote 517) bezieht sich VPL.A1 eher auf den Umfang bzw. die Größe des Projektprodukts.

Empirische Untersuchung

Komplexitäts-indikatoren	Fallstudienquellen	Literaturquellen	Art der Komplexität
Gemeinsame Arbeitshistorie der Teammitglieder	Interview des Verfassers mit PL1.A2 am 2.10.2012, Zeitmarke 00:19:55-5	(Maylor et al. 2008)	Organisatorisch
Interne Schnittstellen	Interview des Verfassers mit VPL.A1 und MZE.A1 am 2.2.2012, Zeitmarken 00:21:30-0 und 00:39:17-6	(Williams 1999), (Geraldi und Adlbrecht 2007), (Ellmann 2008), (Vidal et al. 2011), (Bosch-Rekveldt et al. 2011)	Organisatorisch
Größe der Gesamtorganisation	Interview des Verfassers mit VPL.A1 und MZE.A1 am 2.2.2012, Zeitmarke 01:36:44-9; Interview des Verfassers mit PL.A1 und MZE.A1 am 3.2.2012, Zeitmarke 00:57:37-7	(Francalanci 2001) in (Katerattanakul et al. 2006)	Organisatorisch
Entfernung zum Kunden	Interview des Verfassers mit VPL.A1 und MZE.A1 am 2.2.2012, Zeitmarke 00:21:30-0	(Espinosa et al. 2006)	Organisatorisch

Zusammenfassend kann an dieser Stelle gesagt werden, dass die Interviewees sowohl positive wie auch negative Effekte eines bestimmten Projektmanagementreifegrades betonten. Insbesondere wurde hier auf das Cluster der Projektmanagementprozesse Bezug genommen. Hinsichtlich der Notwendigkeit bzw. dem Wunsch nach einem bestimmten Grad an Projektmanagementreife bezogen sich die Interwiepartner häufig auf bestimmte Indikatoren der Projektkomplexität. Die genannten Indikatoren wurden in der Fachliteratur bereits als solche behandelt (vgl. obige Tab. 4-10). Vor dem Hintergrund der in Kapitel 2.1.5 beschriebenen Unterscheidung zwischen technischer/ technologischer sowie organisatorischer (Projekt-) Komplexität ist zu sagen, dass die überwiegende Mehrzahl der in den Interviews genannten Indikatoren der organisatorischen Projektkomplexität zuzurechnen sind. Dieser potenziell moderierende Effekt der (organisatorischen) Projektkomplexität wird in die im folgenden Unterkapitel beschriebene Hypothesenformulierung einfließen.

4.3 Quantitative Feldstudie

4.3.1 Hypothesenformulierung

Ausgangspunkt der Betrachtungen ist an dieser Stelle der von den Entwicklern der Projektmanagementreifegradmodelle unterstellte positive Einfluss des Projektma-

Kapitel 4

nagementreifegrades einer Organisation auf den Erfolg der von dieser Organisation durchgeführten Projekte.[522] Dieser Einfluss konnte bisher nicht in unabhängigen empirischen Untersuchungen bestätigt werden, sodass hier ein Forschungsbedarf konstatiert wurde.[523] Im Folgenden sollen Erkenntnisse der bisherigen Arbeiten, also die Aufarbeitung des theoretischen Hintergrundes und der Fachliteratur im Untersuchungsbereich[524] sowie die Ergebnisse der qualitativen Inhaltsanalyse der Projektmanagementreifegradmodelle[525] und der qualitativen Fallstudien[526], zur Formulierung konkreter Forschungshypothesen miteinander verknüpft werden.

Die qualitative Inhaltsanalyse der Modelle[527] hat gezeigt, dass das Konstrukt Projektmanagementreife aus einer Reihe von inhaltlich-thematischen Clustern besteht, die sich auf zwei Dimensionen der Projektmanagementreife aufteilen lassen: Die strategische Infrastruktur des Projektmanagements und die Dimension der Projektmanagementelemente und -prozesse. Die drei in den untersuchten Modellen am häufigsten genannten Cluster sind alle der Dimension der strategischen Projektmanagementinfrastruktur zuzurechnen. Wie bereits an anderer Stelle bemerkt[528], konzentriert sich die weitere Untersuchung daher ausschließlich auf diese Dimension.

Mit Blick auf die abhängige Variable – den Projekterfolg – sind Zusammenhänge zwischen einzelnen Erfolgskriterien spätestens mit der Entwicklung des Spannungsdreiecks des Projektmanagements[529] dokumentiert und im Laufe der Jahre von verschiedenen Wissenschaftlern[530] immer wieder betont worden. Beziehungen und Einflussrichtungen zwischen Projekterfolgskriterien konnten auch in den qualitativen Fallstudien im Rahmen dieser Arbeit beobachtet werden.[531] Mehrere von den Interviewees gemachte Aussagen deuten darauf hin, dass die finanzielle Zielerreichung sowie die Kundenzufriedenheit in den Industrieprojekten ihrer Unternehmen als wichtigste Erfolgskriterien wahrgenommen werden, während die

---

[522] vgl. Kapitel 2.3.3.1 sowie die dortige Fußnoten 189 und 191
[523] vgl. die Ausführungen in den Kapiteln 1.1, 2.3.4 und 3.1
[524] vgl. Kapitel 2, insbes. 2.3.4
[525] vgl. Kapitel 4.1
[526] vgl. Kapitel 4.2
[527] vgl. zu den Ausführungen dieses Absatzes Kapitel 4.1.3
[528] vgl. Kapitel 4.1.3
[529] vgl. Kapitel 2.4.3.1
[530] vgl. bspw. Nicholas 1989 zu Qualität und Kundenzufriedenheit oder Dvir und Lechler 2004 zum Einfluss der terminlichen und finanziellen Zielerreichung auf die Kundenzufriedenheit
[531] vgl. Kapitel 4.2.4.2

Erreichung terminlicher Ziele und Qualität/ Spezifikationen eher mittelbar, d.h. in Zusammenhang bzw. über die finanziellen Ziele und die Kundenzufriedenheit, von Bedeutung zu sein scheinen.[532] Entsprechend werden hier die Hypothesen 1a und 1b formuliert:

> H1a: Der Reifegrad einer Organisation in der Dimension der strategischen Infrastruktur des Projektmanagements hat einen positiven Einfluss auf die finanzielle Zielerreichung in den Projekten dieser Organisation.

> H1b: Der Reifegrad einer Organisation in der Dimension der strategischen Infrastruktur des Projektmanagements hat einen positiven Einfluss auf die Kundenzufriedenheit in den Projekten dieser Organisation.

Die Ergebnisse der qualitativen Fallstudien haben ferner gezeigt, dass bestimmte der organisatorischen Projektkomplexität zuzurechnende Projektcharakteristika potenziell einen moderierenden[533] Effekt auf die oben hypothesierten Einflüsse des Reifegrades auf den Projekterfolg ausüben. Dieser drückt sich in den Hypothesen 2a und 2b aus:

> H2a: Die organisatorische Projektkomplexität hat einen positiven moderierenden Effekt auf den Zusammenhang zwischen Projektmanagementreife in der Dimension der strategischen Infrastruktur des Projektmanagements und finanzieller Zielerreichung in den Projekten. (Je höher die Komplexität, desto stärker der positive Einfluss des Reifegrades auf die finanzielle Zielerreichung.)

> H2b: Die organisatorische Projektkomplexität hat einen positiven moderierenden Effekt auf den Zusammenhang zwischen Projektmanagementreife in der Dimension der strategischen Infrastruktur des Projektmanagements und der Kundenzufriedenheit in den Projekten. (Je höher die Komplexität, desto stärker der positive Einfluss des Reifegrades auf die Kundenzufriedenheit.)

4.3.2 Konstruktoperationalisierung

Generell wurde bei der Operationalisierung der latenten Variablen stets versucht, auf etablierte Skalen aus anderen wissenschaftlichen Studien zurückzugreifen, was allerdings in der Mehrheit der Fälle aufgrund des Nichtvorhandenseins derartiger Skalen nicht möglich war. Die abhängige Variable der finanziellen Zielerreichung wurde – wie in anderen Studien der Projektmanagementforschung üblich – über ein einzelnes Item[534] abgefragt. Zur Operationalisierung der Kundenzufriedenheit wurden Items des von Slevin und Pinto[535] entwickelten Project

---
[532] vgl. die Ausführungen in Kapitel 4.2.4.2, insbes. die Fußnoten 491, 492, 493, 494 und 495
[533] vgl. Galtung 1967
[534] vgl. Item B43 in Anhang C
[535] vgl. Slevin und Pinto 1986

Implementation Profile verwendet und um ein eigenes Item[536] ergänzt.[537] In früheren Studien konnte bereits gezeigt werden, dass sich diese Items zu einem Faktor zusammenfügen[538] sowie als Skala die Anforderungen an die Reliabilität erfüllen[539].

Hinsichtlich der Dimension der strategischen Infrastruktur des Projektmanagements konnte nur bei den Variablen ‚Unterstützung durch das obere Management' sowie ‚Wissenssicherung und -transfer' auf existierende Skalen bzw. einzelne Items zurückgegriffen werden. Die Items ersterer Variable wurden ebenfalls dem Project Implementation Profile[540] entnommen, wobei wichtig ist zu bemerken, dass der Top Management Support von Pinto projektbezogen interpretiert wird und nicht als strategische Unterstützung des Projektmanagements der Organisation.[541] Bei der Variable ‚Wissenssicherung und -transfer' wurden zwei von fünf Items aus fremden Quellen[542] übernommen.

Die übrigen Konstrukte, d.h. ‚Rolle des Projektmanagements im Unternehmen', ‚Projektmanagementprozesse', ‚Kontinuierlicher Verbesserungsprozess', ‚Projektmanagementbezogene Personalentwicklung', ‚Projektmanagementterminologie' und ‚Projektmanagementsoftware', wurden basierend auf den durch die Inhaltsanalyse der Reifegradmodelle gewonnenen Erkenntnissen selbst formuliert.

Für die Formulierung der Items im Einzelnen wird auf den Fragebogen in Anhang C verwiesen.

Bei den Items handelt es sich überwiegend um Fünf-Punkt Likert-Typ Items. Teilweise beginnt eine Batterie von Items mit einem Ja-/Nein-Item gefolgt von einer Gruppe von Likert-Typ Items. Beispielsweise wird in der Batterie A11-A19[543] zunächst nach dem Vorhandensein von Projektmanagementprozessen bzw. vergleichbaren formalen Regelungen für die Abläufe im Projektmanagement (z.B.

---

[536] vgl. Item B48 in Anhang C
[537] vgl. dazu die Ausführungen in Kapitel 4.2.1
[538] vgl. Pinto und Mantel 1990
[539] vgl. Mahaney und Lederer 2006
[540] vgl. Pinto 1990
[541] In Ergänzung dazu ist anzumerken, dass die in den Modellen verwendeten Begriffe hier nicht einheitlich sind. Verwendet werden unter anderem "Senior management" (Kwak und Ibbs 2000b, S. 5), "Executive management" (Ward 1998, S. 868), "Senior and middle management" (Kerzner 2005, S. 47), "Top management" (Office of Government Commerce 2010, S. 8) oder auch nur "Management" (Voivedich und Jones 2001, S. 3).
[542] Das Item A9 stammt von Pérez López et al. 2004, das Item A10 (vgl. zu beiden Items Anhang C) aus Griese 2011, S. 194, in abgewandelter Form der dortigen Variable PLANN4.
[543] vgl. Anhang C

Verfahrensanweisungen) gefragt. Sind derartige formale Regelungen in der Betrachtungseinheit nicht vorhanden, kann der Studienteilnehmer die weiteren Items dieser Batterie überspringen. Dieses Vorgehen wurde gewählt, um die Beantwortungsdauer jeweils möglichst gering zu halten. Um eine metrische Skalierung zu erreichen und die Items dadurch als quasi-intervallskaliert annehmen und für lineare Regressionsanalyse einsetzen zu können, wurden nur die Endpunkte der Likert-Typ Items benannt.[544]

Einzelne Aspekte, die theoretisch hätten differenzierter abgefragt werden können, wurden bewusst abstrakter formuliert, wodurch sich allerdings eine Unschärfe hinsichtlich der Operationalisierung ergibt. Als Beispiel kann hier das Item B33[545] angeführt werden, das relativ pauschal nach der Aktivitäten des Risikomanagements im Rahmen des letzten abgeschlossenen Projektes des Studienteilnehmers fragt. Hier hätte differenzierter auf einzelne Teilprozesse sowie Techniken des Risikomanagements eingegangen werden können. Des Weiteren sind einzelne Items (z.B. B34) zweidimensional formuliert. Beides wurde durch den Verfasser in Kauf genommen, um die Beantwortungsdauer möglichst in einem Rahmen von 30 Minuten zu halten.[546] Die auf diese Weise im Prinzip problembehafteten Items betreffen außerdem zum allergrößten Teil[547] nicht die wesentlichen Konstrukte bzw. Variablen des Forschungsmodells zur Hypothesenprüfung, sondern bilden Variablen ab, die als potenzielle Projekterfolgsfaktoren das lineare Regressionsmodell ggf. ergänzen.

4.3.3 Zielgruppe der Erhebung und Aufbau des Fragebogens

Die Erhebung richtete sich an in Industrieunternehmen[548] tätige Personen, die über Erfahrung als Projektleiter und/ oder Teilprojektleiter von Industrieprojekten verfügen. Er sollte von diesen selbständig in ca. 30 Minuten auszufüllen sein. Der Fragebogen existiert ausschließlich als deutschsprachige Version und wurde nur in im deutschsprachigen Raum ansässigen Unternehmen lanciert.

---

[544] Vgl. Porst 2011, S. 73. Eine zentrale Herausforderung im Hinblick auf Fragebogenitems, bei denen jeder Punkt des Antwortbereichs benannt ist, ist laut Jonkisz et al. 2012, S. 53, die Schwierigkeit, „Beschreibungen zu finden, welche äquidistante Abstände zwischen den Skalenstufen gewährleisten."
[545] vgl. Anhang C
[546] Testökonomie als Nebengütekriterium der Datenerhebung; vgl. z.B. Kubinger 2009, S. 98 ff.
[547] Eine Ausnahme stellt das Item A33 dar.
[548] vgl. zum Verständnis der Begriffe „Industrieunternehmen" und „Industrieprojekt" die Ausführungen in Kapitel 1.3

Kapitel 4

Der Fragebogen gliedert sich in drei Abschnitte mit insgesamt 114 Items. In Abschnitt A (36 Items) werden Fragen zur allgemeinen Ausgestaltung der Projektmanagementstrukturen des Unternehmens gestellt, in dem der Befragte sein letztes Projekt in der Rolle als (Teil-) Projektleiter abgeschlossen hat. Das Unternehmen kann dabei eigenständig, oder auch als eine Organisationseinheit bzw. Gesellschaft in einen größeren Konzern eingebettet sein. In Abschnitt B (63 Items) wird der Studienteilnehmer zu seinem letzten abgeschlossenen Projekt[549] befragt, bevor im letzten Abschnitt (C; 15 Items) demographische Informationen zur Person und zum Unternehmen erhoben werden. Die Items sind mit Ausnahme des allerletzten Fragebogenitems (C15[550]; „Was möchten Sie uns sonst noch mitteilen?") alle geschlossen. Es kommen überwiegend Fünf-Punkt Likert-Typ Items vor (vgl. Abb. 4-5) sowie Ja-/Nein-Items, geschlossene Fragen mit Ein- oder Mehrfachnennung und Angaben absoluter Werte. 40 der 114 Items sind optional, d.h. die Notwendigkeit ihrer Beantwortung durch den Teilnehmer hängt von seiner Angabe bei einem vorherigen Item ab.[551]

Abb. 4-5: Beispiel für den Aufbau eines Fragebogenitems

Zusätzliche Antwortkategorien wie „weiß nicht" oder „trifft nicht zu" sind nur bei Items angegeben, bei denen sie unabdingbar sind[552] oder wo sich im Rahmen des Testens des Fragebogens zeigte, dass die Testkandidaten nach einer solchen zusätzlichen Antwortkategorie suchten. In letzterem Fall sollt vermieden werden, dass die Studienteilnehmer ihr Kreuz wahllos z.B. auf einem der Punkte eines Likert-Typ Items setzen.

---

[549] Vgl. dazu das Vorgehen bei Müller und Turner 2007, S. 21-22: "We [..] asked the respondents questions about their most recent project to determine its success [...]."

[550] vgl. Anhang C

[551] Das Item A26 (vgl. Anhang C) fragt bspw. nach der Existenz von projektmanagementbezogenen Fortbildungsmaßnahmen im Unternehmen. Antwortet ein Studienteilnehmer hierauf mit „Nein", so entfallen die folgenden Items A27 bis A31, die sich um weitere Details zu projektmanagementbezogenen Fortbildungsmaßnahmen drehen.

[552] Als Beispiel kann hier das Item B14 angeführt werden: „Mein Unternehmen hat zuvor bereits mit dem Kunden dieses Projektes zusammengearbeitet." Falls der Studienteilnehmer erst seit kurzer Zeit für seinen aktuellen Arbeitgeber arbeitet, weiß er unter Umständen nicht, ob es in der Vergangenheit bereits eine Zusammenarbeit zwischen diesen Unternehmen gab.

4.3.4 Test des Fragebogens, Anbahnung und Erhebungsmethodik

Der Fragebogen wurde vor der Hauptstudie über zwei kognitive Interviews, vierzehn Testbefragungen sowie zwei Gespräche mit einem Experten für quantitative Methoden der Datenerhebung und -auswertung in der empirischen Sozialforschung[553] getestet. Der Fragebogen konnte auf diese Weise sukzessive weiterentwickelt werden. Die Ziele dieser Testphase gehen aus Tabelle 4-11 hervor.

Tab. 4-11: Ziele der Testphase und Zielerreichung

Ziel-Nr.	Ziele	Zielerreichung aus Sicht des Verfassers
(1)	Identifikation und Ausschluss bedeutungsäquivalenter Begriffe innerhalb der Items	voll erfüllt
(2)	Verständliche Item-Formulierungen	voll erfüllt
(3)	Identifikation und Ausschluss potenziell zwei- oder mehrdimensionaler Items	mit Einschränkungen erfüllt
(4)	Funktionierende Filterführung	voll erfüllt
(5)	Verständliche Hinweise zum Ausfüllen des Fragebogens	voll erfüllt
(6)	Fit zwischen Item-Formulierung und Antwortformat	voll erfüllt
(7)	Belastbare Dauer zum Ausfüllen des Fragebogens	mit Einschränkungen erfüllt

In zwei kognitiven Interviews[554] mit Interviewpartnern, die beide über langjährige Projekterfahrung in der Industrie – überwiegend in leitenden Positionen – verfügen, wurde der Fragebogen nicht im eigentlichen Sinne ausgefüllt, sondern der Verfasser stellte gezielt Fragen rund um die eingangs dieses Unterkapitels genannten Ziele. Ferner wurden bestimmte Probleme hinsichtlich Verständnis, Filterführung und Fit zwischen Item und entsprechendem Antwortformat durch die Interviewpartner geäußert. Anschließend wurde der Fragebogen mit 14 Kandidaten getestet, wobei er in dieser Phase über drei Versionen weiterentwickelt wurde. Eine Übersicht gibt Tabelle 4-12.

Tab. 4-12: Übersicht über die Fragebogentests

Fragebogenversion	Anzahl Testkandidaten	Anzahl beteiligte Unternehmen	Wie wurden die Datensätze erhoben?	Anmerkungen / umgesetzte Änderungen
P1	6	1	direkter Kontakt	24 / 12

---

[553] Mitarbeiter des Fachgebiets für Methoden der empirischen Sozialforschung an der Universität Kassel
[554] Kognitive Interviews dienen in der Entwicklungsphase eines Fragebogens dazu Einblicke in die kognitiven Prozesse zu erhalten, die bei der Beantwortung von Fragen ablaufen. Dabei ist u.a. von Interesse wie Fragen oder einzelne Begriffe interpretiert werden, welche Entscheidungsprozesse bei der Beantwortung ablaufen oder wie eine durch die Testperson ermittelte Antwort einer formalen Antwortkategorie zugeordnet wird. Vgl. hierzu Prüfer und Rexroth 2005, S. 3.

Kapitel 4

Fragebogen-version	Anzahl Test-kandidaten	Anzahl beteiligte Unternehmen	Wie wurden die Datensätze erhoben?	Anmerkungen / umgesetzte Änderungen
P2	2	2	direkter Kontakt; per Telefon	13 / 6
P3	6	6	direkter Kontakt (5); selbständig (1)	14 / 9
				$\sum$ 51 / 27

Wie Tabelle 4-12 zeigt, wurden die Tests im Wesentlichen im direkten Kontakt zwischen Testleiter[555] und Testkandidat durchgeführt. Es wurden Nachfragetechniken sowie Techniken des lauten Denkens eingesetzt.[556] Mit dem oben genannten Fachexperten wurde zu Beginn der Testphase der erste Entwurf sowie an deren Ende die Version vor der Hauptstudie besprochen.

Die Ziele wurden aus Sicht des Verfassers entweder voll oder mit Einschränkungen erreicht. Einschränkungen sind hinsichtlich der Mehrdimensionalität von Items sowie der Belastbarkeit des Schätzwerts zur Beantwortungsdauer zu verzeichnen. Ersterer Punkt tauchte im Laufe der Testphase häufiger auf, u.a. bei den Begriffen ‚internes/ externes Projekt' oder ‚Health, Safety & Environment'. Diese Äquivalenzen konnten durch entsprechende Zusätze im Fragebogen gelöst werden.

Eine umfangreiche Pilotstudie mit anschließendem Ausschluss einzelner Items konnte ressourcenbedingt nicht realisiert werden.

Die Daten wurden im Zeitraum Februar 2013 bis März 2014 erhoben. In der ersten Phase der Erhebung wurde auf Kontakte des Fachgebiets Projektmanagement der Universität Kassel und persönliche Kontakte des Verfassers zugegangen, wobei ausschließlich die Papierversion des Fragebogens genutzt wurde. Ebenfalls unter Nutzung derartiger Kontakte wurden in der zweiten Phase die Papierversion und eine Web-basierte Version[557] des Fragebogens parallel verwendet. Konnten in diesen beiden Phasen aus einem Unternehmen größere Teilnehmerzahlen akquiriert werden, so wurden Teilergebnisse für diese Unternehmen aufbereitet und ggf. gemeinsam mit für das Projektmanagement verantwortlichen Mitarbeitern diskutiert. In der dritten und letzten Phase der Erhebung wurde schließlich nur noch die Web-basierte Fragebogenversion eingesetzt. Dabei wurden folgende Kanäle genutzt: Die Studie wurde auf der Webseite des Fachgebiets Projektma-

---

[555] Die Tests wurden teils durch den Verfasser, teils durch zwei weitere, dafür geschulte Personen geleitet.
[556] vgl. dazu Prüfer und Rexroth 2005, S. 5 ff. und 14 ff.
[557] Anbieter: https://www.soscisurvey.de/

nagement und in zwei Gruppen der Plattform XING[558] beworben. Auf die Studie wurde ferner in einem Newsletter der GPM Deutsche Gesellschaft für Projektmanagement e. V. aufmerksam gemacht[559], der an ca. 14.000 Emailadressen versandt wurde. Schließlich wurden ca. 450 Interessenten der Fachveranstaltung „Kasseler Projektmanagement Symposium" per Email zu der Studie persönlich angeschrieben. Den Teilnehmern dieser letzten Erhebungsphase wurde am Ende der Befragung der Zugriff auf ein Dokument mit ersten Zwischenergebnissen (N = 99[560]) der Studie gewährt. Bei Angabe ihrer Emailadresse[561] wurden des Weiteren ein Gutschein für die oben genannte, vom Fachgebiet Projektmanagement ausgerichtete Fachveranstaltung sowie eine bestimmte Anzahl von Veröffentlichungen des Fachgebiets Projektmanagement verlost. Alle Teilnehmer haben den Fragebogen selbständig, d.h. nicht unter Anleitung des Verfassers oder einer von ihm entsprechend instruierten Person, ausgefüllt.

4.3.5 Realisierte Stichprobe und deskriptive Statistik

Insgesamt nahmen 176 Personen an der Hauptstudie teil. 55 Fälle wurden aus dem Datensatz entfernt, da in diesen Fällen entweder die Befragung frühzeitig abgebrochen[562] wurde oder es aufgrund bestimmter Angaben[563] fraglich war, ob der Befragte zur Zielklientel der Studie gehörte. **Die letztendlich auszuwertende Stichprobe umfasste somit 121 Fälle.** Davon füllten 59 Personen den Papier- und 62 den Online-Fragebogen aus. Die Teilnehmer, die den Papierfragebogen ausgefüllt haben, stammen aus 13 verschiedenen Unternehmen. 20 Teilnehmer der Online-Befragung stammen aus einem großen deutschen Mischkonzern. Hinsichtlich der übrigen Teilnehmer der Online-Befragung ist davon auszugehen, dass die Unternehmenszugehörigkeit hier breit gestreut ist. Die Beantwortungsdauer betrug über 73 Fälle (Differenz zu 121: Fehlende Werte und Ausreißer) im

---

[558] http://www.xing.com/de
[559] Derartige Fachorganisationen oder -verbände wurden bspw. auch in Studien von Gemünden und Lechler 1997, Dvir und Lechler 2004 oder Müller und Turner 2007 genutzt.
[560] Für die Aufbereitung dieser Zwischenergebnisse wurden auch Fälle aus der Testphase des Fragebogens mit einbezogen.
[561] Die Emailadresse wurde getrennt von den übrigen Angaben im Rahmen der Befragung gespeichert.
[562] insbesondere bereits in Abschnitt A oder vor der Beantwortung von Items, die (Bestandteile von) abhängige(n) Variablen darstellen
[563] z.B. Antworten in den offenen Feldern zur Branche, in der das Unternehmen tätig ist, zur Rolle des Unternehmens innerhalb der Wertschöpfungskette, oder zum fachlichen Bereich, in dem der Befragte tätig ist

Kapitel 4

Mittel 23,3 Minuten (Papierversion: 25,6 Min. über 22 Fälle[564]; Online-Version: 22,3 Min. über 51 Fälle[565]).

Die Befragten stammen überwiegend aus Großunternehmen, wie den folgenden Abbildungen 4-6 und 4-7 zu entnehmen ist.

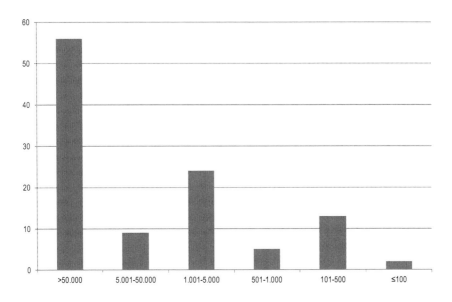

Abb. 4-6: Mitarbeiteranzahl der Unternehmen der Studienteilnehmer

---

[564] Minimum = 15 Min.; Maximum = 40 Min.; Standardabweichung = 8,2 Min.
[565] Minimum = 10 Min.; Maximum = 46 Min.; Standardabweichung = 9,3 Min.

Empirische Untersuchung

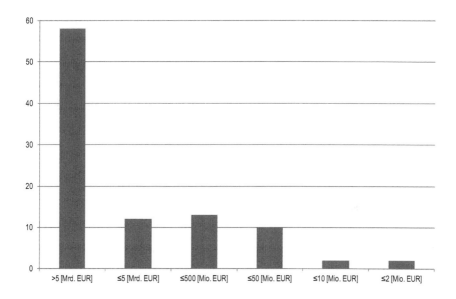

Abb. 4-7: Jahresumsatz der Unternehmen der Studienteilnehmer

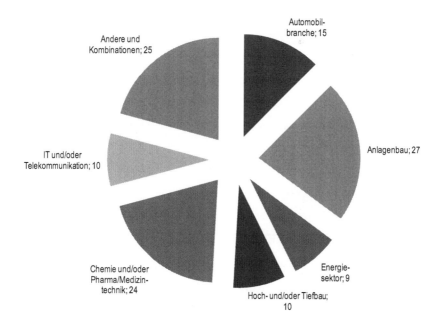

Abb. 4-8: Branchenverteilung der Studienteilnehmer

Kapitel 4

Abbildung 4-8 zeigt die Verteilung der Branchen, in denen die Unternehmenseinheiten der Studienteilnehmer tätig sind. 50 % der Fälle sind stationären Industrien[566] zuzuordnen, während ca. 41,6 % mit Baustellenprojekten[567] befasst sind (übrige 8,4 %: Zuordnung in der Form nicht möglich).

Die Hierarchieebene, auf der die Teilnehmer zum Zeitpunkt der Befragung tätig waren, kann Abbildung 4-9 entnommen werden:

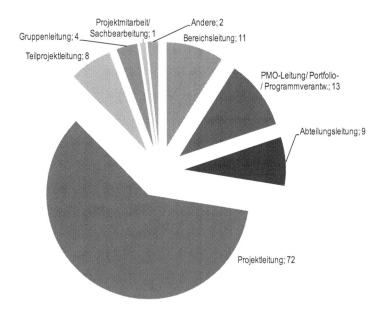

Abb. 4-9: Hierarchieebene der Teilnehmer zum Zeitpunkt der Befragung

In ihrem letzten abgeschlossenen Projekt, auf das die Teilnehmer in Abschnitt B des Fragebogens Bezug nehmen sollten, waren 90 Teilnehmer Projektleiter, wäh-

---

[566] Als solche wurden hier eingeordnet: Automobilindustrie, IT, Telekommunikation, Pharma/ Medizintechnik, Chemie, Elektroindustrie u.a.
[567] Hochbau, Tiefbau, Anlagen- und Sondermaschinenbau. Der Sondermaschinenbau ist hier recht schwierig einzuordnen, da eine starke Abhängigkeit zur Größe der jeweils zu entwickelnden Maschinen besteht. Bei kleineren Sondermaschinen kann die Erstellung eher der Produktentwicklung/ -erstellung in stationären Industrien ähneln, während die Entwicklung/ Erstellung großer Sondermaschinen (ggf. einschließlich Inbetriebnahme beim Kunden) eher Baustellenprojekten gleichen kann (vgl. dazu Scheuner et al. 2009, die als Beispiele den Schiffbau oder den Bereich der Luft- und Raumfahrttechnik anführen, und Voigt 2010, S. 28 f., der ebenfalls das Beispiel Schiffbau nennt).

rend 17 die Rolle von Teilprojektleitern innehatten (Differenz zu 121: Fehlende oder unklare Angaben).

Abbildung 4-10 gibt einen Überblick über die Projektleitererfahrung der Befragten, während Abbildung 4-11 die Verteilung der Projektklassen (nach finanziellem Volumen) zeigt, an denen die Studienteilnehmer überwiegend mitgewirkt haben. Die Befragten verfügen im Mittel über knapp elf Jahre Projektleitererfahrung. Die Projektleitererfahrung der mittleren 50 % der Studienteilnehmer liegt zwischen 4,5 und 15,5 Jahren. Ihre Projekterfahrung haben die Teilnehmer überwiegend in Projekten mit einem finanziellen Volumen > 1 Mio. EUR erworben (ca. 86 % der Teilnehmer). Ca. zwei Drittel der Befragten wirkten überwiegend in Projekten mit einem finanziellen Volumen von > 10 Mio. EUR mit.

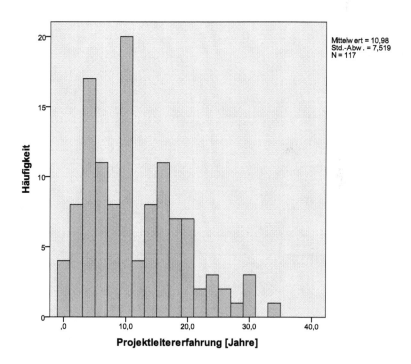

Abb. 4-10: Histogramm zur Verteilung der Projektleitererfahrung der Studienteilnehmer

Kapitel 4

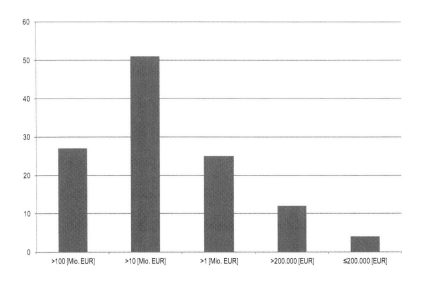

Abb. 4-11: Klassen der Projekte, an denen die Studienteilnehmer überwiegend mitgewirkt haben

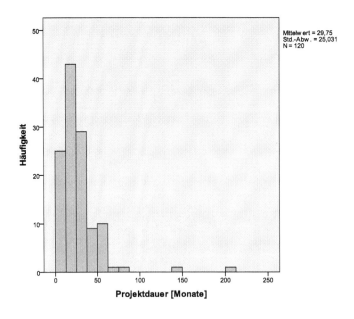

Abb. 4-12: Histogramm zur Verteilung der Dauer der jeweils letzten Projekte der Studienteilnehmer

Beim letzten abgeschlossenen Projekt der Befragten handelte es sich in 68 Fällen um externe, in 52 Fällen um interne Projekte (ein fehlender Wert). Die folgenden Abbildungen 4-12 und 4-13 geben Auskunft über die Größe dieser Projekte hinsichtlich Dauer sowie Anzahl der Teammitglieder.

Die Projekte dauerten im Mittel 29,7 Monate und hatten 18 Teammitglieder.

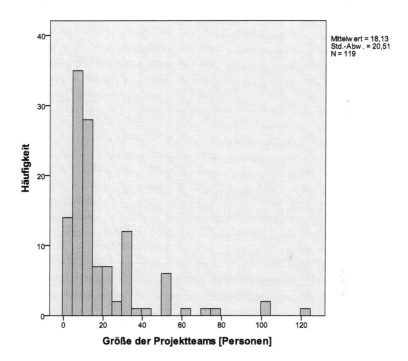

Abb. 4-13: Histogramm zur Verteilung der Teamgröße der jeweils letzten Projekte der Studienteilnehmer

4.3.6 Ergebnisdarstellung und -interpretation

Im Rahmen dieses Unterkapitels werden entsprechend der Hauptgütekriterien empirischer Forschung, Objektivität, Reliabilität und Validität[568], zunächst verschiedene statistische Kennwerte betrachtet. In Vorbereitung der Hypothesentests – insbesondere der Anwendung der linearen Regressionsanalyse[569] – wird ferner

---

[568] vgl. z.B. Lienert und Raatz 1998, S. 7 ff.
[569] Zur Interpretation der Ergebnisse einer (multiplen) linearen Regressionsanalyse ist es wichtig zu wissen, inwiefern Korrelationen zwischen den unabhängigen Variablen des Regressionsmodells existieren. Ist

eine Korrelationsanalyse der Cluster der Reifegraddimension der strategischen Projektmanagementinfrastruktur durchgeführt.

Die lineare Regressionsanalyse erscheint zunächst als grundsätzlich geeignetes Verfahren zur Prüfung der oben[570] formulierten Hypothesen, das in vergleichbaren Studien der Erfolgsfaktorenforschung häufig eingesetzt wurde[571]. Über die lineare Regression kann der Einfluss einer oder mehrerer unabhängiger Variablen auf eine abhängige Variable beschrieben werden. Dieser Einfluss wird als linear angenommen, d.h. durch eine Regressionsgerade widergespiegelt. Gesucht wird das Regressionsmodell, bei dem die Differenzen zwischen beobachteten und durch die Gerade vorhergesagten Werten möglichst gering sind. Ein wichtiger Vorteil der linearen Regressionsanalyse gegenüber statistischen Verfahren (z.B. parametrischen oder non-parametrischen Tests), die ebenfalls zur Hypothesenprüfung eingesetzt werden können, ist, dass sie einen differenzierteren Einblick in die Intensität des Einfluss unabhängiger Variablen auf abhängige Variablen ermöglicht. Für die Anwendung dieses Verfahrens werden allerdings vergleichsweise hohe Anforderungen an den Umfang der Stichprobe gestellt und es existiert eine Reihe von Voraussetzungen, die in Bezug auf diese Studie teils kritisch zu sehen sind, wie im weiteren Verlauf noch deutlich werden wird.

Für die lineare Regressionsanalyse wie auch für die zuvor angesprochene Korrelationsanalyse müssen aus den einzelnen Variablen bzw. Fragebogenitems Skalen gebildet werden, die die Reifegradcluster widerspiegeln. Dazu wurde im Rahmen von Faktoren- und Reliabilitätsanalysen die Erfüllung bestimmter Gütekriterien geprüft. Über die Faktorenanalyse sollen latente Variablen entdeckt werden, die durch mehrere in Zusammenhang stehende beobachtbare Variablen gebildet werden. Für die vorliegende Untersuchung wurden die Faktoren per Hauptkomponentenmethode unter Anwendung des Eigenwertkriteriums (Eigenwert > 1) extra-

---

dem so, kann es zu ungenauen Aussagen hinsichtlich des Einflusses einer unabhängigen Variable auf die abhängige Variable kommen, da dieser Einfluss unter Umständen zum Teil auf eine andere – mit der vorgenannten unabhängigen Variable korrelierende – unabhängige Variable zurückzuführen ist. Vgl. dazu auch die Ausführungen im weiteren Verlauf dieses Kapitels zum Test auf Multikollinearität.

[570] vgl. Kapitel 4.3.1

[571] Ika 2009, S. 13, schreibt dazu in ihrer Rückschau zum Thema Projekterfolg: "Because project success is multidimensional, multivariate statistical techniques have been widely used. [...] particular attention was paid to multivariate analysis such as multiple linear regression and analysis of variance that use explanatory variables." Beispiele für einzelne Studien, im Rahmen derer die lineare Regressionsanalyse angewendet wurde, sind Strang 2011, Mir und Pinnington 2014 und Cserháti und Szabó 2014.

hiert.[572] Die Faktorladungen sollten für die Variablen der letztendlichen Skala jeweils > 0,4 sein.[573]

„Unter der Reliabilität [...] eines Tests versteht man den Grad der Genauigkeit, mit de[r] er ein bestimmtes [...] [M]erkmal mißt [...]."[574] Das etablierteste Gütekriterium hinsichtlich der Reliabilität einer Skala ist Cronbachs Alpha.[575] Gängiger Konvention entsprechend werden Werte > 0,7 als akzeptabel erachtet.[576] Neben Cronbachs Alpha wurden die Inter-Item-Korrelation (Kriterium: Keine negativen Korrelationen zwischen Item-Paaren[577]) sowie die Trennschärfe (> 0,5[578]) betrachtet. Die Skalen wurden schließlich aus der Faktorenanalyse heraus erzeugt. Tab. 4-13[579] gibt Auskunft über die Skalen sowie über die Ergebnisse der Anlegung o.g. Gütekriterien.

Tab. 4-13: Skalenbildung zu Clustern der Projektmanagementreife

Reifegradcluster	Items	Cronbachs Alpha	Ausschluss von Variablen bzw. weitere Bemerkungen
Prozessmanagement	A13 bis A17 (5 Stk.)[580]	0,895	A18 und A19 laden auf zweiter Komponente[581]; A12 aufgrund Cronbachs Alpha-Wert und Trennschärfe-Wert ausgeschlossen[582]
KVP	A21 bis A25 (5 Stk.)	0,807	kein Ausschluss; Trennschärfe-Wert für A22 kritisch (0,464)
Personalentwicklung	A30 und A31 (2 Stk.)	0,768	kein Ausschluss
Wissenssicherung & -transfer	A6 bis A9 (4 Stk.)	0,796	A10 aufgrund Cronbachs Alpha-Wert und Trennschärfe-Wert ausgeschlossen[583]

---

[572] Kaiser-Kriterium; vgl. Kaiser 1974
[573] vgl. z.B. Homburg und Giering 1996 oder Zinnbauer und Eberl 2004
[574] Lienert und Raatz 1998, S. 9
[575] vgl. Churchill 1979 und Hair et al. 2010, S. 125
[576] vgl. Hair et al. 2010, S. 125, und die dort angegebenen Quellen
[577] vgl. Bühner 2011, S. 243
[578] In der Fachliteratur werden hier häufig Grenzwerte von 0,4 oder 0,5 genannt. Kelava und Moosbrugger 2007, S. 84, bezeichnen Trennschärfewerte im Bereich 0,4 bis 0,7 als „gut".
[579] Alle statistischen Analysen für diese Forschungsarbeit wurden mit der Software SPSS (Version 21) durchgeführt.
[580] Hier wird die Anzahl der Items angegeben, die in die weiteren statistischen Auswertungen einfließen. D.h. von ursprünglich acht Items des Clusters Prozessmanagement wurden drei aufgrund ihrer in der rechten Tabellenspalte beschriebenen Kennwerte ausgeschlossen.
[581] Die sogenannten Faktorladungen geben die Korrelationen der Indikatoren (jeweils durch ein einzelnes Fragebogenitem abgebildet) mit der/ den latenten Variable(n) an. In Bezug auf das Reifegradcluster ‚Prozessmanagement' messen die acht Fragebogenitems nicht eine latente Variable bzw. Komponente, sondern zwei. Daher kommt es zum Ausschluss einzelner Items.
[582] Der Cronbachs Alpha-Wert für die aus den sechs Items A12 bis A17 bestehende Skala betrug 0,886. Der Trennschärfe-Wert des Items A12 für dieselbe Skala betrug 0,500 und fiel ggü. den übrigen Werten deutlich ab. Der Cronbachs Alpha-Wert konnte durch Ausschluss des Items A12 um 0,009 Einheiten erhöht werden. Der niedrigste Trennschärfe-Wert der letztendlichen Skala (A13 bis A17) betrug 0,674 (Item A13).
[583] Der Cronbachs Alpha-Wert für die aus den fünf Items A6 bis A10 bestehende Skala betrug 0,795. Der Trennschärfe-Wert des Items A10 für dieselbe Skala betrug 0,429. Der Cronbachs Alpha-Wert konnte

Kapitel 4

Reifegradcluster	Items	Cronbachs Alpha	Ausschluss von Variablen bzw. weitere Bemerkungen
Rolle des PM im Unternehmen	A1 bis A3 (3 Stk.)	0,842	kein Ausschluss
Top Management Support	B24 bis B28 (5 Stk.)	0,877	kein Ausschluss
PM-Software	A35 und A36 (2 Stk.)	0,756	kein Ausschluss

Das Cluster ‚Prozessmanagement' war das einzige, bei dem sich aus den acht im Fragebogen eingesetzten Likert-Typ Items zwei Hauptkomponenten bildeten. Über den Ausschluss von letztendlich drei Variablen konnte hier ein homogener Faktor erzeugt werden. Bei den übrigen Clustern bildete sich – wie gewünscht – direkt nur eine Hauptkomponente. Es kam lediglich beim Cluster ‚Wissenssicherung' zum Ausschluss einer Variablen, u.a. da dadurch der Cronbachs Alpha-Wert erhöht werden konnte. Das Cluster ‚PM-Terminologie' wird über ein einzelnes Fragebogenitem abgebildet und ist daher nicht in der obigen Tabelle aufgeführt.[584]

Mit den auf diese Weise erzeugten neuen Variablen wurden Korrelationsanalysen mit den Koeffizienten Kendalls Tau-b sowie Spearmans Rho[585] durchgeführt, deren Ergebnis die Tabellen 4-14 und 4-15 zeigen:

---

[584] durch Ausschluss des Items A10 um 0,001 Einheiten erhöht werden. Der niedrigste Trennschärfe-Wert der letztendlichen Skala (A6 bis A9) betrug 0,589 (Item A9).
[584] vgl. zur Reliabilität eines einzelnen Items Wanous und Hudy 2001
[585] Die Analyse der neu gebildeten Variablen sowie der Variable zu Item A33 auf Normalverteilung (per Kolmogorov-Smirnov-Test) ergab, dass die Variablen der Cluster Prozessmanagement, Top Management Support und Projektmanagement-Terminologie nicht normalverteilt sind, was eine wesentliche Voraussetzung für die Anwendung des dritten in SPSS verfügbaren Koeffizienten nach Pearson ist. Die Koeffizienten Kendalls Tau-b und Spearmans Rho eignen sich für diesen Fall. Kendalls Tau-b eignet sich laut einzelnen Autoren (vgl. z.B. Arndt et al. 1999 in Lappe und Spang 2014) eher für kleinere Stichproben.

Empirische Untersuchung

Tab. 4-14: Ergebnisse der Korrelationsanalyse der Reifegradcluster unter Verwendung des Koeffizienten Kendalls Tau-b[586]

		Prozess-management	KVP	PM-bez. Personal-entwicklung	Wissenssicherung & -transfer	Rolle des PM	TMS	PM-Software	PM-Terminologie
Prozessmanagement	Korrelationskoeffizient	1,000	,321**	,365**	,333**	,408**	,279**	,338**	,408**
	Sig. (2-seitig)		,001	,000	,000	,000	,002	,000	,000
	N	106	55	94	104	102	65	95	77
KVP	Korrelationskoeffizient	,321**	1,000	,124	,244**	,121	,126	,301**	,291*
	Sig. (2-seitig)	,001		,210	,007	,199	,248	,003	,013
	N	55	58	53	58	58	44	52	44
PM-bezogene Personalentwicklung	Korrelationskoeffizient	,365**	,124	1,000	,198*	,332**	,229*	,262**	,319**
	Sig. (2-seitig)	,000	,210		,004	,000	,012	,000	,000
	N	94	53	107	102	103	65	100	77
Wissenssicherung & -transfer	Korrelationskoeffizient	,333**	,244**	,198*	1,000	,307**	,093	,277**	,252**
	Sig. (2-seitig)	,000	,007	,004		,000	,273	,000	,003
	N	104	58	102	116	112	69	104	80
Rolle des Projektmanagements	Korrelationskoeffizient	,408**	,121	,332**	,307**	1,000	,241**	,409**	,393**
	Sig. (2-seitig)	,000	,199	,000	,000		,006	,000	,000
	N	102	58	103	112	117	70	104	78
Unterstützung durch das Top Management	Korrelationskoeffizient	,279**	,126	,229*	,093	,241**	1,000	,283**	,314**
	Sig. (2-seitig)	,002	,248	,012	,273	,006		,002	,004
	N	65	44	65	69	70	72	67	55
PM-Software	Korrelationskoeffizient	,338**	,301**	,262**	,277**	,409**	,283**	1,000	,297**
	Sig. (2-seitig)	,000	,003	,000	,000	,000	,002		,001
	N	95	52	100	104	104	67	108	78
PM-Terminologie	Korrelationskoeffizient	,408**	,291*	,319**	,252**	,393**	,314**	,297**	1,000
	Sig. (2-seitig)	,000	,013	,000	,003	,000	,004	,001	
	N	77	44	77	80	78	55	78	82

[586] Entsprechend der Signifikanzwerte (jeweils zweite Zeile jedes Reifegradclusters) werden die Korrelationskoeffizienten (jeweils erste Zeile) signifikanter Korrelationen mit einem (0,05 Niveau) bzw. zwei (0,01 Niveau) Sternen gekennzeichnet. Sie geben die Wahrscheinlichkeiten an, mit denen sich in der Stichprobe auch dann ein Korrelationskoeffizient in der beobachteten Größenordnung ergeben kann, wenn in der Grundgesamtheit tatsächlich gar kein Zusammenhang besteht. Die Werte der Korrelationskoeffizienten geben die Stärke der Korrelationen an, wobei gemeinhin folgende Abstufung angewendet wird: Werte größer 0 bis 0,2 = sehr schwache Korrelation; 0,2 bis 0,4 = schwach; 0,4 bis 0,6 = mittel; 0,6 bis 0,8 = stark; 0,8 bis kleiner 1 = sehr stark.

Kapitel 4

Tab. 4-15: Ergebnisse der Korrelationsanalyse der Reifegradcluster unter Verwendung des Koeffizienten Spearmans Rho

		Prozess-management	KVP	PM-bez. Personal-entwicklung	Wissenssicherung & -transfer	Rolle des PM	TMS	PM-Software	PM-Terminologie
Prozessmanagement	Korrelationskoeffizient	1,000	,446**	,496**	,470**	,545**	,396**	,473**	,518**
	Sig. (2-seitig)		,001	,000	,000	,000	,001	,000	,000
	N	106	55	94	104	102	65	95	77
KVP	Korrelationskoeffizient	,446**	1,000	,164	,351**	,157	,168	,420**	,376*
	Sig. (2-seitig)	,001		,241	,007	,239	,277	,002	,012
	N	55	58	53	58	58	44	52	44
PM-bezogene Personalentwicklung	Korrelationskoeffizient	,496**	,164	1,000	,280**	,435**	,321**	,362**	,392**
	Sig. (2-seitig)	,000	,241		,004	,000	,009	,000	,000
	N	94	53	107	102	103	65	100	77
Wissenssicherung & -transfer	Korrelationskoeffizient	,470**	,351**	,280**	1,000	,435**	,141	,400**	,330**
	Sig. (2-seitig)	,000	,007	,004		,000	,247	,000	,003
	N	104	58	102	116	112	69	104	80
Rolle des Projektmanagements	Korrelationskoeffizient	,545**	,157	,435**	,435**	1,000	,336**	,555**	,480**
	Sig. (2-seitig)	,000	,239	,000	,000		,004	,000	,000
	N	102	58	103	112	117	70	104	78
Unterstützung durch das Top Management	Korrelationskoeffizient	,396**	,168	,321**	,141	,336**	1,000	,384**	,404**
	Sig. (2-seitig)	,001	,277	,009	,247	,004		,001	,002
	N	65	44	65	69	70	72	67	55
PM-Software	Korrelationskoeffizient	,473**	,420**	,362**	,400**	,555**	,384**	1,000	,370**
	Sig. (2-seitig)	,000	,002	,000	,000	,000	,001		,001
	N	95	52	100	104	104	67	108	78
PM-Terminologie	Korrelationskoeffizient	,518**	,376*	,392**	,330**	,480**	,404**	,370**	1,000
	Sig. (2-seitig)	,000	,012	,000	,003	,000	,002	,001	
	N	77	44	77	80	78	55	78	82

Aus Tabelle 4-14 wird deutlich, dass mehrere signifikante Korrelationen zwischen den Clustern der Reifegraddimension der strategischen Projektmanagementinfrastruktur existieren. Diese liegen überwiegend auf schwachem bzw. schwachem bis mittlerem Niveau. Die stärksten Zusammenhänge bestehen zwischen ‚Rolle des Projektmanagements' und ‚Projektmanagement-Software' (0,409), ‚Prozessmanagement' und ‚Rolle des Projektmanagements', ‚Prozessmanagement' und ‚Projektmanagement-Terminologie' (beide 0,408) sowie zwischen ‚Rolle des Projektmanagements' und ‚Projektmanagement-Terminologie' (0,393). Weiterhin fällt auf, dass die Cluster ‚Prozessmanagement', ‚Projektmanagement-Software' und ‚Projektmanagement-Terminologie' mit allen übrigen Clustern signifikant korrelieren.

Wird statt Kendalls Tau-b der Koeffizient nach Spearman verwendet, so ergibt sich ein insgesamt ähnliches Bild, wobei das Intensitätsniveau gegenüber Kendalls Tau-b nun durchweg angehoben ist und sich hauptsächlich im mittleren Bereich bewegt. Die drei stärksten Korrelationen sind analog zur Analyse unter Verwendung von Kendalls Tau-b; die viertstärkste Korrelation ist nun die zwischen ‚Prozessmanagement' und ‚Projektmanagement-bezogener Personalentwicklung' (0,496).

Die Korrelationen können so interpretiert werden, dass Unternehmen, die dem Projektmanagement eine wichtige Rolle zumessen, auch bereit sind, in ihr Projektmanagement zu investieren, d.h. in die Implementierung einer Software, in die Ausbildung ihres Personals sowie auch in die (Weiter-) Entwicklung von (prozessualen) Projektmanagementstrukturen. Ein einheitliches Verständnis der Prozesse bedingt wiederum das Vorhandensein einer entsprechenden Terminologie.

Neben den Fragen, ob sich die einzelnen Variablen bzw. Fragebogenitems tatsächlich zu den entsprechenden Faktoren bzw. Reifegradclustern zusammenfügen lassen und die entwickelten Skalen die Konstrukte zuverlässig messen (Reliabilität), ist die Validität ein weiteres wichtiges Gütekriterium. Sie bezeichnet das Ausmaß, in dem ein Messinstrument tatsächlich das misst, was gemessen werden soll. Dabei existieren verschiedene Formen der Validität. An dieser Stelle kann gesagt werden, dass die Items, die nicht aus fremden Quellen übernommen wurden, auf Basis der Kenntnis der Reifegradmodelle[587] formuliert wurden (zur In-

---

[587] vgl. Kapitel 4.1

haltsvalidität) und dass sich die Ergebnisse der Korrelationsanalyse sinnvoll interpretieren lassen (zur Konstruktvalidität).

Wichtig im Hinblick auf die Durchführung von linearen Regressionsanalysen (insbesondere mit mehreren unabhängigen Variablen) und gleichzeitig ein weiteres Instrument zur Absicherung der Güte der statistischen Analysen ist die Kollinearitätsdiagnostik. Multikollinearität liegt dann vor, wenn unabhängige Variablen eines Regressionsmodells nicht nur mit der abhängigen Variable korrelieren, sondern auch untereinander. Die Ausgabe einer Korrelationsmatrix – wie oben – liefert hier bereits erste Anzeichen. Mit dem Variationsinflationsfaktor (VIF) sowie dem Konditionsindex sind in SPSS jedoch zwei weitere Kennwerte zur Prüfung auf Multikollinearität implementiert. Zur Generierung der Kollinearitätsdiagnostik wurden im Rahmen der linearen Regressionsanalyse zwei Regressionsmodelle mit den Clustern der Reifegraddimension der strategischen Projektmanagementinfrastruktur als unabhängigen Variablen sowie einmal mit der finanziellen Zielerreichung[588] und einmal mit der Kundenzufriedenheit[589] als den abhängigen Variablen gebildet.

Hier wird zum Test auf Multikollinearität auf den VIF-Wert zurückgegriffen, der idealerweise nahe 1 liegen sollte. Je nach Quelle[590] sind Werte > 4, > 5 oder sogar > 10 als kritisch anzusehen. Bei Verwendung der finanziellen Zielerreichung als abhängiger Variable liegen die VIF-Werte in einer Spanne zwischen 1,465 und 2,267. Wird die Kundenzufriedenheit als abhängige Variable eingesetzt, so liegen die entsprechenden Werte zwischen 1,1512 und 2,192. Insgesamt liegen die Werte also in einem akzeptablen, nahezu idealen Bereich und es muss aufgrund dieser Werte nicht vom Vorliegen von Multikollinearität ausgegangen werden.

Zur Messung der Kundenzufriedenheit wurden – wie in Unterkapitel 4.3.2 beschrieben – Items des Project Implementation Profile[591] sowie ein eigenes Item eingesetzt. Schließlich wurde das Item B45 aus der endgültigen aus den vier Items B44, B46, B47 und B48 bestehenden Skala (Cronbachs Alpha-Wert = 0,812) entfernt, da auf diese Weise der Wert für Cronbachs Alpha erhöht werden konnte sowie der Trennschärfe-Wert des Items B45 kritisch war (0,487).

---

[588] Item B43; vgl. Anhang C
[589] aus den Items B44 sowie B46 bis B48 gebildete Skala; vgl. Anhang C
[590] vgl. u.a. Ringle und Spreen 2007 (nennen einen Grenzwert von 4), Urban und Mayerl 2011, S. 232, und Hair et al. 2011 (nennen jeweils einen Grenzwert von 5) sowie Belsley et al. 1980, S. 93, und Kleinbaum et al. 1988 (nennen jeweils einen Grenzwert von 10)
[591] vgl. Slevin und Pinto 1986

Für die Anwendung der linearen Regressionsanalyse existieren verschiedene Voraussetzungen. Wichtig ist zu bemerken, dass sich in der Fachliteratur hinsichtlich einiger dieser Voraussetzungen unterschiedliche Sichtweisen finden und dass es bestenfalls sehr allgemeine Handlungsempfehlungen dazu gibt, wie zu verfahren ist, wenn Voraussetzungen verletzt werden. Daher wird eine Nichterfüllung von Voraussetzungen hier kritisch angemerkt und diskutiert werden.

Wesentliche Voraussetzungen der linearen Regressionsanalyse sind die Annahmen des Gauß-Markov-Theorems. Zunächst wird unterstellt, dass sich der Zusammenhang zwischen unabhängiger und abhängiger Variable über eine Gerade abbilden lässt. Diese Grundannahme kann im Hinblick auf die vorliegende Studie kritisch gesehen werden: Sowohl Thomas und Mullaly[592] als auch Jiang et al.[593] warfen im Ergebnis ihrer Untersuchungen die Frage nach einem Schwellenwert auf, ab dem bestimmte Nutzeneffekte der organisationalen Reife realisiert werden.[594]

Die Voraussetzung, dass nicht alle beobachteten Werte gleich sind, ist gegeben. Die Prüfung auf Multikollinearität hat bereits oben stattgefunden. Folgende weitere Voraussetzungen können nur direkt in Zusammenhang mit den aufzustellenden Regressionsmodellen geprüft werden: Der Erwartungswert des Fehlerterms beträgt null. Der Fehlerterm hat des Weiteren für alle Werte der erklärenden Variablen die gleiche Varianz (Homoskedastizität). Die erklärende Variable ist nicht stochastisch, sondern es handelt sich bei ihren Werten um gegebene Daten.

In der Literatur[595] finden sich weitere Voraussetzungen. Die Residuen (Fehler) müssen unkorreliert (keine Autokorrelation) sowie normalverteilt sein (beides im Einzelfall zu prüfen). Die abhängige Variable muss ferner metrisch sein und es müssen mehr Fälle als Variablen in die Analysen einbezogen werden. Durch die Endpunkt-benannten Likert-Typ Items wird eine quasi-Intervallskalierung erreicht, die als metrisch angenommen werden kann.[596] Mit N = 121 ist die zweite gerade angesprochene Voraussetzung ebenfalls erfüllt.

Des Weiteren müssen bei einer multiplen linearen Regression alle wichtigen erklärenden (unabhängigen) Variablen im Regressionsmodell enthalten sein. Diese

---
[592] vgl. Thomas und Mullaly 2008, S. 353
[593] vgl. Jiang et al. 2004
[594] Dieser Aspekt wurde bereits in Kapitel 2.3.4 erstmalig thematisiert.
[595] vgl. z.B. Urban und Mayerl 2011, S. 177 ff.
[596] vgl. Kapitel 4.3.2, insbesondere die dortige Fußnote 544

Voraussetzung ist hier ebenfalls kritisch zu sehen. Als mögliche weitere Einflussfaktoren auf den Projekterfolg, die nicht im Fragebogen enthalten sind, sind bspw. die Führungs- sowie die fachlichen Kompetenzen des Projektleiters, Konflikte zwischen Projekt und Linie oder Konflikte innerhalb des Projektteams zu nennen.

Tabelle 4-16 fasst die Ergebnisse der bivariaten linearen Regressionsanalysen zwischen den Reifegradclustern und den beiden für diese Untersuchung zentralen Zieldimensionen finanzielle Zielerreichung[597] und Kundenzufriedenheit[598] zusammen. In Ergänzung dazu ist zu sagen, dass diese beiden abhängigen Variablen nicht normalverteilt sind.

---

[597] Item B43 in Anhang C
[598] aus den Items B44 und B46 bis B48 (Anhang C) gebildete Skala

Empirische Untersuchung

Tab. 4-16: Ergebnisse bivariater linearer Regressionsanalysen und Prüfung von Anwendungsvoraussetzungen

Unabhängige Variable	Abhängige Variable	Einfluss (Regr.-koeffizient B)	Modell-güte (R / R²)	Signifi-kanz[599] (p / T)	Erwartungs-wert der Resi-duen ist null[600]	Homoske-dastizität der Residuen[601]	Normalver-teilung der Residuen (Kolmogorov-Smirnov Test)	Normalver-teilung der unabhängigen Variable (Kolmogorov-Smirnov Test)
Prozessmanagement	Fin. Zielerreichung	0,280	0,250 / 0,062	0,014 / 2,501 *	nicht erfüllt	nicht erfüllt	nicht erfüllt (0,044)	nicht normal-verteilt (0,044)
	Kundenzufriedenheit	0,379	0,372 / 0,138	0,000 / 3,781 *	nicht erfüllt	nicht erfüllt	nicht erfüllt (0,024)	
KVP	Fin. Zielerreichung	0,104	0,087 / 0,008	0,539 / 0,618	nicht erfüllt	erfüllt	nicht erfüllt (0,034)	normalverteilt (0,645)
	Kundenzufriedenheit	0,123	0,174 / 0,030	0,208 / 1,274	nicht erfüllt	nicht erfüllt	nicht erfüllt (0,026)	
PM-bez. Personal-wicklung	Fin. Zielerreichung	0,158	0,145 / 0,021	0,159 / 1,420	fraglich	fraglich	nicht erfüllt (0,001)	normalverteilt (0,270)
	Kundenzufriedenheit	0,266	0,260 / 0,068	0,012 / 2,569 *	nicht erfüllt	nicht erfüllt	nicht erfüllt (0,025)	
Wissenssicherung & -transfer	Fin. Zielerreichung	0,182	0,168 / 0,028	0,088 / 1,722	nicht erfüllt	nicht erfüllt	nicht erfüllt (0,014)	normalverteilt (0,449)
	Kundenzufriedenheit	0,020	0,020 / 0,000	0,842 / 0,200	nicht erfüllt	nicht erfüllt	nicht erfüllt (0,000)	

[599] Einflüsse mit p < 0,05 werden als signifikant bezeichnet und mit einem Stern gekennzeichnet (vgl. Urban und Mayerl 2011, S. 135, oder Eckstein 2012, S. 187).
[600] Einschätzung des Verfassers anhand von Streudiagrammen der standardisierten Residuen gegen die standardisierten geschätzten Werte
[601] dto.

Kapitel 4

Unabhängige Variable	Abhängige Variable	Einfluss (Regr.-koeffizient B)	Modell-güte (R/R^2)	Signifi-kanz (p / T)	Erwartungs-wert der Resi-duen ist null	Homoske-dastizität der Residuen	Normalver-teilung der Residuen (Kolmogorov-Smirnov Test)	Normalver-teilung der unabhängigen Variable (Kolmogorov-Smirnov Test)
Rolle des Projektma-nagements	Fin. Zielerreichung	0,264	0,246 / 0,060	0,011 / 2,585 *	nicht erfüllt	fraglich	nicht erfüllt (0,030)	normalverteilt (0,133)
	Kundenzufriedenheit	0,283	0,281 / 0,079	0,004 / 2,938 *	nicht erfüllt	fraglich	nicht erfüllt (0,003)	
Unterstützung durch das Top Management	Fin. Zielerreichung	0,262	0,224 / 0,050	0,062 / 1,897	nicht erfüllt	nicht erfüllt	nicht erfüllt (0,050)	nicht normal-verteilt (0,042)
	Kundenzufriedenheit	0,219	0,275 / 0,076	0,029 / 2,236 *	nicht erfüllt	nicht erfüllt	nicht erfüllt (0,017)	
PM-Software	Fin. Zielerreichung	0,315	0,294 / 0,087	0,003 / 3,018 *	nicht erfüllt	fraglich	erfüllt (0,086)	normalverteilt (0,065)
	Kundenzufriedenheit	0,245	0,230 / 0,053	0,028 / 2,241 *	nicht erfüllt	fraglich	nicht erfüllt (0,001)	
PM-Terminologie	Fin. Zielerreichung	0,036	0,035 / 0,001	0,761 / 0,305	nicht erfüllt	erfüllt	nicht erfüllt (0,001)	nicht normal-verteilt (0,000)
	Kundenzufriedenheit	0,084	0,108 / 0,012	0,369 / 0,905	nicht erfüllt	nicht erfüllt	nicht erfüllt (0,004)	

Der Tabelle 4-16 kann entnommen werden, dass es zwar einige signifikante Einflüsse gibt (der vergleichsweise stärkste Einfluss besteht zwischen dem Reifegradcluster ‚Prozessmanagement' und der Kundenzufriedenheit), dass aber bei keiner der Regressionsanalysen alle Voraussetzungen gegeben sind. Im Gegenteil sind meist gleich mehrere Voraussetzungen nicht erfüllt.

Die Ergebnisse multipler linearer Regressionsanalysen unter Verwendung der Cluster der Reifegraddimension der strategischen Projektmanagementinfrastruktur als unabhängige Variablen sowie der finanziellen Zielerreichung und der Kundenzufriedenheit als jeweils abhängige Variablen werden hier nicht im Detail vorgestellt. Die Gründe dafür liegen zum einen in der Verletzung von Anwendungsvoraussetzungen: Die Voraussetzungen des Erwartungswerts der Residuen von Null und der Homoskedastizität der Residuen werden in beiden Regressionsmodellen verletzt, während die Voraussetzung der Normalverteilung der Residuen jeweils gegeben ist. Zum anderen – und hier der zentralere Beweggrund – führt die Fragebogengestaltung mit den Filterfragen insbesondere bei den Clustern Prozessmanagement, Kontinuierlicher Verbesserungsprozess sowie Unterstützung durch das Top Management dazu, dass in die Modelle der multiplen linearen Regressionsanalysen nur noch ca. ein Viertel der gesamten Datensätze der Stichprobe eingeht. Auf die Anwendung eines Verfahrens zur Ersetzung fehlender Werte wurde verzichtet.

Schmidt nennt drei mögliche Vorgehensweisen im Falle der Verletzung der Annahmen des linearen Modells:[602]

1. Anwendung der linearen Regressionsanalyse im Vertrauen auf die Robustheit des Verfahrens
2. Anwendung nicht-parametrischer Analyseverfahren
3. Transformation der Daten, sodass Voraussetzungen annähernd erfüllt werden und Anwendung der linearen Regressionsanalyse

Da meist mehrere Voraussetzungen des linearen Modells verletzt werden, wird sich hier für die Anwendung nicht-parametrischer Tests entschieden.[603] Diese stellen geringere Anforderungen an die Verteilung der Werte in der Grundgesamt-

---

[602] vgl. Schmidt 2009
[603] Ein nicht-parametrischer Test wurde bspw. auch von Grant und Pennypacker 2006 in einer Studie im selben Untersuchungsbereich (Reifegradmessung im Projektmanagement) angewendet.

heit (Normalverteilung und Varianzhomogenität) und können auch bei ordinal- oder nominalskalierten Daten verwendet werden. Gegenüber den Ergebnissen der linearen Regressionsanalyse haben die Ergebnisse derartiger Testverfahren allerdings eine geringere statistische Aussagekraft, da bei ihnen nicht die tatsächlichen Messwerte verwendet werden, sondern Rangfolgen der Fälle. Für die Zwecke dieser Arbeit bietet sich konkret der Mann-Whitney U-Test an, mit dem – ähnlich wie beim (parametrischen) t-Test – Mittelwerte zweier unabhängiger Stichproben miteinander verglichen werden können. Haben die Verteilungen der beiden Stichproben eine unterschiedliche Lage und ist dieser Unterschied statistisch signifikant, so wird davon ausgegangen, dass sie nicht zur selben Grundgesamtheit gehören. In diesem Fall würde die Nullhypothese, dass es in Bezug auf die jeweils getestete abhängige Variable keinen Unterschied macht, ob ein Studienteilnehmer der einen oder der anderen Gruppe angehört, zurückgewiesen, und die Alternativhypothese (es besteht bzgl. dieser abhängigen Variable ein Unterschied ob ein Proband zur einen oder anderen Gruppe gehört) nicht zurückgewiesen.

Der Datensatz muss folglich in zwei Gruppen aufgeteilt werden: Eine Gruppe weniger reifer Unternehmen und eine Gruppe reiferer Unternehmen. Zu diesem Zweck wird aus den Angaben der Studienteilnehmer zu den den Reifegradclustern zuzuordnenden Items ein Reifegrad-Index gebildet. Diesen Schritt zeigt Tabelle 4-17:

Tab. 4-17: Details zur Bildung des Reifegrad-Index

Reifegradcluster	Items	Logische Ausdrücke	Faktoren
Prozessmanagement	A11 bis A19	WENN A11 = Nein, DANN Wert = 1; WENN A11 = Ja, DANN Wert = Mittelwert A12 bis A19	15
KVP	A20 bis A25	WENN A20 = Nein, DANN Wert = 1; WENN A20 = Ja, DANN Wert = Mittelwert A21 bis A25	12
Personalentwicklung	A26 bis A29	WENN A26 = Nein, DANN Wert = 1; WENN A26 = Ja UND WENN A28 = Ja UND WENN A29 = Nein, DANN Wert = 2; WENN A26 = Ja UND WENN A28 = Ja UND WENN A29 = Ja, DANN Wert = 3; WENN A26 = Ja UND WENN A27 = Ja UND WENN A29 = Nein, DANN Wert = 4; WENN A26 = Ja UND WENN A27 = Ja UND WENN A29 = Ja, DANN Wert = 5	12
Wissenssicherung & -transfer	A6 bis A10	Wert = Mittelwert A6 bis A10	11
Rolle des PM im Unternehmen	A1 bis A3	Wert = Mittelwert A1 bis A3	9

Reifegradcluster	Items	Logische Ausdrücke	Faktoren
Top Management Support	B24 bis B28	WENN Befragter = Projektleiter, DANN Wert = Mittelwert B24 bis B28; WENN Befragter = Teilprojektleiter, DANN Wert = Mittelwert übrige Reifegradcluster	8
PM-Terminologie	A32 und A33	WENN A32 = Nein, DANN Wert = 1; WENN A32 = Ja, DANN Wert = A33	4
PM-Software	A34 bis A36	WENN A34 = Nein, DANN Wert = 1; WENN A34 = Ja, DANN Wert = Mittelwert A35 bis A36	3

Aus den Angaben zu den einzelnen Items der Reifegradcluster wird also über einen logischen Ausdruck ein Reifegrad zwischen 1 und 5 ermittelt. Anschließend werden die Reifegrade der einzelnen Cluster mit Faktoren multipliziert, die der Häufigkeit des Auftauchens dieser Cluster in den untersuchten Reifegradmodellen (vgl. Tab. 4-4) entsprechen. Die Summe der Produkte dieser Multiplikationen wird abschließend durch die Summe der Faktor-Werte dividiert. Der auf diese Weise erhaltene Quotient ist der Reifegrad-Index.

Wie oben beschrieben, geht die Anwendung des Mann-Whitney U-Tests durch Bildung einer Rangordnung der Fälle mit einem Informationsverlust gegenüber der linearen Regressionsanalyse einher. Während in die Regressionsmodelle allerdings ausschließlich Likert-Typ Items einbezogen werden konnten, können durch die Indexbildung auch Informationen von Ja-/Nein-Items verarbeitet werden. Die Fälle, in denen durch die Studienteilnehmer angegeben wurde, dass in ihren Unternehmen keine Projektmanagementprozesse vorhanden seien, wurden bspw. nicht in die lineare Regressionsanalyse einbezogen. Bei der Indexbildung werden diese Fälle mit dem Reifegrad 1 versehen und sind Teil der weiteren Analysen.

Zur Bildung der beiden Gruppen wird der Median der Verteilung des Reifegrad-Index herangezogen, der bei 3,4 liegt (siehe dazu auch die Häufigkeitsverteilung in Abb. 4-14). Fälle, deren Reifegrad-Index-Werte von $1 \leq X \leq 3,4$ annehmen, werden der Gruppe der weniger reifen Unternehmen zugeordnet, während Fälle mit Werten $3,41 \leq X \leq 5$ als reifere Unternehmen angesehen werden.

Kapitel 4

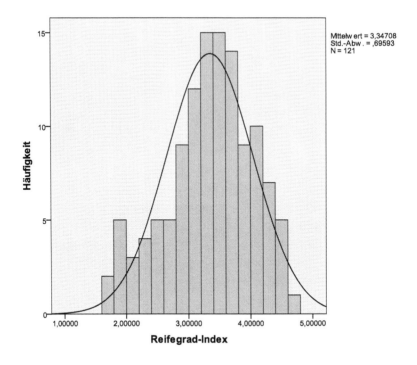

Abb. 4-14: Histogramm zur Variable Reifegrad-Index

Die folgenden Tabellen 4-18 bis 4-21 zeigen die Ergebnisse der Prüfung der Hypothesen 1a und 1b:

Tab. 4-18: Rang-Tabelle des Tests auf Unterschiede zwischen reiferen und weniger Reifen Unternehmen hinsichtlich Erreichung finanzieller Projektziele

	Reifegrad-Index	N	Mittlerer Rang	Rangsumme
Finanzielle Zielerreichung	Gr. 1 (weniger reife Unternehmen)	53	48,54	2572,50
	Gr. 2 (reifere Unternehmen)	55	60,25	3313,50
	Gesamt	108		

Tab. 4-19: Statistik zum Test auf Unterschiede zwischen reiferen und weniger Reifen Unternehmen hinsichtlich Erreichung finanzieller Projektziele

	Finanzielle Zielerreichung
Mann-Whitney-U	1141,500
Wilcoxon-W	2572,500
Z	-2,046
Asymptotische Signifikanz (2-seitig)	,041

Gruppe 1 in Tabelle 4-18 steht für die weniger reifen, Gruppe 2 für die reiferen Unternehmen. Die Fallzahl (Spalte „N") ist aufgrund fehlender Werte[604] bei der abhängigen Variable ungleich 121. Aus der Spalte „Mittlerer Rang" kann abgelesen werden, welche Gruppe in Bezug auf das jeweils letzte abgeschlossene Projekt der Befragten besser in der Lage war, ihre finanziellen Projektziele zu erreichen. Der Fall mit dem niedrigsten Wert für den Reifegrad-Index erhält in SPSS den Rang 1. Daher bedeutet ein höherer Wert in der Spalte „Mittlerer Rang", dass diese Gruppe insgesamt höhere Werte auf der für die abhängige Variable verwendeten Skala erreicht hat. In diesem Fall ist das Gruppe 2. Ob dieser Unterschied in der Lage der beiden Verteilungen statistisch signifikant ist – ob also davon ausgegangen werden kann, dass der Unterschied auch in der Grundgesamtheit gilt – kann der Zeile „Asymptotische Signifikanz" in Tabelle 4-19 entnommen werden. Ist dieser Wert ≤ 0,05, so wird von einem signifikanten Unterschied ausgegangen.[605] Hier wird die zweiseitige Signifikanz angegeben. Da die Hypothesen jedoch gerichtet[606] formuliert wurden, wird die einseitige Signifikanz benötigt, die man durch Halbierung des angegebenen p-Wertes erhält (hier: 0,041 / 2 = 0,0205). Die reiferen Unternehmen sind also signifikant besser dazu in der Lage, ihre finanziellen Projektziele zu erreichen als die weniger reifen Unternehmen.

---

[604] elfmal „weiß nicht", zweimal echter fehlender Wert
[605] vgl. Eckstein 2012, S. 121
[606] Bei einer ungerichteten Formulierung der Hypothese 1a würde man bspw. annehmen, dass ein Unterschied bzgl. der finanziellen Zielerreichung zwischen weniger reifen und reiferen Organisationen besteht. Man würde sich mit einer solchen Hypothese allerdings nicht dazu äußern ob reifere Organisationen ihre finanziellen Projektziele besser oder schlechter erreichen als weniger reife.

Tab. 4-20: Rang-Tabelle des Tests auf Unterschiede zwischen reiferen und weniger Reifen Unternehmen hinsichtlich Kundenzufriedenheit

	Reifegrad-Index	N	Mittlerer Rang	Rangsumme
Kundenzufriedenheit	Gr. 1 (weniger reife Unternehmen)	51	49,78	2539,00
	Gr. 2 (reifere Unternehmen)	54	56,04	3026,00
	Gesamt	105		

Tab. 4-21: Statistik zum Test auf Unterschiede zwischen reiferen und weniger Reifen Unternehmen hinsichtlich Kundenzufriedenheit

	Kundenzufriedenheit
Mann-Whitney-U	1213,000
Wilcoxon-W	2539,000
Z	-1,111
Asymptotische Signifikanz (2-seitig)	,267

Hinsichtlich der Kundenzufriedenheit besteht ebenfalls ein Unterschied in der Lage der Verteilungen der beiden Gruppen (vgl. mittlere Ränge in Tab. 4-20). Dieser ist jedoch nicht signifikant (0,267 / 2 = 0,1335; vgl. Tab. 4-21). Die Nullhypothese, dass der Reifegrad eines Unternehmens keinen Einfluss auf die Erreichung von Kundenzufriedenheit in Industrieprojekten hat, wird somit beibehalten.

Zwecks Durchführung einer Sensitivitätsanalyse wurden die Faktoren zur Gewichtung der Reifegradcluster[607] bei der Bildung des Reifegrad-Index entfernt. Zwei neuerliche Tests mit dem Index ohne Gewichtungen bestätigten die zuvor erzielten Ergebnisse.[608]

Um die Hypothesen 2a und 2b zu prüfen, wird aus den Items, die die Größe des Projektteams, die örtliche Verteilung der Teammitglieder, deren gemeinsame Arbeitshistorie (jeweils bezogen auf das letzte abgeschlossene Projekt der befragten Person) sowie die Größe des Gesamtunternehmens (hier ausgedrückt über die Mitarbeiteranzahl) abfragen, über Mittelwertbildung ein Komplexitäts-Index erzeugt (siehe dazu Tab. 4-22). Da in der Stichprobe auch Teilnehmer enthalten sind, deren letztes abgeschlossenes Projekt ein internes war, wurde der Komplexitäts-

---

[607] vgl. Tabelle 4-17
[608] Der zur Gruppenbildung herangezogene Median lag hier bei 3,375. Finanzielle Zielerreichung: Mittlerer Rang der weniger reifen Unternehmen = 47,81; mittlerer Rang der reiferen Unternehmen = 60,95; zweiseitige asymptotische Signifikanz = 0,22. Kundenzufriedenheit: Mittlerer Rang der weniger reifen Unternehmen = 48,85; mittlerer Rang der reiferen Unternehmen = 56,92; zweiseitige asymptotische Signifikanz = 0,152.

indikator „Entfernung zum Kunden"[609] bei der Bildung des Komplexitäts-Index nicht berücksichtigt. Die Größe des Gesamtunternehmens wird hier ferner als Stellvertreter-Indikator für weitere Komplexitätsindikatoren wie die Anzahl organisationsinterner Schnittstellen sowie die Anzahl organisationsinterner Hierarchieebenen betrachtet.

Tab. 4-22: Details zur Bildung des Komplexitäts-Index

Komplexitätsindikator	Logische Ausdrücke
Größe des Projektteams	WENN Teamgröße = 1 ≤ X ≤ 5, DANN Wert = 1; WENN Teamgröße = 6 ≤ X ≤ 10, DANN Wert = 2; WENN Teamgröße = 11 ≤ X ≤ 20, DANN Wert = 3; WENN Teamgröße = 21 ≤ X ≤ 50, DANN Wert = 4; WENN Teamgröße = X ≥ 51, DANN Wert = 5
Örtliche Verteilung der Teammitglieder	WENN selbes Gebäude, DANN Wert = 1; WENN selber Standort, DANN Wert = 2; WENN standortübergreifed, DANN Wert = 3; WENN länderübergreifend, DANN Wert = 4; WENN kontinentübergreifend, DANN Wert = 5
Gemeinsame Arbeitshistorie der Teammitglieder	Endpunktbenanntes Likert-Typ Item: 1 = Teammitglieder haben vorher überhaupt nicht zusammengearbeitet; 5 = alle Teammitglieder haben bereits vor dem Projekt zusammengearbeitet
Größe der Gesamtorganisation	WENN Mitarbeiteranzahl = X ≤ 100, DANN Wert = 1[610]; WENN Mitarbeiteranzahl = 101 ≤ X ≤ 500, DANN Wert = 1,8; WENN Mitarbeiteranzahl = 501 ≤ X ≤ 1.000, DANN Wert = 2,6; WENN Mitarbeiteranzahl = 1.001 ≤ X ≤ 5.000, DANN Wert = 3,4; WENN Mitarbeiteranzahl = 5.001 ≤ X ≤ 50.000, DANN Wert = 4,2; WENN Mitarbeiteranzahl = X ≥ 50.000, DANN Wert = 5

Abbildung 4-15 zeigt die Häufigkeitsverteilung des neu gebildeten Komplexitäts-Index. Der Median beträgt hier 3,0.

---

[609] vgl. Tabelle 4-10 in Kapitel 4.2.4.4
[610] Die ursprünglich über sechs Kategorien abgefragte Mitarbeiteranzahl der Gesamtorganisation wurde über den Korrekturfaktor 4/5 * X + 1/5 auf eine 5er Skala korrigiert.

Kapitel 4

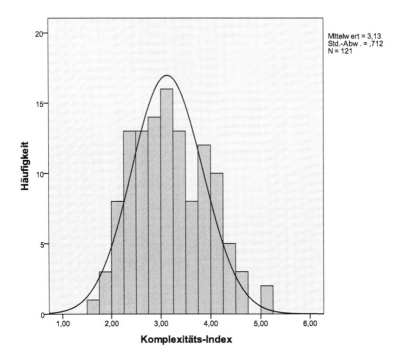

Abb. 4-15: Histogramm zur Variable Komplexitäts-Index

Zwecks Prüfung der Hypothesen 2a und 2b wird der Datensatz nun in eine Gruppe weniger komplexer Projekte (Komplexitäts-Index nimmt Wert zwischen 1 und 3,0 an) und eine Gruppe komplexer Projekte (Komplexitäts-Index nimmt Wert zwischen 3,01 und 5 an) aufgeteilt. Die Ergebnisse können den folgenden Tabellen 4-23 bis 4-30 entnommen werden.

Tab. 4-23: Rang-Tabelle des Tests auf Unterschiede zwischen reiferen und weniger Reifen Unternehmen hinsichtlich Erreichung finanzieller Projektziele (Gruppe geringe Komplexität)

	Reifegrad-Index	N	Mittlerer Rang	Rangsumme
Finanzielle Zielerreichung	Gr. 1 (weniger reife Unternehmen)	38	29,50	1121,00
	Gr. 2 (reifere Unternehmen)	20	29,50	590,00
	Gesamt	58		

Tab. 4-24: Statistik zum Test auf Unterschiede zwischen reiferen und weniger Reifen Unternehmen hinsichtlich Erreichung finanzieller Projektziele (Gruppe geringe Komplexität)

	Finanzielle Zielerreichung
Mann-Whitney-U	380,000
Wilcoxon-W	590,000
Z	0,000
Asymptotische Signifikanz (2-seitig)	1,000

In der Gruppe der weniger komplexen Projekte besteht hinsichtlich der Erreichung finanzieller Projektziele kein Unterschied mehr zwischen den weniger reifen und den reiferen Organisationen (siehe Spalte „Mittlerer Rang" in Tab. 4-23). Die Teststatistik in Tabelle 4-24 wird nur der Vollständigkeit halber angegeben.

Tab. 4-25: Rang-Tabelle des Tests auf Unterschiede zwischen reiferen und weniger Reifen Unternehmen hinsichtlich Erreichung finanzieller Projektziele (Gruppe hohe Komplexität)

	Reifegrad-Index	N	Mittlerer Rang	Rangsumme
Finanzielle Zielerreichung	Gr. 1 (weniger reife Unternehmen)	15	17,93	269,00
	Gr. 2 (reifere Unternehmen)	35	28,74	1006,00
	Gesamt	50		

Tab. 4-26: Statistik zum Test auf Unterschiede zwischen reiferen und weniger Reifen Unternehmen hinsichtlich Erreichung finanzieller Projektziele (Gruppe hohe Komplexität)

	Finanzielle Zielerreichung
Mann-Whitney-U	149,000
Wilcoxon-W	269,000
Z	-2,558
Asymptotische Signifikanz (2-seitig)	,011

In der Gruppe der Unternehmen, die mit den komplexeren Projekten befasst waren, besteht erneut ein deutlicher Unterschied in den mittleren Rängen. Die reiferen Unternehmen sind hier besser dazu in der Lage, ihre finanziellen Projektziele zu erreichen als die weniger reifen Unternehmen (mittlere Ränge 28,74 bzw. 17,93; vgl. Tab. 4-25) und der Unterschied ist statistisch signifikant

Kapitel 4

(0,011 / 2 = 0,0055; vgl. Tab. 4-26). Die Hypothese 2a wird daher nicht zurückgewiesen.

Tab. 4-27: Rang-Tabelle des Tests auf Unterschiede zwischen reiferen und weniger Reifen Unternehmen hinsichtlich Kundenzufriedenheit (Gruppe geringe Komplexität)

	Reifegrad-Index	N	Mittlerer Rang	Rangsumme
Kundenzufriedenheit	Gr. 1 (weniger reife Unternehmen)	37	28,77	1064,50
	Gr. 2 (reifere Unternehmen)	21	30,79	646,50
	Gesamt	58		

Tab. 4-28: Statistik zum Test auf Unterschiede zwischen reiferen und weniger Reifen Unternehmen hinsichtlich Kundenzufriedenheit (Gruppe geringe Komplexität)

	Kundenzufriedenheit
Mann-Whitney-U	361,500
Wilcoxon-W	1064,500
Z	-,459
Asymptotische Signifikanz (2-seitig)	,646

Wird die Kundenzufriedenheit als abhängige Variable verwendet, so ist der Unterschied zwischen den weniger reifen und den reiferen Unternehmen in der Gruppe der Unternehmen, die die weniger komplexen Projekten abgewickelt haben, hinsichtlich der mittleren Ränge nur marginal (Werte 28,77 bzw. 30,79; vgl. Tab. 4-27). Der p-Wert liegt mit 0,323 (0,646 / 2; vgl. Tab. 4-28) recht weit oberhalb des signifikanten Niveaus.

Tab. 4-29: Rang-Tabelle des Tests auf Unterschiede zwischen reiferen und weniger Reifen Unternehmen hinsichtlich Kundenzufriedenheit (Gruppe hohe Komplexität)

	Reifegrad-Index	N	Mittlerer Rang	Rangsumme
Kundenzufriedenheit	Gr. 1 (weniger reife Unternehmen)	14	21,00	294,00
	Gr. 2 (reifere Unternehmen)	33	25,27	834,00
	Gesamt	47		

Tab. 4-30: Statistik zum Test auf Unterschiede zwischen reiferen und weniger Reifen Unternehmen hinsichtlich Kundenzufriedenheit (Gruppe hohe Komplexität)

	Kundenzufriedenheit
Mann-Whitney-U	189,000
Wilcoxon-W	294,000
Z	-1,041
Asymptotische Signifikanz (2-seitig)	,298

In der Gruppe der Unternehmen, die die komplexeren Projekte durchführten, ist der Unterschied hinsichtlich des mittleren Ranges wieder recht deutlich (Werte 21,00 bzw. 25,27; vgl. Tab. 4-29). Der p-Wert liegt jedoch oberhalb der Signifikanzgrenze (0,298 / 2 = 0,149; vgl. Tab. 4-30). Die Hypothese 2b wird entsprechend zurückgewiesen und die zugehörige Nullhypothese beibehalten.

4.4 Zusammenfassung

Das Forschungsdesign dieser Arbeit umfasst mit der qualitativen Inhaltsanalyse von 15 Projektmanagementreifegradmodellen[611], drei qualitativen Fallstudien in Industrieunternehmen[612] sowie einer quantitativen Feldstudie[613] drei miteinander zusammenhängende[614] Elemente. Im Ergebnis der qualitativen Inhaltsanalyse der Reifegradmodelle konnten mehrere Cluster der Projektmanagementreife identifiziert und zu zwei Dimensionen zusammengefasst werden. Die Cluster der Dimension der strategischen Infrastruktur des Projektmanagements bilden gemeinsam ein strukturelles Fundament des Projektmanagements. Beispiele einzelner Cluster sind das Prozessmanagement, die projektmanagementbezogene Personalentwicklung oder die Wissenssicherung und der Wissenstransfer in Zusammenhang mit den Projekten der Organisation. Die Cluster der zweiten Dimension, der Dimension der Projektmanagementelemente und -prozesse, bilden die inhaltliche Seite des Projektmanagements ab und beinhalten Prozesse des Termin- und Ablaufmanagements, des Projektrisikomanagements etc. Die drei in den untersuchten Modellen am häufigsten genannten Cluster sind alle der Dimension der strategischen Projektmanagementinfrastruktur zuzurechnen. Daher wurde sich im Rahmen der Feldbefragung ausschließlich auf diese Reifegraddimension fokussiert.

---

[611] vgl. Kapitel 4.1
[612] vgl. Kapitel 4.2
[613] vgl. Kapitel 4.3
[614] vgl. Abbildung 3-1

Neben der qualitativen Inhaltsanalyse der Modelle wurden anhand bestimmter Ziele bzw. Leitfragen drei qualitative Fallstudien in Industrieunternehmen durchgeführt. Dabei standen neben der Bedeutung verschiedener Erfolgskriterien und Reifegradmessungen mit dem Modell PjM3 vor allem die Rolle von Formalisierung und Standardisierung von Projektmanagementstrukturen und die Existenz eines organisationsspezifischen idealen Reifegrades sowie dessen Einflussfaktoren im Zentrum des Untersuchungsinteresses. Bei den Untersuchungseinheiten handelte es sich um Organisationseinheiten von zwei Automobilzulieferunternehmen (Fälle A1 und A2) sowie um eine im Energieanlagenbau tätige Organisationseinheit eines Großkonzerns (Fall E). Im Rahmen der Fallstudien wurden u.a. insgesamt sieben Interviews geführt. Es zeigte sich, dass die Befragten in Aktivitäten zur Erhöhung des Reifegrades in einzelnen Prozessbereichen (z.B. Stakeholdermanagement) keinen Mehrwert im Sinne verbesserter Voraussetzungen zur Erreichung der Projektziele sahen.[615] Des Weiteren berichteten sie von negativen Auswirkungen der – mit einem höheren Reifegrad einhergehenden – Formalisierung und Standardisierung von Projektmanagementstrukturen. Dabei wurden sowohl die Ineffizienz der Strukturen im Sinne einer teils sehr starken Bindung der Arbeitskraft des Projektleiters durch den Aufwand zur Erfüllung von Formalia, als auch die Ineffektivität der Strukturen bspw. bedingt durch ein Phänomen, das in dieser Arbeit als „Verstecken" der eigenen Verantwortung hinter einem Gerüst formaler Abläufe bezeichnet wurde, thematisiert.[616] In Bezug auf die Motivation zur Etablierung und Aufrechterhaltung der Projektmanagementstrukturen wurde u.a. ein Zusammenhang mit der Größe der Gesamtorganisation, in die die Untersuchungseinheiten eingebettet sind, hergestellt. Ferner wurden bestimmte Projektcharakteristika angesprochen, die im Kontext der (organisatorischen) Projektkomplexität zu sehen sind, wie z.B. die Größe der Projektteams, die örtliche Verteilung der Teammitglieder, deren gemeinsame Arbeitshistorie etc.[617] Insgesamt führen diese Untersuchungsergebnisse zu der Hypothese, dass die Projektkomplexität einen Einflussfaktor auf die Lage des organisationsindividuellen idealen Projektmanagementreifegrades darstellt bzw. dass sie einen moderierenden Effekt auf den Einfluss des organisationalen Reifegrades auf den Projekterfolg ausübt. Die zwei wichtigsten Kriterien des Projekterfolgs waren im Ergebnis der Literaturanalyse und der Fallstudien die Erreichung finanzieller Ziele sowie die Kundenzufriedenheit. Die terminliche Zielerreichung wird dagegen nur als mittel-

---

[615] vgl. Kapitel 4.2.4.3
[616] vgl. Kapitel 4.2.4.4
[617] vgl. ebd.

bares Kriterium in Verbindung mit den beiden vorgenannten Kriterien wahrgenommen.[618]

Die aus den qualitativen Fallstudien gewonnenen Erkenntnisse führten maßgeblich zur Formulierung der Hypothesen 2a und 2b, während die Hypothesen 1a und 1b direkt aus der Literatur abgeleitet werden konnten. Unter Einsatz eines standardisierten Fragebogens wurden im Rahmen einer Feldbefragung in Industrieunternehmen des deutschsprachigen Raums tätige Personen mit Projektleiter- bzw. Teilprojektleitererfahrung befragt. Dabei konnten insgesamt 121 verwertbare Datensätze erhoben werden. Die Hypothesen wurden mittels des nichtparametrischen Mann-Whitney U-Tests überprüft. Die Ergebnisse zeigt die folgende Tabelle:

Tab. 4-31: Ergebnisse der Hypothesenprüfung

Hypothesen-Nr.	Hypothesen	Ergebnisse
H1a	Der Reifegrad einer Organisation in der Dimension der strategischen Infrastruktur des Projektmanagements hat einen positiven Einfluss auf die finanzielle Zielerreichung in den Projekten dieser Organisation.	Nicht zurückgewiesen
H1b	Der Reifegrad einer Organisation in der Dimension der strategischen Infrastruktur des Projektmanagements hat einen positiven Einfluss auf die Kundenzufriedenheit in den Projekten dieser Organisation.	Zurückgewiesen
H2a	Die organisatorische Projektkomplexität hat einen positiven moderierenden Effekt auf den Zusammenhang zwischen Projektmanagementreife in der Dimension der Infrastruktur des Projektmanagements und finanzieller Zielerreichung in den Projekten. (Je höher die Komplexität, desto stärker der positive Einfluss des Reifegrades auf die finanzielle Zielerreichung.)	Nicht zurückgewiesen
H2b	Die organisatorische Projektkomplexität hat einen positiven moderierenden Effekt auf den Zusammenhang zwischen Projektmanagementreife in der Dimension der strategischen Infrastruktur des Projektmanagements und der Kundenzufriedenheit in den Projekten. (Je höher die Komplexität, desto stärker der positive Einfluss des Reifegrades auf die Kundenzufriedenheit.)	Zurückgewiesen

Während es hinsichtlich der Erreichung finanzieller Projektziele einen statistisch signifikanten Unterschied zwischen weniger reifen und reiferen Unternehmen gibt und die reiferen Unternehmen hier besser dazu in der Lage waren ihre finanziellen Ziele zu erreichen, konnte in Bezug auf die Kundenzufriedenheit kein derartiger Unterschied festgestellt werden.

---

[618] vgl. Kapitel 2.4.3.2 und 4.2.4.2

Zur Überprüfung der Hypothesen 2a und 2b wurde unter Berücksichtigung von vier Indikatoren der organisatorischen Projektkomplexität (Größe des Projektteams, örtliche Verteilung der Teammitglieder, gemeinsame Arbeitshistorie der Teammitglieder und Größe der Gesamtorganisation) ein Komplexitäts-Index erzeugt. In Bezug auf die Erreichung finanzieller Projektziele übt die organisatorische Projektkomplexität offenbar einen moderierenden Einfluss auf die Beziehung zwischen Reifegrad und Erfolg aus: Während in der Gruppe der Unternehmen, die mit den weniger komplexen Projekten befasst waren, kein Unterschied in der Zielerreichung zwischen weniger reifen und reiferen Unternehmen zu verzeichnen war, war in der Gruppe der Unternehmen, die die komplexeren Projekte abwickelten, ein statistisch signifikanter Unterschied zu beobachten. Bei Verwendung der Kundenzufriedenheit als abhängige Variable waren keine statistisch signifikanten Unterschiede zu sehen.[619]

---

[619] vgl. zu diesem und dem vorigen Absatz die Ausführungen in Kapitel 4.3.6

5 Diskussion

5.1 Diskussion der Limitationen der Untersuchung

An einzelnen Punkten des empirischen Untersuchungsprozesses im Rahmen dieser Arbeit wurden verschiedenste Kriterien angelegt, um mögliche Beeinträchtigungen der Güte der entstandenen Forschungsergebnisse weitestgehend zu verhindern. Dennoch verbleiben in Bezug auf alle drei empirischen Elemente (d.h. die qualitative Inhaltsanalyse, die qualitativen Fallstudien sowie die quantitative Feldstudie) kritische Aspekte, die an dieser Stelle diskutiert werden sollen.

Sowohl hinsichtlich der qualitativen Inhaltsanalyse der Reifegradmodelle als auch hinsichtlich der qualitativen Fallstudien besteht die Gefahr einer Verzerrung durch die subjektive Perspektive des Verfassers. Im Fall der qualitativen Inhaltsanalyse handelt es sich dabei um die Bildung der Reifegradcluster und auch deren Zusammenfassung zu den beiden Reifegraddimensionen. In einer an anderer Stelle[620] bereits vorgestellten Arbeit führte Pasian[621] die Codierung softwaregestützt durch. Ihre Analyse führte allerdings nur zur Aufzeigung von Häufigkeiten von – zudem teils recht allgemeinen (z.B. ‚Management', ‚Organization', ‚Awareness') – Begriffen und nicht zu einer Bildung thematischer Cluster. Der Aufwand bei einer nicht softwareunterstützten Vorgehensweise ist bei 15 betrachteten Modellen aus Sicht des Verfassers vertretbar, die Erarbeitung eines inhaltlichen Verständnisses, das im Vergleich zur Verwendung von Software ähnlich genau ist, möglich. Hinsichtlich der qualitativen Fallstudien betrifft dies die Arbeitsschritte der Codierung von Textelementen der Interviewtranskripte, die Bildung von übergeordneten Themenkomplexen sowie die Zuordnung der Textelemente zu diesen Themenkomplexen.

Die Diskussion möglicher Ergebnisbeeinträchtigungen der quantitativen Feldstudie kann an verschiedenen Punkten ansetzen: Diese betreffen die Konstruktoperationalisierung, die Datenerhebung und die Ergebnisinterpretation sowie die Zusammensetzung der Stichprobe.

Die Fragebogenitems, die der Reifegraddimension der strategischen Infrastruktur des Projektmanagements zuzurechnen sind, wurden durch den Verfasser auf

---
[620] vgl. Kapitel 4.1.1
[621] vgl. Pasian 2011, S. 78 ff.

Basis der Kenntnis der Reifegradmodelle formuliert. Ihre Verständlichkeit wurde durch die Pretests überprüft. Zudem haben die Faktoren- und Reliabilitätsanalysen gezeigt, dass sich jeweils aus Gruppen von Items Skalen bilden lassen, mittels derer die Reifegradcluster operationalisiert werden können. Dennoch ist die Formulierung der Items subjektiv durch den Verfasser geprägt.

Vor dem Hintergrund der Fachliteratur kann kritisch diskutiert werden, ob die als metrisch angenommene Fünf-Punkt Likert-Typ Skalierung zur **Operationalisierung** des Konstrukts ‚Projektmanagementreife' geeignet ist: Kerzner schätzt beispielsweise den Schwierigkeitsgrad des Aufstiegs von einem Reifegrad auf den nächsthöheren in Bezug auf verschiedene Reifegrade unterschiedlich ein: Während der Schwierigkeitsgrad zum Aufstieg von Stufe 1 auf 2 und von Stufe 2 auf 3 jeweils als „mittel" bewertet wird, wird er in Bezug auf den Aufstieg von Stufe 3 auf 4 als „hoch" sowie von Stufe 4 auf 5 als „niedrig" eingeschätzt.[622] Empirische Untersuchungen mit dem Prozessreifegradmodell CMMI erhärten diese Einschätzung.[623] Dieser Punkt ist im Hinblick auf die hier vorliegende Studie allerdings eher als Ergänzung zu sehen, da das letztendlich für die Hypothesenprüfung eingesetzte Testverfahren auch in Verbindung mit ordinal- oder nominalskalierten Variablen angewendet werden kann.[624]

Speziell die Operationalisierung des Konstrukts ‚Kundenzufriedenheit' bedarf hier einer weitergehenden Diskussion. Deren indirekte Erhebung durch Befragung des (Teil-) Projektleiters der Auftragnehmerorganisation ist prinzipiell kritisch zu sehen. Modelle wie das PROSAT-Modell[625] machen zudem die Vielschichtigkeit der Kundenzufriedenheit deutlich. Es erscheint äußerst fraglich, ob die Operationalisierung der Kundenzufriedenheit im hier verwendeten Project Implementation Profile dieser Vielschichtigkeit gerecht wird. Des Weiteren ist bspw. Festge[626] der Ansicht, dass eine brauchbare Operationalisierung der Kundenzufriedenheit nicht ohne Berücksichtigung des Branchenkontexts möglich sei. Schließlich zeigen die Häufigkeitsverteilungen aller Items des Project Implementation Profiles ein linksschiefes Bild, d.h. die Befragten entschieden sich bei ihren Angaben fast ausnahmslos

---

[622] vgl. Kerzner 2005, S. 50, 72, 86 und 104; vgl. dazu auch Grant und Pennypacker 2006, S. 61: "To date there is no empirical support for the assumption that the effort, investment, and organizational change required to move from level 1 to level 2 in any of the models is precisely the same effort, investment, and organizational change required to move from level 2 to level 3, or any subsequent levels. [...] our intuition is that the difference between the levels of maturity is not uniform."
[623] vgl. Software Engineering Institute, Carnegie Mellon 2004, S. 25
[624] vgl. Janssen und Laatz 2007, S. 559
[625] vgl. Kapitel 2.4.3.3
[626] vgl. Festge 2006

Diskussion

für den vierten oder fünften („Stimme der Aussage zu") Punkt der Fünf-Punkt Likert-Typ Items.

Bezüglich der **Datenerhebung** hätte sich als Alternative zur Feldstudie in der Form einer Querschnittstudie generell eine Längsschnittstudie mit einer oder mehreren Organisationen angeboten. Anstatt also eine möglichst große Zahl von Teilnehmern einmal zu befragen und unter Anlegung statistischer Gütemaße auf die Grundgesamtheit hin zu schließen, hätte eine kleinere Anzahl von Organisationen über einen längeren Zeitraum hinweg betrachtet werden können. Dabei hätten Reifegradmessungen in einem festzulegenden Messintervall durchgeführt werden müssen. Die Umsetzung einer solchen Longitudinalstudie wäre im vorliegenden Forschungsvorhaben mit einigen Schwierigkeiten verbunden gewesen: Zunächst ist die Projektmanagementreifegradmessung ein Bereich, in dem es einen großen Bedarf an theoretischer Klärung gab und noch gibt. Die Anwendung des im Rahmen dieser Arbeit eingesetzten Messinstrumentes hätte eine erhebliche Verlängerung des Zeitrahmens zur Folge gehabt, was ressourcenbedingt nicht infrage kam. Der Rückgriff auf mittels eines etablierten Reifegradmodells erhobene Daten hätte bedeutet, dass der Verfasser an einem bemerkenswerten Anteil der Datenerhebung nicht unmittelbar beteiligt gewesen wäre. Zudem wäre fraglich gewesen, ob die Zusammensetzung einer solchen Stichprobe auch nur ansatzweise eine Generalisierung der Ergebnisse erlaubt hätte. Ein wesentliches Problem sieht der Verfasser allerdings darin, dass es bei einer solchen Erhebung kaum zu vermeiden gewesen wäre, Personen zu befragen, die selbst für die Weiterentwicklung der Projektmanagementstrukturen verantwortlich sind. Der Einsatz von Zweitfragebögen in jeder in die Studie einbezogenen Organisation wäre also notwendig gewesen, um die Belastbarkeit der Daten zu gewährleisten, was den Aufwand unter Umständen enorm erhöht hätte.

Zur **Zusammensetzung der Stichprobe** ist zunächst zu sagen, dass es sich nicht um eine repräsentative Stichprobe handelt. Aus einigen Unternehmen, die im Zuge der Teilnehmerakquise kontaktiert wurden, stammen zudem mehrere Fälle, was grundsätzlich zu Verzerrungen führen kann. Diese (Groß-) Unternehmen sind allerdings in verschiedenen Sparten bzw. Geschäftsfeldern organisiert. Hier kann es einerseits sicherlich eine spartenunabhängige Beeinflussung der Projektmanagementstrukturen einzelner Organisationseinheiten durch auf zentraler Ebene geschaffene Standards geben. Andererseits konnte der Verfasser u.a. im Rahmen der qualitativen Fallstudien beobachten bzw. erfahren, dass einzelne Organisationseinheiten desselben Unternehmens teils sehr unterschiedliche Entwicklungsstände in Bezug auf ihre Projektmanagementstrukturen haben. So existierten in den Untersuchungseinheiten A und B Projektmanagement Offices auf verschiedenen Ebenen innerhalb der einzelnen Unternehmenssparten. In diesem Zusammenhang ist auch folgendes Zitat aus der Dokumentation des OPM3 zur im Rahmen einer Reifegradmessung zu bewertenden Einheit von Interesse: "The term 'organization' does not necessarily refer to an entire company, agency, association, or society. It can refer to business units, functional groups, departments, or sub-agencies within the whole."[627] Mögliche Verzerrungen aufgrund dieser Art von Zusammensetzung der Stichprobe wurden daher als vernachlässigbar angesehen.

Weitere mögliche Verzerrungen können durch die unterschiedlichen Erhebungsmodi[628], durch das Phänomen der sozialen Erwünschtheit[629], durch eine „Schönfärbung" vergangener Projekte[630] sowie durch die Nichtteilnahme angefragter Unternehmen oder Einzelpersonen[631] zustande kommen. Dem Phänomen der sozialen Erwünschtheit wurde in der vorliegenden Studie durch die Anonymisierung der Daten begegnet. Dadurch, dass in Abschnitt B des Fragebogens bewusst nach dem letzten abgeschlossenen Projekt der teilnehmenden Person gefragt wurde, sollte eine geschönte Darstellung von vergangenen Sachverhalten vermindert werden. Die beiden vorgenannten Verzerrungen können in Bezug auf diese Studie jedoch nicht ausgeschlossen werden. Nach den Gründen für eine Nichtteilnahme wurde in der Phase der Erhebung unter Einsatz des Papierfragebogens nicht systematisch, sondern nur in Einzelfällen gefragt. Die Gründe lagen u.a. in der Entscheidung gegen die Teilnahme auf der jeweils zuständigen Managementebene oder durch den Betriebsrat sowie im Mangel an Zeit. Eine Verzerrung durch Unterschiede im Antwortverhalten früher bzw. später Teilnehmer erscheint vor dem Hintergrund der Befragungsinhalte vernachlässigbar. Eine entsprechende Prüfung wurde daher nicht durchgeführt.

---

[627] Project Management Institute 2008b, S. 9
[628] Das Antwortverhalten der Teilnehmer kann sich zwischen der Online- und der Papierversion des Fragebogens unterscheiden.
[629] Die Befragten könnten bspw. annehmen, dass es grundsätzlich besser sei über Projektmanagementprozesse zu verfügen sowie diese kontinuierlich weiterzuentwickeln und machen daher geschönte Angaben, die der Realität in ihren Unternehmen nicht entsprechen.
[630] Sogenannter *Rosy retrospection bias*. Die Befragten könnten die Zielerreichung zum Zeitpunkt der Befragung positiver einschätzen, als sie zum Zeitpunkt der Projektdurchführung tatsächlich war.
[631] Sogenannter *Non response bias*. D.h. die Antworten der Befragten weichen von den Antworten, die Personen geben würden, die nicht an der Befragung teilgenommen haben, ab.

Was die **Interpretation der Ergebnisse** der statistischen Analysen[632] anbetrifft, so ist lediglich die Interpretation des Outputs der Korrelationsanalysen letztendlich subjektiv. In Bezug auf die übrigen Analysen, d.h. insbesondere die bivariaten linearen Regressionsanalysen sowie die Mann-Whitney U-Tests, wurden entsprechende Gütekriterien angelegt und Voraussetzungen geprüft, sodass die Ergebnisinterpretation hier keine Spielräume zulässt.

5.2 Diskussion der Ergebnisse vor dem theoretischen Hintergrund

Nachdem im vorigen Unterkapitel die Limitationen und die Belastbarkeit der Untersuchungsergebnisse thematisiert wurden, werden diese nun vor dem theoretischen Hintergrund diskutiert und in diesen eingeordnet. Die Struktur der Ausführungen orientiert sich dabei an den drei empirischen Elementen der Arbeit.

Die Ergebnisse der **qualitativen Inhaltsanalyse** bestätigen den starken Fokus der Projektmanagementreifegradmodelle auf Prozesse bzw. deren Management, auf den in der Literatur bereits hingewiesen wurde.[633] Auf das Cluster ‚Prozessmanagement' fanden sich Bezüge in allen betrachteten Modellen. Auf das Cluster ‚Kontinuierlicher Verbesserungsprozess', das ebenfalls in diesem Zusammenhang zu sehen ist, wurde in 12 von 15 Modellen Bezug genommen. Mit der Benennung konstituierender Elemente der Projektmanagementreife adressiert die Arbeit Forderungen aus der Fachliteratur nach definitorischer Klärung und Schaffung von Transparenz im Bereich der Projektmanagementreifegradmessung.[634]

Wesentliche Ergebnisse der **qualitativen Fallstudien** sind erstens, dass einzelne Interviewpartner eine Reifegraderhöhung in bestimmten Betrachtungsbereichen als nicht förderlich im Sinne erhöhter Chancen auf die Erreichung von Projektzielen ansehen. Folglich wird die Existenz eines organisationsindividuellen Projektmanagementreifegrades unterstellt. Zweitens wurden durch die Interviewees bei der Begründung für den durch ihre Organisationseinheiten gewählten Reifegrad bzw. Grad an Formalisierung Bezüge zu verschiedenen Facetten der Projektkomplexität hergestellt. Dabei wurden v.a. Aspekte der organisatorischen Projektkomplexität genannt. Des Weiteren fällt auf, dass die Interviewees (innerhalb der or-

---

[632] vgl. zu diesem Absatz die Ausführungen in Kapitel 4.3.6
[633] vgl. u.a. die Ausführungen in Kapitel 2.3.2.3
[634] vgl. Mullaly 2006 und Walker 2014

ganisatorischen Komplexität) mehrfach auf die Bedeutung virtueller Teamkonstellationen hinwiesen.[635]

Somit sprachen die Beobachtungen im Rahmen der qualitativen Fallstudien für eine weitergehende Untersuchung der Rolle der Projektkomplexität in Bezug auf den Zusammenhang zwischen Reifegrad und Erfolg.

In der **standardisierten Feldbefragung** wurde, anknüpfend an die Projektmanagementreifegraddefinition des DIN[636], ein auf den Ergebnissen der qualitativen Inhaltsanalyse basierendes generisches Messinstrument eingesetzt. Es wurden in Industrieunternehmen tätige Personen mit Erfahrung als (Teil-) Projektleiter von Industrieprojekten zu den Projektmanagementstrukturen in ihrem Unternehmen bzw. ihrer Unternehmenseinheit, ihrem letzten abgeschlossenen Projekt sowie zu demographischen Informationen befragt. Über alle 121 Fälle wurde ein durchschnittlicher Reifegrad von 3,34 (Mittelwert) gemessen. Dieser Wert liegt in einer ähnlichen Größenordnung, wie der von Ibbs und Kwak in ihrer Studie beobachtete Mittelwert von 3,26.[637] In anderen Studien wurden dagegen zwei Drittel[638] bzw. über 90 %[639] der teilnehmenden Organisationen einem der unteren beiden Reifegrade zugeordnet.

Als Ergebnis der statistischen Datenanalyse konnte u.a. gezeigt werden, dass reifere Unternehmen besser dazu in der Lage sind, ihre finanziellen Projektziele zu erreichen, als weniger reife Unternehmen. Ein derartiger Unterschied besteht jedoch nicht in Bezug auf die Kundenzufriedenheit als Projekterfolgskriterium.[640] Wie oben bereits ausgeführt wurde[641], werden die Projektmanagementstrukturen von Organisationen auf dem untersten Reifegrad von einigen Modellherausgebern als informell bezeichnet. Im Umkehrschluss wurde gefolgert, dass mit zunehmender Reife einer Organisation auch der Grad an Formalisierung ihrer Projektmanagementstrukturen steigt. U.a. Nidumolu[642], Milosevic und Patanakul[643], Liu et al.[644]

---

[635] vgl. die Ausführungen und Interview-Aussagen in Kapitel 4.2.4.4
[636] vgl. Kapitel 1.2
[637] vgl. Ibbs und Kwak 2000
[638] vgl. Pennypacker und Grant 2003
[639] vgl. Thomas und Mullaly 2008, S. 183
[640] vgl. Kapitel 4.3.6
[641] vgl. Kapitel 4.2.1
[642] vgl. Nidumolu 1996
[643] vgl. Milosevic und Patanakul 2005
[644] vgl. Liu et al. 2008

Diskussion

sowie Teller et al.[645] konnten zeigen, dass die Formalisierung und Standardisierung von Projektmanagementstrukturen einen positiven Einfluss auf verschiedene Projekterfolgskriterien hat. Insofern stehen die hier erzielten Ergebnisse im Einklang mit bisheriger Forschung zu den Effekten der Formalisierung von Projektmanagementstrukturen.

Im weiteren Verlauf der statistischen Datenanalyse wurde die hypothesierte positive Moderationswirkung der Projektkomplexität auf den Zusammenhang zwischen Reifegrad und Erfolg untersucht. Bei Verwendung der finanziellen Projektzielerreichung als abhängige Variable war tatsächlich ein solcher moderierender Einfluss nachweisbar.[646] Die Erkenntnis, dass Formalisierung einen Beitrag zum Management von Komplexität leisten kann, reicht bis zu den Anfängen des Situativen Ansatzes zurück, wie bei Baccarini zu lesen ist: "There is a well-established body of knowledge asserting that differentiation and interdependencies [Anm. d. Verf.: die von Baccarini als wesentliche Kennzeichen der Projektkomplexität gesehen werden] are managed by integration, that is, by coordination [Anm. d. Verf.: die u.a. durch Formalisierung erreicht werden kann[647]], communication and control."[648] In der Projektmanagementforschung untersuchten bspw. Teller et al. in einer quantitativen Studie die (positive) moderierende Wirkung der Portfoliokomplexität auf die (positive) Wirkung der Formalisierung von Projekt- bzw. Portfoliomanagementstrukturen auf den Portfolioerfolg.[649] Der Moderationseffekt wurde dabei bestätigt. Ferner zeigen Untersuchungsergebnisse von Gowan und Mathieu, dass "formal PM methods can mitigate the negative impacts of project size and complexity on project success"[650]. Insofern stehen auch hier die Ergebnisse dieser Studie im Einklang zu historischen wie auch zu aktuellen Forschungsergebnissen.

Die Ergebnisse der Analyse des Datenmaterials der standardisierten Feldbefragung haben ergeben, dass hinsichtlich der Kundenzufriedenheit kein Unterschied zwischen weniger reifen und reiferen Unternehmen besteht. Auch bei Einsatz der Projektkomplexität als moderierender Variable ergab sich hier kein statistisch sig-

---

[645] vgl. Teller et al. 2012
[646] vgl. Kapitel 4.3.6 und 4.4
[647] vgl. Pommeranz 2011, S. 63 ff., und die dort angegebenen Quellen sowie Teller et al. 2012
[648] Baccarini 1996, S. 203, der dabei u.a. auf Lawrence und Lorsch 1967 verweist
[649] vgl. Teller et al. 2012; zwischengeschaltet war in deren Untersuchungsrahmen die Qualität des Portfoliomanagements
[650] Gowan Jr. und Mathieu 2005 in Papke-Shields et al. 2010, S. 652

nifikanter Einfluss.[651] Im vorigen Unterkapitel wurde bereits kritisch angemerkt, dass die für die vorliegende Studie gewählte Operationalisierung der Kundenzufriedenheit wohl nicht alle Facetten dieses theoretischen Konstrukts abbildet. Stattdessen beziehen sich die Items i.W. auf Kundenzufriedenheitsaspekte der (technischen) Produktqualität.[652] An dieser Stelle ist dazu zu ergänzen, dass – gemäß der Forschungsergebnisse von Dvir und Lechler[653] – ein indirekter Effekt des Reifegrades auf die Kundenzufriedenheit denkbar ist. So konnten Dvir und Lechler einen positiven Einfluss der Variable *Project efficiency*, die sich aus Kosten- und Termintreue zusammensetzte, auf die Kundenzufriedenheit feststellen.

5.3 Praxisrelevanz der Ergebnisse und Ableitung eines Vorgehensmodells

Die Ergebnisse der statistischen Datenanalyse haben gezeigt, dass sich ein erhöhter Projektmanagementreifegrad offenbar positiv auf die Erreichung finanzieller Projektziele auswirkt. Ferner verstärkt die organisatorische Projektkomplexität als moderierende Variable diesen positiven Effekt. Bei Einsatz der Kundenzufriedenheit als abhängige Variable waren derartige Effekte dagegen nicht zu beobachten.[654] In Ergänzung dazu wurden dieselben Analysen mit der Termintreue als abhängige Variable durchgeführt. Im Endeffekt ergeben sich dabei dieselben Aussagen wie bei Verwendung der finanziellen Projektzielerreichung: Reifere Unternehmen sind signifikant besser dazu in der Lage ihre terminlichen Projektziele zu erreichen als weniger reife Unternehmen.[655] Des Weiteren existiert dieser Unterschied bei Aufteilung der Stichprobe bei den Unternehmen, die die weniger komplexen Projekte abwickeln, nicht mehr, während er bei den Unternehmen, die mit den komplexeren Projekten befasst sind, wieder signifikant vorhanden ist.[656] Erhöhungen des organisationalen Projektmanagementreifegrades (in der Dimension der strategischen Projektmanagementinfrastruktur) schlagen sich also offenbar in

---

[651] vgl. Kapitel 4.3.6
[652] vgl. Abbildung 2-20
[653] vgl. Dvir und Lechler 2004
[654] vgl. Kapitel 4.3.6
[655] mittlerer Rang der weniger reifen Unternehmen = 46,72; mittlerer Rang der reiferen Unternehmen = 65,94; zweiseitige asymptotische Signifikanz = 0,001; N = 112; Mann-Whitney-U = 1.029,5
[656] Gruppe „niedrige Komplexität": Mittlerer Rang der weniger reifen Unternehmen = 28,67; mittlerer Rang der reiferen Unternehmen = 33,90; zweiseitige asymptotische Signifikanz = 0,239; N = 60; Mann-Whitney-U = 338,0
Gruppe „hohe Komplexität": Mittlerer Rang der weniger reifen Unternehmen = 16,16; mittlerer Rang der reiferen Unternehmen = 31,10; zweiseitige asymptotische Signifikanz = 0,000; N = 52; Mann-Whitney-U = 122,5

Effekten auf der Ebene des Projektmanagementerfolgs nieder. Ferner kommt der organisatorischen Komplexität der Projekte hier eine moderierende Rolle zu.

Diese Ergebnisse sind unter Anwendung eines generischen Messinstruments zustande gekommen. Dennoch zeigen sie auch für Anwender „etablierter" (oder in Anlehnung an derartige etablierte Modelle selbstentwickelter) Modelle Tendenzen auf, da das generische Messinstrument auf einer qualitativen Inhaltsanalyse mehrerer veröffentlichter Modelle[657] gründet. Sie fließen in ein Vorgehensmodell ein, das von Praktikern eingesetzt werden kann, die bzw. deren Unternehmen sich mit dem Management von Industrieprojekten befassen. Seine Anwendung wird parallel zu den allgemeinen Erläuterungen anhand eines fiktiven Beispiels verdeutlicht.

Spezifische Anwendungsbeschreibungen existieren bezogen auf viele Projektmanagementreifegradmodelle in deren jeweiliger Modelldokumentation. Jedoch gibt es nur wenige abstraktere Vorgehensmodelle, die den (zyklischen) Prozess der Reifegradmessungen unabhängig von einem speziellen Modell veranschaulichen. Eine Ausnahme stellt das IDEAL-Modell nach McFeeley[658] dar (siehe Abb. 5-1).

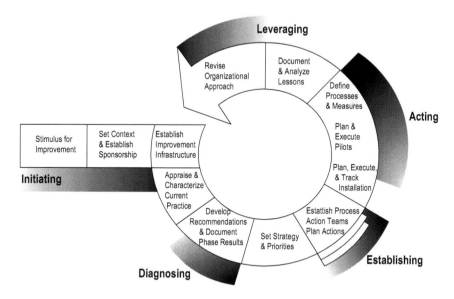

Abb. 5-1: Das IDEAL-Modell[659]

---

[657] vgl. Kapitel 4.1
[658] vgl. McFeeley 1996
[659] entnommen aus McFeeley 1996, S. 2

Das IDEAL-Modell ist ein allgemeines Vorgehensmodell, das Handlungsschritte für die Verbesserung von Software-Entwicklungsprozessen beschreibt. Es entstand am Software Engineering Institute der Carnegie Mellon University und steht in Zusammenhang u.a. mit dem CMM(I). Dennoch sind seine Handlungsschritte so allgemein formuliert, dass für die Bewertung (engl.: *Appraisal*; vgl. Abb. 5-1) nicht zwingend das CMM bzw. CMMI eingesetzt werden muss.

Das im Rahmen dieser Arbeit entwickelte Vorgehensmodell verknüpft – entsprechend der bisherigen empirischen Befunde dieser Arbeit – Messungen der (organisatorischen) Komplexität der Projekte einer Organisation mit Projektmanagementreifegradmessungen. Es bewegt sich dabei auf einer ähnlichen Abstraktionsebene wie das IDEAL-Modell und kann daher in Zusammenhang mit verschiedenen Projektmanagementreifegradmodellen sowie auch verschiedenen Instrumenten zur Komplexitätserfassung eingesetzt werden. Abbildung 5-2 zeigt das Modell. Seine einzelnen Schritte werden nachfolgend exemplarisch erläutert.

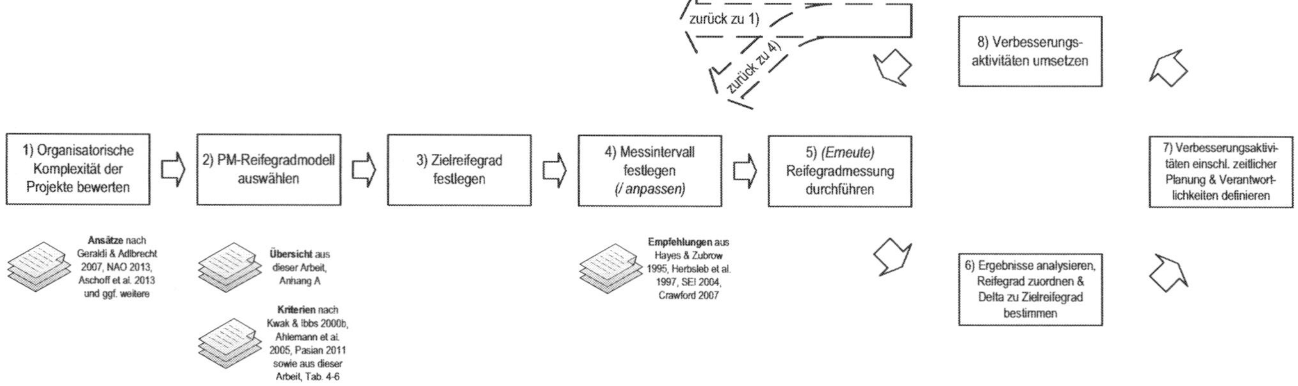

Diskussion

Abb. 5-2: Vorgehensmodell zur Kopplung von Projektmanagementreifegrad- und Projektportfoliokomplexitätsmessungen

Zunächst wird die organisatorische Komplexität der Projekte einer Organisation bewertet (Schritt 1). Dabei kann auf veröffentlichte Messinstrumente zurückgegriffen werden. In erster Linie können hier das bei Geraldi und Adlbrecht[660] beschriebene Messinstrument sowie der vom britischen National Audit Office herausgegebene DECA-Ansatz[661] angeführt werden. In beiden vorgenannten Instrumenten werden bestimmte „Komplexitätstreiber" genannt, deren Ausprägung im konkreten Fall anhand einer dreistufigen Skala zu bewerten ist. Des Weiteren finden sich etwa bei Aschoff et al.[662], Vidal et al.[663] oder Bosch-Rekveldt et al.[664] Listen derartiger Komplexitätsindikatoren, die sich ebenfalls über ähnliche Skalen bewerten ließen. Die folgende Tabelle 5-1 zeigt auszugsweise eine fiktive Bewertung unter Einsatz des DECA-Ansatzes des britischen National Audit Office:

Tab. 5-1: Auszug einer exemplarischen Komplexitätsbewertung mit dem DECA-Ansatz[665]

Indikatoren	Aussagen „geringe Komplexität"	Einstufungen [gering = 1; mittel = 2; hoch = 3]	Aussagen „hohe Komplexität"
1) Strategische Bedeutung	Projekte besitzen vor dem Hintergrund der Gesamtziele der Organisation eher geringe Priorität. Außerhalb der Organisation existiert kaum öffentlich-politisches oder mediales Interesse an den Projekten. Ein Projektscheitern würde keine bedeutenden Auswirkungen außerhalb der Organisation nach sich ziehen.	2	Die Projekte sind für die Erreichung strategischer Ziele der Organisation als kritisch anzusehen. Sie erfahren eine starkes öffentlich-politische bzw. mediale Aufmerksamkeit. Ein Projektscheitern hätte auch außerhalb der Organisation schwerwiegende Konsequenzen.

---

[660] vgl. Geraldi und Adlbrecht 2007
[661] vgl. National Audit Office 2013
[662] vgl. Aschoff et al. 2013, S. 131
[663] vgl. Vidal et al. 2011
[664] vgl. Bosch-Rekveldt et al. 2011
[665] Es wird hier die Vorlage aus National Audit Office 2013 verwendet. Die Aussagen zu geringer und hoher Komplexität wurden durch den Verfasser aus dem Englischen übersetzt. Für die Originaltexte wird auf vorgenannte Quelle verwiesen. Die weiteren – hier nicht gezeigten – Faktoren sind: Anforderungen & Nutzen, Stabilität des Kontexts der Projekte, Projektfinanzen & finanzieller Mehrwert, (Technische) Abwicklungskomplexität, Ausmaß von Änderungen, Nachgewiesene Fähigkeiten der Organisation bzw. bisherige (Projektmanagement-) Performance sowie Verständnis von Abhängigkeiten und Wechselbeziehungen.

Diskussion

Indikatoren	Aussagen „geringe Komplexität"	Einstufungen [gering = 1; mittel = 2; hoch = 3]	Aussagen „hohe Komplexität"
2) Stakeholder	Insgesamt geringe Anzahl an Stakeholdern und/ oder geringes Einflusspotenzial bei den Stakeholdern. Die Stakeholder unterstützen die Projekte und deren Ziele. Es ist unwahrscheinlich, dass zentrale Stakeholder im Laufe der Projekte wechseln werden.	1	Große Anzahl an Stakeholdern mit hohem Einflusspotenzial und wechselnden oder negative Ansichten in Bezug auf die Ziele der Projekte. Es ist nicht unwahrscheinlich, dass die Stakeholder im Laufe der Projekte wechseln werden.
...	...		...
7) Schnittstellen	Die Projekte besitzen wenige Schnittstellen innerhalb der Organisation und ihr erfolgreicher Abschluss hängt nicht von Beziehungen ab. Die Verwaltung (*Governance*) ist nicht besonders anspruchsvoll und unterstützt die Entscheidungsfindung und das Berichtswesen. Der Erfolg der Projekte hängt nicht von Faktoren ab, die außerhalb der Handlungsmöglichkeiten der Organisation liegen.	2	Bei den Projekten bestehen viele organisationsinterne und -externe Schnittstellen. Der Erfolg der Projekte hängt u.a. von Faktoren ab, die die Organisation nicht unmittelbar beeinflussen kann. Die Verwaltung (*Governance*) ist komplex.
8) Bandbreite beteiligter Fachdisziplinen	Bei der Abwicklung der Projekte sind wenige Fachdisziplinen beteiligt und es wird in geringem Maße auf Expertenwissen zurückgegriffen.	2	Bei der Abwicklung der Projekte sind viele Fachdisziplinen beteiligt und es wird in hohem Maße auf Expertenwissen zurückgegriffen. Es gibt vielfältige Potenziale für kapazitäts- und/ oder Know-how-technische Spannungen entlang der Wertschöpfungskette.
9) Abhängigkeiten	Es bestehen insgesamt kaum Abhängigkeiten der Projekte untereinander.	1	Es bestehen kritische Abhängigkeiten der Projekte untereinander.
...	...		...

Der Mittelwert aus den Einstufungen aller zwölf Komplexitätsindikatoren beträgt im Beispiel 1,85. Dementsprechend wird hier eine mittlere Komplexität angenommen. Für die Auswahl eines Projektmanagementreifegradmodells (Schritt 2) kann die im Anhang dieser Arbeit enthaltene Liste derzeit verfügbarer Modelle als Ausgangspunkt verwendet werden.[666] Bei verschiedenen Autoren finden sich des Weiteren

---

[666] vgl. Anhang A

mögliche Auswahlkriterien.[667] Ginge aus der Auswahl nun ein stufenartig aufgebautes Modell wie bspw. das fünfstufige KPM³ hervor, so würde als Zielreifegrad im Beispiel die Stufe 3 definiert (Schritt 3).[668] Wird stattdessen ein Modell verwendet, das die Reife in einer Spinnennetzdarstellung abbildet, ist auch denkbar, dass anknüpfend an die Komplexitätsbewertung ein bestimmter Korridor der Projektmanagementreife definiert wird. Für die Festlegung des Messintervalls (Schritt 4) zwischen zwei Reifegradmessungen finden sich in der Literatur Empfehlungen bzw. empirische Erfahrungswerte, die im Bereich zwischen sechs und 36 Monaten liegen.[669] Dabei sollten die Größe der zu bewertenden Organisationseinheit, der Umfang des Modells, der sich aus den beiden vorgenannten Punkten ergebende Aufwand in Verbindung mit den nächsten Handlungsschritten (d.h. Reifegradmessung, Ergebnisanalyse, Definition und Umsetzung von Verbesserungsaktivitäten) sowie die zur Verfügung stehenden Ressourcen berücksichtigt werden. Anschließend wird erstmalig der Zyklus aus Reifegradmessung, Analyse, Definition von Verbesserungsaktivitäten und deren Umsetzung durchlaufen (Schritte 5 bis 8). Im Rahmen der Analyse (Schritt 6) ist auch das Delta zum Zielreifegrad zu ermitteln.

Abbildung 5-3 auf der folgenden Seite zeigt das exemplarische Ergebnis einer Projektmanagementreifegradmessung mit zuvor definiertem Zielkorridor. Dieses Messergebnis beruht dabei auf dem im Rahmen dieser Arbeit entwickelten generischen Ansatz zur Reifegradmessung. Die Reife wird über eine Spinnennetzdarstellung abgebildet.

Die bewertete fiktive Organisation weicht in den drei Clustern ‚Kontinuierlicher Verbesserungsprozess' (negativ), ‚Rolle des Projektmanagements' und ‚Projektmanagement-Terminologie' (jeweils positiv) vom vorher festgelegten Zielkorridor (Reifegrad der Stufe 2 bis 3; grau hinterlegt) ab. Dementsprechend sollte diese Organisation bei der Planung und Umsetzung von Verbesserungsaktivitäten den Fokus v.a. auf das Cluster ‚Kontinuierlicher Verbesserungsprozess' sowie auch auf das am unteren Rand des Zielkorridors liegende Cluster ‚Projektmanagementbezogene Personalentwicklung' legen.

---

[667] vgl. Kapitel 4.2.3, insbesondere Tabelle 4-5
[668] Die Definition des Zielreifegrades aufgrund bestimmter Komplexitätswerte kann z.B. nach folgender Abstufung erfolgen: Komplexitätswert 1...1,4 → Zielreifegrad 1; 1,4...1,8 → 2; 1,8...2,2 → 3; 2,2...2,6 → 4; 2,6...3,0 → 5.
[669] vgl. dazu die Ausführungen in Kapitel 2.3.3.1, insbesondere Fußnote 187

Diskussion

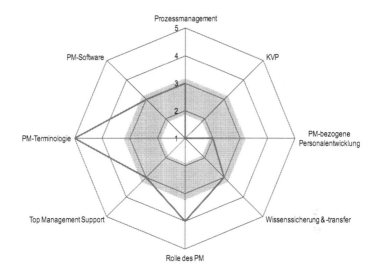

Abb. 5-3: Exemplarisches Ergebnis einer Projektmanagementreifegradmessung mit zuvor definiertem Zielkorridor

Aus verschiedenen Gründen kann es nötig werden, von dem Zyklus der Schritte 5 bis 8 abzuweichen und bestimmte davorliegende Handlungsschritte zu wiederholen: Erstens kann sich das anfangs geplante Messintervall als ungeeignet erweisen, sodass zu Schritt 4 zurückgegangen werden müsste. Zweitens ist es denkbar, dass sich die organisatorische Komplexität der Projekte ändert, weil z.B. das Projektgeschäft der zu bewertenden Organisation internationaler geworden ist. In diesem Fall würde der komplette Prozess (exklusive der Schritte 2 und 4) erneut durchlaufen.

Die Verantwortung für die im Vorgehensmodell gezeigten Schritte (vgl. Abb. 5-2) kann bspw. bei einem Projektmanagementbüro oder bei der für das Thema Projektmanagement zuständigen Funktion einer Organisation angesiedelt werden. Hinsichtlich der Bewertung der organisatorischen Komplexität der Projekte der jeweiligen Organisation(seinheit) wird hier vorgeschlagen, dass ein Mitarbeiter dieser Organisation auf der einen Seite sowie der für alle Schritte verantwortliche Mitarbeiter z.B. des Projektmanagementbüros auf der anderen Seite die Komplexität unabhängig voneinander bewerten und anschließend gemeinsam diskutieren. Bei ersterem kann es sich bspw. um einen Programmverantwortlichen, einen Vorgesetzten einer Gruppe von Projektleitern oder einen erfahrenen Projektleiter handeln. Einigen sich beide Parteien in der Diskussion nicht auf eine letztendliche Einschätzung, so könnte ein dritter Mitarbeiter (Rolle vergleichbar zu erster Person) einer anderen Organisationseinheit derselben Gesamtorganisation um eine unabhängige Einschätzung gebeten werden.

6 Fazit und Ausblick

6.1 Fazit

Unternehmen wickeln ihre Geschäftsaktivitäten zunehmend in Form von Projekten ab.[670] Da die erfolgreiche Abwicklung der Projekte somit zunehmend entscheidend für den Gesamterfolg der Unternehmen ist, ergibt sich für sie der Bedarf der Professionalisierung ihrer Projektmanagementstrukturen. Ein Mittel zur systematischen Weiterentwicklung und Verbesserung von Projektmanagementstrukturen ist der Einsatz von Projektmanagementmodellen.[671] Ein erhöhter Projektmanagementreifegrad soll sich für eine Organisation in diversen positiven Effekten niederschlagen.[672] Der Grundgedanke hinter diesen Modellen ist, dass mit zunehmendem Reifegrad die Wahrscheinlichkeit für erfolgreiche Projektabwicklungen steigt.[673] Dieser Sachverhalt konnte jedoch bislang nicht in unabhängigen quantitativen Studien nachgewiesen werden. Gleichzeitig wurde an der Systematik vieler Projektmanagementreifegradmodelle vielfältige Kritik geäußert.[674] Zudem herrscht aktuell kein einheitliches Verständnis des Konstrukts ‚Projektmanagementreife'.[675]

Als erstes Ziel sollte diese Arbeit folglich einen Beitrag zur Systematisierung der Arbeiten und Konzepte im Bereich der Reifegradmessung im Projektmanagement sowie zum Verständnis des Konstrukts ‚Projektmanagementreife' leisten. Anknüpfend an die bisher nicht nachgewiesene Wirkung der Projektmanagementreife auf den Projekterfolg wurde als übergeordnete Forschungsfrage – deren Beantwortung das zweite Ziel darstellte – formuliert: Inwiefern beeinflusst der Projektmanagementreifegrad einer Organisation den Erfolg ihrer Projekte? Diese Frage lässt sich in zweierlei Hinsicht interpretieren: Zum einen sollte der Einfluss des Projektmanagementreifegrades auf einzelne Projekterfolgskriterien untersucht werden. Zum anderen geht jede Maßnahme zur Erhöhung des organisationalen Reifegrades mit (Opportunitäts-) Kosten einher. Vor dem Hintergrund von Aufwand-/ Nutzen-Überlegungen war zu untersuchen, inwiefern Charakteristika der Projekte einer Organisation, ihres gesamten Projektgeschäfts oder Faktoren aus dem Um-

---

[670] vgl. Kapitel 1.1, insbesondere die dortige Fußnote 2
[671] vgl. Kapitel 1.1 sowie zum strukturellen Aufbau und weiteren Gesichtspunkten dieser Modelle Kapitel 2.3.3
[672] vgl. Kapitel 2.3.3.1
[673] vgl. Kapitel 2.3.4 und die dort angegebenen Quellen, insbesondere jedoch Ahlemann et al. 2005, S. 24
[674] vgl. Kapitel 2.3.3.4
[675] vgl. Walker 2014

Kapitel 6

feld der Projekte den hypothesierten positiven Einfluss der Projektmanagementreife auf den Projekterfolg moderierend beeinflussen. Derartige Faktoren ließen sich in der Folge ggf. zur Bestimmung eines organisationsspezifischen idealen (i.S.v. ökonomischen) Projektmanagementreifegrades nutzen. Aus der Analyse von Reifegradmessungen abgeleitete Maßnahmen ließen sich dann zielgerichteter gestalten.[676]

Die empirische Untersuchung im Rahmen dieser Arbeit umfasste drei Elemente, die im Sinne eines Mixed-Methods Forschungsdesigns in Zusammenhang miteinander standen.[677] Die Literaturanalyse und die qualitative Inhaltsanalyse von 15 Reifegradmodellen leisten im Sinne des oben angeführten ersten Ziels der Arbeit drei wesentliche Beiträge: Erstens wurde eine Kategorisierung von Reifegradansätzen im Projektmanagement[678] entwickelt, die auch einer einheitlichen Begriffsverwendung in diesem Bereich zuträglich sein soll. Zweitens wurden allgemeine strukturelle Elemente von Projektmanagementreifegradmodellen[679] benannt. Drittens wurden aus der qualitativen Inhaltsanalyse der Modelle heraus einzelne inhaltlich-thematische Cluster der Projektmanagementreife identifiziert und zu zwei Dimensionen der Projektmanagementreife – der Dimension der strategischen Projektmanagementinfrastruktur und der Dimension der Projektmanagementelemente und -Prozesse – zusammengeführt.

Die qualitativen Fallstudien mit drei Untersuchungseinheiten aus der Industrie ergaben in Kombination mit der Literaturanalyse, dass die finanzielle Zielerreichung und die Kundenzufriedenheit die beiden für Industrieunternehmen unmittelbaren Erfolgskriterien darstellen. Weitere Kriterien, wie bspw. die Termintreue, werden dagegen vor dem Hintergrund der hier gemachten Beobachtungen als mittelbare Erfolgskriterien betrachtet.[680] Als weitere zentrale Erkenntnisse der qualitativen Fallstudien betonten die interviewten Personen in Bezug auf verschiedene Betrachtungsbereiche des eingesetzten Reifegradmodells, dass aus ihrer Sicht eine Erhöhung des Reifegrades (ggf. bis zur höchsten Stufe) nicht sinnvoll im Sinne von verbesserten Voraussetzungen zur Erreichung der Projektziele sei. Bei der Frage nach Gründen für das in ihrer Organisation gewählte Maß an Formalisierung der Projektmanagementstrukturen, stellten sie Bezüge zu verschie-

---

[676] vgl. zu diesem Absatz die Ausführungen in den Kapiteln 1.1 und 3.1
[677] vgl. dazu Kapitel 3.2
[678] vgl. Kapitel 2.3.3.3, insbesondere Abbildung 2-11
[679] vgl. Kapitel 2.3.3.2, insbesondere Abbildung 2-7
[680] vgl. dazu die Ausführungen in den Kapiteln 2.4.3 und 4.2.4.2

nen Aspekten der – insbesondere organisatorischen – Projektkomplexität her.[681] Im Übergang zur standardisierten Feldbefragung wurde daher bei der Hypothesenformulierung u.a. ein positiver moderierender Effekt der organisatorischen Projektkomplexität auf die Beziehung zwischen Reifegrad und Erfolg unterstellt.[682]

Im Rahmen der Feldstudie wurden in Industrieunternehmen des deutschsprachigen Raumes tätige Personen mit Erfahrung als (Teil-) Projektleiter von Industrieprojekten befragt. Die Stichprobe für die statistischen Auswertungen umfasste 121 Fälle. Diese Auswertungen und Hypothesentests ergaben, dass reifere Unternehmen besser dazu in der Lage sind ihre finanziellen Projektziele zu erreichen als weniger reife Unternehmen. Hinsichtlich der Kundenzufriedenheit ergab sich dagegen kein derartiger Zusammenhang. Des Weiteren konnte nachgewiesen werden, dass die organisatorische Komplexität der Projekte einen positiven moderierenden Einfluss auf die Beziehung zwischen Projektmanagementreifegrad und finanzieller Projektzielerreichung hat: In der Gruppe der Unternehmen, die weniger komplexe Projekte abwickeln, ist der Unterschied in der Zielerreichung zwischen weniger reifen und reiferen Unternehmen nicht signifikant, während er in der Gruppe der Unternehmen, die mit komplexeren Projekten befasst sind, signifikant ist. Wurde die Kundenzufriedenheit als abhängige Variable eingesetzt, ergab sich ein solcher Effekt dagegen nicht; in beiden Gruppen („niedrige Komplexität" und „hohe Komplexität) war kein signifikanter Unterschied zwischen weniger reifen und reiferen Unternehmen zu verzeichnen.[683]

In Ergänzung zu den Hypothesentests wurde in einer weiteren Auswertung die terminliche Projektzielerreichung als abhängige Variable verwendet. Aufgrund der Ergebnisse dieser weiteren Analyse kommen letztendlich dieselben Aussagen wie bei Verwendung der finanziellen Projektzielerreichung zustande. Damit besteht ein positiver Einfluss der Projektmanagementreife von Industrieunternehmen auf bestimmte Kriterien des Projektmanagementerfolgs.

In der Ableitung von Implikationen für die unternehmerische Praxis führten diese empirischen Befunde zur Entwicklung eines Vorgehensmodells. Dieses Modell koppelt die Reifegradmessung mit einer Erfassung der organisatorischen Komplexität der Projekte. Dadurch wird die Definition eines Zielreifegrades ermöglicht und

---
[681] vgl. Kapitel 4.2.4.4
[682] vgl. Kapitel 4.3.1
[683] vgl. zu diesem Absatz die Ausführungen in den Kapiteln 4.3.6 und 4.4

Aktivitäten zur Reifegraderhöhung können in der Folge zielgerichteter formuliert werden.[684]

6.2 Ausblick

In diesem Abschnitt wird abschließend auf die Bedeutung der Ergebnisse dieser Arbeit für die Forschung wie auch für die unternehmerische Praxis eingegangen. Dabei werden Möglichkeiten zur Erhöhung der Belastbarkeit und der Erweiterung der Ergebnisse sowie offene wissenschaftliche Fragestellungen thematisiert.

Die mittels der qualitativen Inhaltsanalyse mehrerer Reifegradmodelle erfolgte Aufschlüsselung des Konstrukts ‚Projektmanagementreife' durch Bildung generischer Cluster und insbesondere auch der beiden Dimensionen kann in vielerlei Hinsicht einen Beitrag zur Forschung leisten. Erstens können bisherige Forschungsergebnisse zum branchenübergreifenden Vergleich durchschnittlicher Projektmanagementreife und zu den Nutzeneffekten der Projektmanagementreife vor dem Hintergrund der beiden Dimensionen neu betrachtet werden. Zweitens können zukünftige Forschungsarbeiten durch die mit der Identifizierung der Cluster und Dimensionen gewonnene Transparenz stärker aufeinander aufbauen. Drittens kann das hier gewonnene generische Verständnis der Projektmanagementreife unter Umständen auch eine neue Basis für den aktuellen Diskurs[685] über die Projektmanagementreife konstituierende Elemente bzw. über unterschiedliche Perspektiven auf das Konstrukt ‚Projektmanagementreife' bieten.

Die Auswertung des in der Feldstudie erhobenen Datenmaterials führte erstmalig zu Aussagen über statistisch signifikante Einflüsse der Projektmanagementreife auf bestimmte Projekterfolgskriterien. Diese Aussagen könnten im Rahmen von Replika-Studien in anderen Branchen und/ oder in anderen Ländern bzw. Kulturkreisen wiederholt werden. Auch ist denkbar, diese Studie als Pilotstudie zu nutzen und einen – unter Kenntnis der Ergebnisse der Itemanalyse[686] – ggf. angepassten Fragebogen für eine umfangreichere Erhebung einzusetzen, um mit einer größeren Stichprobe ggf. bessere Voraussetzungen für die Anwendung des lineare Modells zu haben. In zukünftige Untersuchungen könnten auch weitere, von den Modellherausgebern unterstellte Nutzeneffekte, wie z.B. die Minimierung von Risiken im Umfeld der Projekte oder Erhöhung der Motivation der in den Projekten

---

[684] vgl. zu diesem und dem vorigen Absatz die Ausführungen in Kapitel 5.3
[685] vgl. die Ausführungen in Kapitel 3.1, insbesondere Fußnote 394
[686] d.h. der Ergebnisse der Faktorenanalyse und der Reliabilitätsanalyse; vgl. dazu Kapitel 4.3.6

Fazit und Ausblick

arbeitenden Mitarbeiter[687], einbezogen werden. Interessant wäre – wie bereits in Kapitel 5.1 angesprochen – auch die Überprüfung der hier gewonnenen Erkenntnisse über eine Longitudinalstudie.

Die Ergebnisse geben hinsichtlich des Einflusses der Reifegraddimension der strategischen Projektmanagementinfrastruktur auf bestimmte Projekterfolgskriterien ein statistisches Bild wieder. Es bleibt zu untersuchen, inwiefern sich der Einfluss bestimmter Reifegradcluster auf einzelne Erfolgskriterien über dem Projektlebenszyklus ggf. verändert.[688]

Der Verfasser sieht ferner einen enormen Forschungsbedarf hinsichtlich der Operationalisierung von Kundenzufriedenheit als Projekterfolgskriterium. Es erscheint im Prinzip paradox, dass dieses Kriterium, dem von verschiedenen Autoren eine überragende Bedeutung gegenüber anderen Projekterfolgskriterien beigemessen wird[689], angesichts seiner Vielschichtigkeit[690] in der bisherigen Projektmanagementforschung zumeist über einen Single-Item-Ansatz operationalisiert wurde[691].

Schließlich bleibt auf den Einsatz des Vorgehensmodells zur Kopplung von Projektmanagementreifegrad- und Projektportfoliokomplexitätsmessungen[692] in der unternehmerischen Praxis hinzuweisen. Wünschenswerte wäre es, diesen Einsatz bspw. über begleitende Interviews oder Fallstudien auch für die Wissenschaft zu dokumentieren, um so die Praktikabilität des Modells zu zeigen oder Anregungen für Verbesserungen am Modell zu geben.

---

[687] vgl. Kapitel 2.3.3.1
[688] vgl. dazu Dvir und Lechler 2004
[689] vgl. Kapitel 2.4.3.2
[690] vgl. Kapitel 2.4.3.3
[691] vgl. ebd., insbesondere Fußnote 348
[692] vgl. Kapitel 5.3

Literaturverzeichnis

ACONA, Deborah G.; CALDWELL, David (1990): Beyond boundary spanning: Managing external dependence in product development teams. In: *Journal of High Technology Management,* 1(2), S. 119-135.

AHLEMANN, Frederik; SCHROEDER, Christine; TEUTEBERG, Frank (2005): Kompetenz- und Reifegradmodelle für das Projektmanagement : Grundlagen, Vergleich und Einsatz. Osnabrück: ISPRI.

AIMAN-SMITH, Lynda; GOODRICH, N.; ROBERTS, D.; SCINTA, J. (2005): Assessing your organization's potential for value innovation. In: *Research Technology Management,* 48(2), S. 37.

ALBRECHT, J. Christoph; SPANG, Konrad (2014): Linking the benefits of project management maturity to project complexity. In: *International Journal of Managing Projects in Business,* 7(2), S. 285-301.

ALI, Mazen; KURNIA, Sherah; JOHNSTON, Robert B. (2008): A dyadic model of interorganizational systems (IOS) adoption maturity. In: Proceedings of Hawaii International Conference on Systems Sciences, 7.-10. Januar, Hawaii (USA).

ANDERSEN, Erling S. (2010): Are we getting any better? Comparing project management in the years 2000 and 2008. In: *Project Management Journal,* 41(4), S. 4-16.

ANDERSEN, Erling S.; JESSEN, Svein A. (2003): Project maturity in organisations. In: *International Journal of Project Management,* 21(6), S. 457-461.

ANDERSON, Eugene W.; FORNELL, Claes; LEHMANN, Donald R. (1994): Customer satisfaction, market share, and profitability. In: *Journal of Marketing Research,* 58(3), S. 53-66.

ANDERSON, James C.; NARUS, James A. (1984): A model of the distributor's perspective of distributor-manufacturer working relationships. In: *Journal of Marketing Research,* 48, S. 62-74.

ANTONIADIS, Dimitris N.; EDUM-FOTWE, Francis T.; THORPE, Anthony (2011): Socio-organo complexity and project performance. In: *International Journal of Project Management,* 29(7), S. 808-816.

ARNDT, Stephan; TURVEY, Carolyn; ANDREASEN, Nancy C. (1999): Correlating and predicting psychiatric symptom ratings: Spearmans r versus Kendalls tau correlation. In: *Journal of Psychiatric Research,* 33(2), S. 97-104.

ASCHOFF, Tobias; ALBRECHT, J. Christoph; SPANG, Konrad (2013): Tailoring unternehmensinterner Standards für Energieanlagenbauprojekte. In: C. Lau, A. Dechange und T. Flegel (Hrsg.), Projektmanagement im Energiebereich, Wiesbaden: Springer Gabler, S. 125-145.

ATKINSON, Roger (1999): Project management: cost, time and quality, two best guesses and a phenomenon, its time to accept other success criteria. In: *International Journal of Project Management,* 17(6), S. 337-342.

BACCARINI, David (1996): The concept of project complexity. In: *International Journal of Project Management,* 14(4), S. 201-204.

BACCARINI, David (1999): The Logical Framework Method for Defining Project Success. In: *Project Management Journal,* 30(4), S. 25-32.

BACKHAUS, Klaus (2003): Industriegütermarketing. 7. Aufl. München: Verlag Franz Vahlen.

BACKHAUS, Klaus; VOETH, Markus (2004): Besonderheiten des Industriegütermarketings. In: K. Backhaus und M. Voeth (Hrsg.), Handbuch Industriegütermarketing, Wiesbaden: Gabler, S. 3-21.

BAECKER, Dirk (1997): Einfache Komplexität. In: H. W. Ahlemeyer und R. Königswieser (Hrsg.), Komplexität managen, Frankfurt am Main, Wiesbaden: FAZ / Gabler, S. 21-50.

BALACHANDRA, Ramaiya (1994): Bestimmungsfaktoren für den Abbruch von Forschungs- und Entwicklungsprojekten. In: *Die Betriebswirtschaft,* 54(4), S. 449-461.

BARLEY, Steven R.; KUNDA, Gideon (2000): Bringing work back in. In: *Organization Science,* 12(1), S. 76-95.

Literaturverzeichnis

BARTSCH-BEUERLEIN, Sandra; FRERICHS, Erich (2010): Qualität. In: M. Gessler (Hrsg.), Kompetenzbasiertes Projektmanagement (PM 3), 3., überarbeitete Aufl., Nürnberg: GPM Deutsche Gesellschaft für Projektmanagement, S. 155-182.

BEA, Franz X.; SCHEURER, Steffen; HESSELMANN, Sabine (2011): Projektmanagement. 2. überarbeitete und erweiterte. Konstanz, München: UKV Verlagsgesellschaft mbH / UVK/Lucius.

BECKER, Jörg; KNACKSTEDT, Ralf; PÖPPELBUß, Jens (2009): Dokumentationsqualität von Reifegradmodellentwicklungen. Westfälische Wilhelms-Universität, Institut für Wirtschaftsinformatik, Arbeitsbericht.

BELASSI, Walid; TUKEL, Oya I. (1996): A new framework for determining critical success/failure factors in projects. In: *International Journal of Project Management,* 14(3), S. 141-151.

BELSLEY, David A.; KUH, Edwin; WELSCH, Roy E. (1980): Regression diagnostics : Identifying influential data and sources of collinearity. 1. Aufl. New York: John Wiley & Sons.

BENDER, Horst O. (1991): Matching technology for quality and value, Research proposal for the Marketing Science Institute Research Competition. University of Twente, Enschede.

BESNER, Claude; HOBBS, Brian (2006): The Perceived Value and Potential Contribution of Project Management Practices to Project Success. In: *Project Management Journal,* 37(3), S. 37-48.

BESNER, Claude; HOBBS, Brian (2008): Discriminating contexts and project management best practices on innovative and noninnovative projects. In: *Project Management Journal,* 39(S1), S. S123.

BINGHAM, Frank G.; RAFFIELD, Barney T. (1990): Business-to-Business Marketing Management. Homewood: Irwin-Publisher.

BLAU, Peter M. (1970): A formal theory of differentiation in organizations. In: *American Sociological Review,* 35(April), S. 201-218.

BLAU, Peter M.; SCHOENHERR, Richard A. (1971): The structure of organizations. New York: Basic Book.

BLINDENBACH-DRIESSEN, Floortje; VAN DEN ENDE, Jan (2006): Innovation in project-based firms: The context dependency of success factors. In: *Research Policy,* 35(4), S. 545-561.

BLOMQUIST, Tomas; GÄLLSTEDT, Margareta; HÄLLGREN, Markus; NILSSON, Andreas; SÖDERHOLM, Anders (2006): Project as practices: Making project research matters. In: Proceedings of IRNOP VII, Xi'an (China), IRNOP.

BOSCH-REKVELDT, Marian; JONGKIND, Yuri; MOOI, Herman; BAKKER, Hans; VERBRAECK, Alexander (2011): Grasping project complexity in large engineering projects. In: *International Journal of Project Management,* 29(6), S. 728-739.

BREDILLET, Christophe N. (2007a): From the editor. In: *Project Management Journal,* 38(2), S. 3-4.

BREDILLET, Christophe N. (2007b): From the editor. In: *Project Management Journal,* 38(3), S. 3-5.

BREDILLET, Christophe N. (2007c): From the editor. In: *Project Management Journal,* 38(4), S. 2-4.

BREDILLET, Christophe N. (2008a): From the editor. In: *Project Management Journal,* 39(1), S. 2-6.

BREDILLET, Christophe N. (2008b): From the editor. In: *Project Management Journal,* 39(2), S. 2-4.

BREDILLET, Christophe N. (2008c): From the editor. In: *Project Management Journal,* 39(3), S. 2-5.

BROOKES, Naomi J.; BUTLER, Michael; DEY, Prasanta; CLARK, Robin (2014): The use of maturity models in improving project management performance. In: *International Journal of Managing Projects in Business,* 7(2).

BRUIN, Tonia de; FREEZE, Ron; KULKARNI, Uday; ROSEMANN, Michael (2005): Understanding the main phases of developing a maturity assessment model.

BRYDE, David J. (2003): Modelling project management performance. In: *International Journal of Quality & Reliability Management,* 20(2), S. 229-254.

BRYDE, David J.; ROBINSON, Lynne (2005): Client versus contractor perspectives on project success criteria. In: *International Journal of Project Management,* 23(8), S. 622-629.

BÜHNER, Markus (2011): Einführung in die Test- und Fragebogenkonstruktion. 3. Aufl. München, Boston et al.: Pearson Studium.

Literaturverzeichnis

BURGHARDT, Manfred (2008): Projektmanagement : Leitfaden für die Planung, Überwachung und Steuerung von Projekten. 8. Aufl., Erlangen: Public Corporate Publishing Verlag.

BURNS, Janet; CRAWFORD, J. Kent (2002): Organizational project management maturity at the New York Times. In: Proceedings of 33rd PMI Annual Seminars & Symposium, San Antonio (Texas, USA), Project Management Institute.

BURNS, Tom; STALKER, George M. (1961): The management of innovation. London: Tavistock.

CABANIS, Jeannette (1998): Show me the money. In: *PM Network,* 9(12), S. 53-60.

CHANDLER JR., Alfred D. (1962): Strategy and structure: Chapters in the history of the industrial enterprise. Cambridge: MIT Press.

CHILD, John (1975): Managerial and organizational factors associated with company performance. In: *Journal of Management Studies,* 12, S. 12-27.

CHRISSIS, Mary B.; KONRAD, Mike; SHRUM, Sandy (2009): Capability Maturity Model Integration (CMMI): Richtlinien für Prozess-Integration und Produkt-Verbesserung. 2. Aufl., München: Pearson Education Deutschland & Addison-Wesley Verlag.

CHRONÉER, Diana; BERGQUIST, Bjarne (2012): Managerial complexity in process industrial R&D projects. In: *Project Management Journal,* 43(2), S. 21-36.

CHURCHILL, Gilbert A. (1979): A paradigm for developing better measures of marketing constructs. In: *Journal of Marketing Research,* 16(1), S. 64-73.

CICMIL, Svetlana; HODGSON, Damian (2006): New possibilities for project management theory: a critical engagement. In: *Project Management Journal,* 37(3), S. 111-122.

CLARK, Kim B.; WHEELWRIGHT, Steven C. (1992): Organizing and leading: "Heavyweight" development teams. In: *California Management Review,* 34(3), S. 9-28.

CLARKE, Angela (1999): A practical use of key success factors to improve the effectiveness of project management. In: *International Journal of Project Management,* 17(3), S. 139-145.

COOKE-DAVIES, Terence J. (2002a): Project management maturity models: does it make sense to adopt one? In: *Project Manager Today,* May, S. 1-4.

COOKE-DAVIES, Terry (2002b): The "real" success factors on projects. In: *International Journal of Project Management,* 20(3), S. 185-190.

COOKE-DAVIES, Terence J. (2004): Measurement of organizational maturity. In: D. P. Slevin, D. I. Cleland und J. K. Pinto (Hrsg.), Innovations: Project management research 2004, S. 211-228.

COOKE-DAVIES, Terence J. (2007): Project management maturity models. In: P. W. G. Morris und J. K. Pinto (Hrsg.), The Wiley guide to project organization and project management competencies, Hoboken (New Jersey, USA): John Wiley & Sons, S. 290-311.

COOKE-DAVIES, Terence J.; ARZYMANOW, Andrew (2003): The maturity of project management in different industries. In: *International Journal of Project Management,* 21(6), S. 471-478.

COOKE-DAVIES, Terry; SCHLICHTER, John; BREDILLET, Christophe N. (2001): Beyond the PMBOK Guide. In: Proceedings of PMI Annual Seminars and Symposium, Nashville (Tennessee, USA).

COUTURE, Denis; RUSSETT, Rose (1998): Assessing project management maturity in a supplier environment. In: Proceedings of PMI 29th Annual Seminars & Symposium, Long Beach (California, USA), Project Management Institute.

CRAWFORD, J. Kent (2006): The project management maturity model. In: *Information Systems Management,* 23(4), S. 50-58.

CRAWFORD, J. Kent (2007): Project Management Maturity Model. 2. Aufl., Boca Raton, New York: Auerbach Publications.

CRAWFORD, Lynn; HOBBS, Brian; TURNER, J. R. (2005): Project categorization systems : Aligning capability with strategy for better results. Upper Darby (Pennsylvania, USA): Project Management Institute.

CRESWELL, John W. (2014): Research design: Qualitative, quantitative, and mixed method approaches. 4. Aufl., Los Angeles et al.: Sage.

CROSBY, Philip B. (1979): Quality is free. 1. Aufl., New York: McGraw-Hill.

Literaturverzeichnis

CROSBY, Philip B. (1986): Qualität bringt Gewinn. Hamburg et al.: McGraw-Hill.

CSERHÁTI, Gabriella; SZABÓ, Lajos (2014): The relationship between success criteria and success factors in organisational event projects. In: *International Journal of Project Management*, 32(4), S. 613-624.

CURTIS, Bill; HEFLEY, William; MILLER, Sally (2001): People Capability Maturity Model (P-CMM), Version 2.0. Pittsburgh (Pennsylvania, USA).

DANIEL, Klaus (2008): Managementprozesse und Performance : Ein Konzept zur reifegradbezogenen Verbesserung des Managementhandelns. 1. Aufl., Wiesbaden: Gabler.

DAVIS, Kate (2014): Different stakeholder groups and their perceptions of project success. In: *International Journal of Project Management*, 32(2), S. 189-201.

DENK, Robert; PFNEISSL, Thomas (2009): Komplexität und Komplexitätsmanagement. In: R. Denk und T. Pfneissl (Hrsg.), Komplexitätsmanagement, Wien: Linde, S. 13-50.

DEUTSCH, Michael S. (1991): An exploratory analysis relating the software project management process to project success. In: *IEEE Transactions on Engineering and Management*, 38(4), S. 365-375.

DIN (2005): DIN EN ISO 9000:2005: Qualitätsmanagementsysteme – Grundlagen und Begriffe. Dreisprachige Fassung EN ISO 9000:2005.

DIN (2009): DIN 69901:2009: Projektmanagement – Projektmanagementsysteme.

DIN (2011): DIN ISO/IEC 15504:2011: Informationstechnik – Prozess-Assessment.

DIN (2013): DIN ISO 21500:2012: Leitlinien Projektmanagement (Entwurf).

DINSMORE, Paul C. (1998): How grown-up is your organization? In: *PM Network*, 12(6), S. 24-26.

DONALDSON, Lex (2001): The contingency theory of organizations. Thousand Oaks: Sage.

DOOLEY, Kevin J.; SUBRA, Anand; ANDERSON, John (2001): Maturity and its impact on new product development project performance. In: *Research in Engineering Design*, 13(1), S. 23-29.

DRESING, Thorsten; PEHL, Thorsten (2011): Praxisbuch Transkription. 3. Aufl., Marburg: Eigenverlag.

DUNCAN, Walter J.; GINTER, Peter M.; SWAYNE, Linda E. (1998): Competitive advantage and internal organizational assessment. In: *Academy of Management Executive*, 12(3), S. 6-16.

DVIR, Dov; LECHLER, Thomas (2004): Plans are nothing, changing plans is everything: the impact of changes on project success. In: *Research Policy*, 33(1), S. 1-15.

DVIR, Dov; LIPOVETSKY, Stanislaw; SHENHAR, Aaron J.; TISHLER, Asher (1998): In search of project classification. In: *Research Policy*, 27(9), S. 915-935.

DYMOND, Ken M. (1995): A guide to the CMM: Understanding the capability maturity model for software. Process Incorporated US.

ECKSTEIN, Peter P. (2012): Angewandte Statistik mit SPSS. 7., überarb. Aufl., Wiesbaden: Gabler.

EISENHARDT, Kathleen M. (1989): Building theories from case study research. In: *Academy of Management Review*, 14(4), S. 532-550.

EISENHARDT, Kathleen M.; TABRIZI, Behnam N. (1995): Accelerating adaptive processes. In: *Administrative Science Quarterly*, 40(1), S. 84-110.

ELLMANN, Sonja (2008): Management komplexer internationaler Projekte. Universität Bremen, Institut für Projektmanagement und Innovation (IPMI), Dissertation.

ENGELHARDT, Werner H.; GÜNTER, Bernd (1981): Investitionsgütermarketing. Stuttgart: Kohlhammer.

ENGWALL, Mats (2003): No project is an island. In: *Research Policy*, 32(5), S. 789-808.

ESPINOSA, J. Alberto; DELONE, William; LEE, Gwanhoo (2006): Global boundaries, task processes and IS project success: a field study. In: *Information Technology & People*, 19(4), S. 345-370.

Literaturverzeichnis

FENGYONG, Zhai; RENHUI, Liu (2007): Study on framework of construction project management maturity model. In: Proceedings of International Conference on Service Systems and Service Management, 9.-11. Juni, Chengdu, IEEE, S. 1-5.

FESTGE, Fabian (2006): Kundenzufriedenheit und Kundenbindung im Investitionsgüterbereich: Ermittlung zentraler Einflussfaktoren. Ludwig-Maximilians-Universität, Marktorientierte Unternehmensführung, Dissertation.

FINCHER, Anita; LEVIN, Ginger (1997): Project Management Maturity Model. In: Proceedings of PMI 28th Annual Seminars & Symposium, 29. September-1. Oktober, Chicago (Illinois, USA), Project Management Institute, S. 48-55.

FISCHER, Gunter; HARTSTOCK, Timo; RECKNAGEL, Thomas (2011): Projektmanagement und Projektsteuerung. In: *ATZextra*, April, S. 22-27.

FISCHER, Wolfram; DANGELMAIER, Wilhelm (2000): Produkt- und Anlagenoptimierung: Effiziente Produktentwicklung und Systemauslegung. 1. Aufl., Berlin et al.: Springer.

FLICK, Uwe (2004): Triangulation: Eine Einführung. 1. Aufl., Wiesbaden: Verlag für Sozialwissenschaften.

FOEGEN, Jörn M.; SOLBACH, Mareike; RAAK, Claudia (2008): Der Weg zur professionellen IT: Eine praktische Anleitung für das Management von Veränderungen mit CMMI, ITIL oder SPICE. Berlin, Heidelberg, New York: Springer.

FORD, Robert C.; RANDOLPH, Alan W. (1992): Cross-functional structures: A review and integration of matrix organization and project management. In: *Journal of Management,* 18(2), S. 267-294.

FORNELL, Claes (1992): A national customer satisfaction barometer. In: *Journal of Marketing Research,* 56(1), S. 6-21.

FORTUNE, Joyce; WHITE, Diana (2006): Framing of project critical success factors by a systems model. In: *International Journal of Project Management,* 24(1), S. 53-65.

FRANCALANCI, Chiara (2001): Predicting the implementation effort of ERP projects. In: *Journal of Information Technology,* 16(1), S. 33-48.

FREEZE, Ron; KULKARNI, Uday (2005): Knowledge management capability assessment. In: Proceedings of the 38th Hawaii International Conference on System Sciences, 3.-6. Januar, Hawaii (USA), IEEE.

FUESSINGER, Eva (2005): Maturities of project-oriented companies of about 15 project-oriented nations. In: Proceedings of 19th IPMA World Congress, 13.-16. November, Neu-Delhi (Indien), International Project Management Association.

GALBRAITH, Jay R. (1973): Designing complex organizations. Reading: Addison-Wesley.

GALTUNG, Johan (1967): Theory and methods of social research. Columbia University Press.

GARDINER, Paul D. (2005): Project management: A strategic planning approach. Basingstoke: Palgrave Macmillan.

GAREIS, Roland (2001): Assessment of competences of project-oriented companies. In: Proceedings of PMI Annual Seminars and Symposium, Nashville (Tennessee, USA).

GAREIS, Roland (2002): A process-based maturity model for the assessment of the competences of project-oriented companies. Cavtat: Projekt Management Austria.

GAREIS, Roland (2005): Happy projects! Wien: Manz.

GAREIS, Roland; HUEMANN, Martina (2000): Project management competences in the project-oriented organization. In: J. R. Turner und S. J. Simister (Hrsg.), Gower Handbook of Project Management, 3. Aufl., Burlington: Gower, S. 709-722.

GARRETT, Gregory A.; RENDON, Rene G. (2005): Managing contracts in turbulent times: The contract management maturity model. In: *Contract Management,* 45(9), S. 48.

GARVIN, David A. (1984): What does 'product quality' really mean? In: *Sloan Management Review,* 26(1).

GEERS, Dennis (2011): Qualität von wissensintensiven Geschäftsprozessen. Universität Kassel, Institut für Arbeitswissenschaft und Prozessmanagement, Dissertation.

Literaturverzeichnis

GEIGER, Walter (2003): Der Begriff Qualität im Qualitätsmanagement. In: W. Masing, M. Ketting, W. König, K.-F. Wessel (Hrsg.), Qualitätsmanagement, München et. al.: Hanser, S. 19-48.

GEIGER, Walter; KOTTE, Willi (2008): Die Fachbegriffe Qualität und Fähigkeit. In: W. Geiger und W. Kotte (Hrsg.), Handbuch Qualität, 5., vollständig überarbeitete und erweiterte Aufl., Wiesbaden: Vieweg & Sohn Verlag, S. 67-82.

GEMÜNDEN, Hans G. (1990): Erfolgsfaktoren des Projektmanagements. In: *Projekt Management*, Heft 1, S. 4-15.

GEMÜNDEN, Hans G.; LECHLER, Thomas (1997): Success factors of project management: The critical few. In: Proceedings of PICMET '97: Portland International Conference on Management and Technology, 27.-31. Juli, Portland (Oregon, USA), S. 375-377.

GEMÜNDEN, Hans G. (1992): Innovationskooperation und Innovationserfolg. Freiburg: o.V.

GERALDI, Joana G. (2008): Reconciling order and chaos in multi-project firms: Empirical studies on CoPS producers. Universität Siegen, Management Internationaler Projekte (MIP), Dissertation.

GERALDI, Joana G.; MAYLOR, Harvey; WILLIAMS, Terry M. (2011): Now, let's make it really complex (complicated). In: *International Journal of Operations & Production Management,* 31(9), S. 966-990.

GERALDI, Joana G.; ADLBRECHT, Gerald (2007): On faith, fact, and interaction in projects. In: *Project Management Journal,* 38(1), S. 32-43.

GINSBERG, Ari; VENKATRAMAN, N. (1985): Contingency perspectives of organizational strategy. In: *The Academy of Management Review,* 10(3), S. 421-434.

GLOGER, Boris (2010): Scrum. In: *Informatik Spektrum,* 33(2), S. 195-200.

GOLDSMITH, Larry (1997): Approaches towards effective project management. In: Proceedings of PMI 28th Annual Seminars & Symposium, 29. September-1. Oktober, Chicago (Illinois, USA), Project Management Institute, S. 49-54.

GOLINI, Ruggero; KALCHSCHMIDT, Matteo; LANDONI, Paolo (2013): Managing international development projects. In: Proceedings of 27th IPMA World Congress, 30. September-3. Oktober, Dubrovnik (Kroatien), International Project Management Association.

GOTTSCHALK, Petter (2009): Maturity levels for interoperability in digital government. In: *Government Information Quarterly,* 26(1), S. 75-81.

GOWAN JR., Jack A.; MATHIEU, Richard G. (2005): The importance of management practices in IS project performance. In: *The Journal of Enterprise Information Management,* 18(2), S. 235-255.

GRANT, Kevin P.; PENNYPACKER, James S. (2006): Project management maturity. In: *IEEE Transactions on Engineering and Management,* 53(1), S. 59-68.

GRASL, Oliver; ROHR, Jürgen; GRASL, Tobias (2004): Prozessorientiertes Projektmanagement: Modelle, Methoden und Werkzeuge zur Steuerung von IT-Projekten. 1. Aufl., München: Hanser.

GRAY, Clifford F.; LARSON, Erik W. (2008): Project management: The managerial process. 4. Aufl., Boston: McGraw-Hill/Irwin.

GRIESE, Ilke (2011): Wissensentwicklungskompetenz im Business-to-Business-Bereich: Der einzelne Kunde als Wissensquelle, Freie Universität Berlin, Dissertation.

GRIESE, Kai-Michael (2002): Der Einfluss von Emotionen auf die Kundenzufriedenheit. Deutscher Universitätsverlag.

HAIR, Joseph F.; BLACK, William C.; BABIN, Barry J.; ANDERSON, Rolph E. (2010): Multivariate data analysis. 7. Aufl., Upper Saddle River: Prentice Hall.

HAIR, Joseph F.; RINGLE, Christian M.; SARSTEDT, Marko (2011): PLS-SEM: Indeed a silver bullet. In: *The Journal of Marketing Theory and Practice,* 19(2), S. 139-152.

HÄLLGREN, Markus (2012): The construction of research questions in project management. In: *International Journal of Project Management,* 30(7), S. 804-816.

HANISCH, Bastian (2008): Projektmanagement-Benchmarking: Gegenüberstellung und systematischer Vergleich ausgewählter Modelle zur Optimierung des Projektmanagements. Saarbrücken: VDM, Müller.

Literaturverzeichnis

HANSSMANN, Friedrich (1985): Einführung in die Systemforschung. München: Oldenbourg.

HARTER, Donald E.; KRISHNAN, Mayuram S.; SLAUGHTER, Sandra A. (2000): Effects of process maturity on quality, cycle time, and effort in software product development. In: *Management Science*, 46(4), S. 451-466.

HAUSCHILDT, Jürgen; SALOMO, Sören (2011): Innovationsmanagement. 5. Aufl., München: Verlag Franz Vahlen.

HAYES, Will; ZUBROW, Dave (1995): Moving on up: Data and experience doing CMM-based process improvement. Technical Report CMU/SEI-95-TR-008. Hg. v. Software Engineering Institute, Carnegie Mellon: Carnegie Mellon University.

HEINDORF, Viktoria (2009): Der Einsatz moderner Informationstechnologien in der Automobilproduktentwicklung. Ludwig-Maximilians-Universität, Dissertation.

HERBSLEB, James D.; ZUBROW, David; GOLDENSON, Dennis R.; HAYES, Will; PAULK, Mark C. (1997): Software quality and the capability maturity model. In: *Communications of the ACM*, 40(6), S. 30-40.

HERTOGH, Marcel (2008): Managing large infrastructure projects : Research on best practices and lessons learnt in large infrastructure projects in Europe. AT Osborne BV.

HESSENBERGER, Manfred; SPÄTH, C. (1998): Serienreifegrad im Fokus der Entwicklung. In: P. Horváth und G. Fleig (Hrsg.), Integrationsmanagement für neue Produkte, Stuttgart: Schäffer-Poeschel, S. 255-271.

HICKSON, David J.; HININGS, Christopher R.; LEE, Charles A.; SCHNECK, Rodney E.; PENNINGS, Johannes M. (1971): A strategic contingencies theory of intraorganizational power. In: *Administrative Science Quarterly*, 16(2), S. 216-229.

HILLSON, David (1997): Towards a risk maturity model. In: *International Journal of Project and Business Risk Management*, 1(1), S. 35-45.

HILLSON, David (2001): Benchmarking organizational project management capability. In: Proceedings of PMI Annual Seminars & Symposium 2001, Nashville (Tennessee, USA), Project Management Institute.

HININGS, Christopher R.; HICKSON, David J.; PENNINGS, J. M.; SCHNECK, R. E. (1974): Structural conditions of intraorganizational power. In: *Administrative Science Quarterly*, 19(1), S. 22-44.

HINTERHUBER, Hans Hartmann; MATZLER, Kurt (Hg.) (2009): Kundenorientierte Unternehmensführung: Kundenorientierung - Kundenzufriedenheit - Kundenbindung. 6. Aufl., Wiesbaden: Gabler.

HOFMANN, Jan; ROLLWAGEN, Ingo; SCHNEIDER, Stefan (2007): Deutschland im Jahr 2020: Neue Herausforderungen für ein Land auf Expedition. Hg. v. Deutsche Bank Research. Online verfügbar unter <http://www.dbresearch.it/PROD/DBR_INTERNET_DE-PROD/PROD0000000000209595/Deutschland+im+Jahr+2020+-+Neue+Herausforderungen+für+ein+Land+auf+Expedition.pdf>, zuletzt geprüft am: 20.09.2012.

HOMBURG, Christian; BECKER, Annette; HENTSCHEL, Frederike (2010): Der Zusammenhang zwischen Kundenzufriedenheit und Kundenbindung. In: M. Bruhn (Hrsg.), Handbuch Kundenbindungsmanagement, 7. Aufl., Wiesbaden: Gabler, S. 111-144.

HOMBURG, Christian; GIERING, Annette (1996): Konzeptualisierung und Operationalisierung komplexer Konstrukte. In: *Marketing: Zeitschrift für Forschung und Praxis*, 18(1), S. 5-24.

HOMBURG, Christian; RUDOLPH, Bettina (1998): Theoretische Perspektiven zur Kundenzufriedenheit. In: S. Hermann und C. Homburg (Hrsg.), Kundenzufriedenheit, 3. aktualisierte und erweiterte Aufl., Wiesbaden: Gabler, S. 33-55.

HOMBURG, Christian; STOCK-HOMBURG, Ruth (2006): Theoretische Perspektiven zur Kundenzufriedenheit. In: C. Homburg (Hrsg.), Kundenzufriedenheit, 6. Aufl., Wiesbaden: Gabler, S. 17-52.

HUBER, Frank; HERRMANN, Andreas; BRAUNSTEIN, Christine (2009): Der Zusammenhang zwischen Produktqualität, Kundenzufriedenheit und Unternehmenserfolg. In: H. H. Hinterhuber und K. Matzler (Hrsg.), Kundenorientierte Unternehmensführung, 6. Aufl., Wiesbaden: Gabler, S. 69-85.

HUMPHREY, Watts S. (1989): Managing the software process. Reading: Addison-Wesley.

HUNGER, Marco (2007): Erfahrungssicherung in IT-Projekten. In: *Projektmanagement aktuell*, Heft 2, S. 21-29.

IBBS, William C.; KWAK, Young H. (2000): Assessing Project Management Maturity. In: *Project Management Journal*, 31(1), S. 32-43.

IBBS, William C.; REGINATO, Justin (Hg.) (2002a): Measuring the strategic value of project management. Project Management - Impresario of the Construction Industry Symposium, Hong Kong, 22.-23. März.

IBBS, William C.; REGINATO, Justin (2002b): Quantifying the value of project management: Best practices for improving project management processes, systems, and competencies. Newtown Square: Project Management Institute.

IKA, Lavagnon A. (2009): Project success as a topic in project management journals. In: *Project Management Journal*, 40(4), S. 6-19.

IRELAND, Lewis R. (1992): Customer satisfaction. In: *International Journal of Project Management*, 10(2), S. 123-127.

JAHN, Tobias (2010): Portfolio- und Reifegradmanagement für Innovationsprojekte zur Multiprojektsteuerung in der frühen Phase der Produktentwicklung. Universität Stuttgart, Institut für Konstruktionstechnik und Technisches Design, Dissertation.

JAIN, Adesh (1998): Project Management Maturity Model. In: Proceedings of 14th World Congress on Project Management, 10.-13. Juni, Ljubljana (Slowenien), International Project Management Association, S. 223-229.

JANSSEN, Jürgen; LAATZ, Wilfried (2007): Statistische Datenanalyse mit SPSS für Windows. 6. Aufl., Berlin et. al.: Springer.

JIA, Guangshe; CHEN, Yuting; XUE, Xiangdong; CHEN, Jianguo; CAO, Jiming; TANG, Kewei (2011): Program management organization maturity integrated model for mega construction programs in China. In: *International Journal of Project Management*, 29(7), S. 834-845.

JIANG, James J.; KLEIN, Gary; HWANG, Hsin-Ginn; HUANG, Jack; HUNG, Shin-Yuan (2004): An exploration of the relationship between software development process maturity and project performance. In: *Information & Management*, 41(3), S. 279-288.

JIMÉNEZ JIMÉNEZ, Daniel; MARTÍNEZ COSTA, Micaela; MARTÍNEZ LORENTE, Angel R. (2012): EFQM process criteria results. In: Proceedings of 4th P&OM Conference, 1.-5. Juli, Amsterdam.

JONKISZ, Ewa; MOOSBRUGGER, Helfried; BRANDT, Holger (2012): Planung und Entwicklung von Tests und Fragebogen. In: H. Moosbrugger und A. Kelava (Hrsg.), Testtheorie und Fragebogenkonstruktion, 2. Aufl., Berlin et. al.: Springer, S. 27-74.

JOOSTEN, Dominik; BASTEN, Dirk; MELLIS, Werner (2011): Measurement of information system project success in organizations. In: Proceedings of 19th European Conference on Information Systems (ECIS), 9.-11. Juni, Helsinki (Finnland), Association for Information Systems.

JUGDEV, Kam (2004): Through the looking glass: Examining theory development in project management with the resource-based view lens. In: *Project Management Journal*, 35(3), S. 15-26.

JUGDEV, Kam; MÜLLER, Ralf (2005): A Retrospective Look at Our Evolving Understanding of Project Success. In: *Project Management Journal*, 36(4), S. 19-31.

JUGDEV, Kam; THOMAS, Janice (2002a): Blueprint for value creation. In: Proceedings of the 2nd Project Management Institute Conference, Seattle (Washington, USA), S. 279-291.

JUGDEV, Kam; THOMAS, Janice (2002b): Project Management Maturity Models: The Silver Bullets of Competitive Advantage. In: *Project Management Journal*, 33(4), S. 4-14.

JUGDEV, Kam; THOMAS, Janice; DELISLE, Connie L. (2001): Rethinking project management: old truths and new insights. In: *Project Management*, 7(1), S. 36-43.

KAISER, Henry F. (1974): An index of factorial simplicity. In: *Psychometrika*, 39(1), S. 31-36.

KAISER, Michael G.; EL ARBI, Fedi; AHLEMANN, Frederik (2014): Successful project portfolio management beyond project selection techniques: Understanding the role of structural alignment. In: *International Journal of Project Management*, article in press.

KARVINEN, Kauko; BENNETT, David (2006): Enhancing performance through the introduction of customer orientation into the building components industry. In: *International Journal of Productivity and Performance Management,* 55(5), S. 400-422.

KATERATTANAKUL, Pairin; HONG, Soongoo; LEE, Jinyoul (2006): Enterprise resource planning survey of Korean manufacturing firms. In: *Management Research News,* 29(12), S. 820-837.

KELAVA, Augustin; MOOSBRUGGER, Helfried (2007): Deskriptivstatistische Evaluation von Items (Itemanalyse) und Testwertverteilungen. In: H. Moosbrugger und A. Kelava (Hrsg.), Testtheorie und Fragebogenkonstruktion, Heidelberg: Springer, S. 74-98.

KERZNER, Harold (2003): Projektmanagement: Ein systemorientierter Ansatz zur Planung und Steuerung. 1. Aufl., Bonn: Mitp.

KERZNER, Harold (2005): Using the project management maturity model: Strategic planning for project management. 2. Aufl., Hoboken: John Wiley & Sons.

KERZNER, Harold (2009): Project management: A systems approach to planning, scheduling, and controlling. 10. Aufl., Hoboken: John Wiley & Sons.

KEßLER, Heinrich; HÖNLE, Claus (2002): Karriere im Projektmanagement. 1. Aufl., Berlin, Heidelberg: Springer.

KHAN, Rao A. A. (2014): Success Factors in International Projects: Especially Projects of German Companies in Pakistan. Universität Kassel, Fachgebiet Projektmanagement, Dissertation.

KIESER, Alfred (2001): Der Situative Ansatz. In: A. Kieser und M. Ebers (Hrsg.), Organisationstheorien, 4., unveränderte Aufl., Stuttgart: Kohlhammer, S. 169-198.

KIESER, Alfred (2006): Der Situative Ansatz. In: A. Kieser (Hrsg.), Organisationstheorien, 6. Aufl., Stuttgart: Kohlhammer, S. 215-246.

KIESER, Alfred; KUBICEK, Herbert (1992): Organisation. 3. völlig neu bearbeitete Aufl., Berlin, New York: de Gruyter.

KING, Ira R. (1996): The road to continuous improvement. In: *IIE Solutions,* 28(10), S. 22-27.

KLEINBAUM, David G.; KUPPER, Lawrence L.; MULLER, Keith E. (1988): Applied regression analysis and other multivariable methods. 2. Aufl., Boston: PWS-Kent.

KLOPPENBORG, Timothy J.; OPFER, Warren A. (2000): Forty years of project management research. In: Proceedings of PMI Research Conference, Paris.

KLOPPENBORG, Timothy J.; OPFER, Warren A. (2002): The current state of project management research. In: *Project Management Journal,* 33(2), S. 5-18.

KOCHENDÖRFER, Bernd; VIERING, Markus G.; LIEBCHEN, Jens H. (2004): Bau-Projektmanagement: Grundlagen und Vorgehensweisen. 2. Aufl., Wiesbaden: B. G. Teubner Verlag/GWV Fachverlage GmbH.

KRAUS, Georg; WESTERMANN, Reinhold (2010): Projektmanagement mit System: Organisation, Methoden, Steuerung. 4. überarbeitete und erweiterte Aufl., Wiesbaden: Gabler.

KUBINGER, Klaus D. (2009): Psychologische Diagnostik. 2. Aufl., Göttingen et al.: Hogrefe Verlag.

KUHN, Dorothy; WELLS, Curtis; ARMITAGE, James; CUSICK, Kerinia; GARCIA, Suzanne; HANNA, Mark et al. (1996): A description of the systems engineering capability model appraisal method version 1.1. Technical Report CMU/SEI-96-HB-004. Hg. v. Software Engineering Institute, Carnegie Mellon: Carnegie Mellon University.

KUJALA, Jaakko; ARTTO, Karlos (2000): Criteria for project performance in business context. In: *Project Management Journal,* 6(1), S. 46-53.

KUURA, Arvi (2011): Project management and entrepreneurship: A tale of two 'Cinderellas'. In: Proceedings of New Dimensions in the Development of Society, 6.-7. Oktober, Jelgava (Lettland), Faculty of Social Sciences of Latvia University of Agriculture, S. 154-161.

KUURA, Arvi; BLACKBURN, Robert A.; LUNDIN, Rolf A. (2013): Entrepreneurship and projects. In: *Scandinavian Journal of Management,* 30(2), S. 214-230.

KWAK, Young H.; ANBARI, Frank T. (2009): Availability-impact of project management trends. In: *Project Management Journal,* 40(2), S. 94-103.

Literaturverzeichnis

KWAK, Young H.; IBBS, William C. (2000a): Calculating Project Management's Return on Investment. In: *Project Management Journal,* 31(2), S. 38-47.

KWAK, Young H.; IBBS, William C. (2000b): The Berkeley Project Management Process Maturity Model. In: Proceedings of the 2000 IEEE, Albuquerque (New Mexico, USA), IEEE, S. 1-5.

LAMNEK, Siegfried (1980): Sozialwissenschaftliche Arbeitsmethoden. Weinheim: o.V.

LAPPE, Marc (2012): Ansatz zur Ermittlung des Return on Investments von Projektmanagement: Am Beispiel von Versicherungen. Universität Kassel, Fachgebiet Projektmanagement, Dissertation.

LAPPE, Marc; SPANG, Konrad (2014): Investments in project management are profitable. In: *International Journal of Project Management,* 32(4), S. 603-612.

LARSEN, Melissa; MYERS, Michael D. (1999): When success turns into failure. In: *Journal of Strategic Information Systems,* 8(4), S. 395-417.

LARSON, Erik W.; GOBELI, David H. (1989): Significance of project management structure on development success. In: *IEEE Transactions on Engineering and Management,* 36(2), S. 119-125.

LAWRENCE, Paul R.; LORSCH, Jay W. (1967): Organization and environment: Managing differentiation and integration. Boston: Harvard University.

LECHLER, Thomas (1997): Erfolgsfaktoren des Projektmanagements: TU Berlin, Technologie- und Innovationsmanagement, Dissertation.

LEVENE, Robert J.; BENTLEY, A. E.; JARVIS, G. S. (1995): The scale of project management. In: Proceedings of 26th PMI Annual Seminars & Symposium, 16.-18. Oktober, New Orleans (Louisiana, USA), Project Management Institute, S. 500-507.

LIENERT, Gustav; RAATZ, Ulrich (1998): Testaufbau und Testanalyse. 6. Aufl., Weinheim: Beltz/ Psychologische Verlagsunion.

LIM, C. S.; MOHAMED, M. Zain (1999): Criteria of project success: an exploratory re-examination. In: *International Journal of Project Management,* 17(4), S. 243-248.

LINDKVIST, Lars; SÖDERLUND, Jonas; TELL, Fredrik (1998): Managing product development projects. In: *Organization Studies,* 19(6), S. 931-951.

LIPOVETSKY, Stanislaw; TISHLER, Asher; DVIR, Dov; SHENHAR, Aaron J. (1997): The relative importance of project success dimensions. In. *R&D Management,* 27(2), S. 97-106.

LIU, Julie Y.-C.; CHEN, Victor J.; CHAN, Chien-Lung; LIE, Ting (2008): The impact of software process standardization on software flexibility and project management performance: Control theory perspective. In: *Information and Software Technology,* 50(9-10), S. 889-896.

LOCKAMY III., Archie; MCCORMACK, Kevin (2004): The development of a supply chain management process maturity model using the concepts of business process orientation. In: *Supply Chain Management: An International Journal,* 9(4), S. 272-278.

LOCK, Dennis (2007): Project management. 9. Aufl., Aldershot, Burlington: Gower.

LUHMANN, Niklas (1984): Soziale Systeme: Grundriss einer allgemeinen Theorie. 1. Aufl., Frankfurt am Main: Suhrkamp.

LUNDIN, Rolf A.; SÖDERHOLM, Anders (1995): A theory of the temporary organization. In: *Scandinavian Journal of Management,* 11(4), S. 437-455.

LUNDIN, Rolf A.; STABLEIN, Ralph (2000): Projectisation of global firms. In: Proceedings of IRNOP IV Conference, 9.-12. Januar, Sydney (Australien), IRNOP.

MADAUSS, Bernd J. (2000): Handbuch Projektmanagement : Mit Handlungsanleitungen für Industriebetriebe, Unternehmensberater und Behörden. 6. Aufl., Stuttgart: Schäffer-Poeschel.

MAHANEY, Robert C.; LEDERER, Albert L. (2006): The effect of intrinsic and extrinsic rewards for developers on information systems project success. In: *Project Management Journal,* 37(4), S. 42-54.

MAIER, Anja M.; MOULTRIE, James; CLARKSON, P. John (2012): Assessing organizational capabilities. In: *IEEE Transactions on Engineering and Management,* 59(1), S. 138-159.

MASING, Walter (2007): Das Unternehmen im Wettbewerb. In: T. Pfeifer und R. Schmitt (Hrsg.), Handbuch Qualitätsmanagement, 5. Aufl., München: Hanser, S. 3-14.

MAYLOR, Harvey; VIDGEN, Richard; CARVER, Stephen (2008): Managerial complexity in project-based operations. In: *Project Management Journal,* 39, S. S15-S26.

MAYRING, Philipp (2010): Qualitative Inhaltsanalyse. In: G. Mey und K. Mruck (Hrsg.), Handbuch Qualitative Forschung in der Psychologie, 1. Aufl., Wiesbaden: Verlag für Sozialwissenschaften, S. 601-613.

MCCUTCHEON, David R.; MEREDITH, Jack R. (1993): Conducting case study research in operations management. In: *Journal of Operations Management,* 11(3), S. 239-256.

MCFEELEY, Bob (1996): IDEAL: A user's guide for software process improvement. Technical Report CMU/SEI-96-HB-001. Hg. v. Software Engineering Institute, Carnegie Mellon: Carnegie Mellon University. Online verfügbar unter <http://www.sei.cmu.edu/reports/96hb001.pdf>, zuletzt geprüft am: 22.05.2013.

MESKENDAHL, Sascha (2010): The influence of business strategy on project portfolio management and its success — A conceptual framework. In: *International Journal of Project Management,* 28(8), S. 807-817.

MEYER, John W.; ROWAN, Brian (1977): Institutionalized organizations: Formal structure as myth and ceremony. In: *American Journal of Sociology,* 83(2), S. 340-363.

MEYER, John W.; ROWAN, Brian (1978): The structure of educational organizations. In: M. Meyer (Hrsg.), Environments and organizations, San Francisco: Jossey-Bass, S. 78-109.

MEYER, Marc H.; UTTERBACK, James M. (1995): Product development cycle time and commercial success. In: *IEEE Transactions on Engineering and Management,* 42(4), S. 297-304.

MEYER, Mey M.; AHLEMANN, Frederik (2011): Project management software systems : Requirements, selection process and products. Würzburg: o.V.

MILOSEVIC, Dragan; PATANAKUL, Peerasit (2005): Standardized project management may increase development projects success. In: *International Journal of Project Management,* 23(3), S. 181-192.

MIR, Farzana A.; PINNINGTON, Ashly H. (2014): Exploring the value of project management. In: *International Journal of Project Management,* 32(2), S. 202-217.

MORRIS, Peter W. (2000a): Researching the unanswered quesions of project management. INDECO Management Solutions. Online verfügbar unter <http://www.indeco.co.uk/filestore/ResearchingtheUnansweredQuestionsofProjectManagement.pdf>, zuletzt geprüft am: 05.01.2010.

MORRIS, Peter W. (2003): The irrelevance of project management as a professional discipline. In: Proceedings of 17th IPMA World Congress, Moskau, International Project Management Association.

MORRIS, Peter W. G. (1994): The management of projects. London: Thomas Telford.

MORRIS, Peter W. G. (2000b): The management of projects: the new model, Center for the Management of Projects.

MORRIS, Peter W. G.; HOUGH, George H. (1987): The anatomy of major projects: A study of the reality of project management. Chichester, New York: John Wiley & Sons.

MORRIS, Peter W. G.; JONES, Ian (1998): Current research directions in the management of projects at UMIST. In: Proceedings of IRNOP III, Calgary (Alberta, Kanada), IRNOP.

MORSE, Janice M. (1991): Approaches to qualitative-quantitative methodological triangulation. In: *Nursing Research,* 40(2), S. 120-123.

MULLALY, Mark E. (1998): 1997 Canadian Project Management Baseline Study. In: Proceedings of PMI 29th Annual Seminars & Symposium, Long Beach (California, USA), Project Management Institute.

MULLALY, Mark E. (2006): Longitudinal Analysis of Project Management Maturity. In: *Project Management Journal,* 36(3), S. 62-73.

MULLALY, Mark E.; THOMAS, Janice L. (2009): Exploring the dynamics of value and fit: Insights from project management. In: *Project Management Journal,* 40(1), S. 124-135.

MULLALY, Mark E.; THOMAS, Janice L. (2010): Re-thinking project management maturity. In: Proceedings of PMI Research and Education Conference 2010, Seattle (Washington , USA), Project Management Institute.

MÜLLER, Ralf; TURNER, John R. (2007): Matching the project manager's leadership style to project type. In: *International Journal of Project Management,* 25(1), S. 21-32.

MUNNS, Andrew K.; BJEIRMI, Bassam F. (1996): The role of project management in achieving project success. In: *International Journal of Project Management,* 14(2), S. 81-87.

MURPHY, David C.; BAKER, Bruce N.; FISHER, Dalmar (1974): Determinants of project success. Boston: Boston College, National Aeronautics and Space Administration.

NANDHAKUMAR, Joe (1996): Design for success? Critical success factors in executive information systems development. In: *European Journal of Information Systems,* 5(1), S. 62-72.

NATIONAL AUDIT OFFICE (2013): The DECA: Understanding challenges in delivering project objectives. Online verfügbar unter <http://www.nao.org.uk/report/deca-understanding-challenges-delivering-project-objectives/>, zuletzt geprüft am: 08.05.2014.

NEUMANN, Fritz E.; GLOCKNER, Peter W.; HITE, Roger; TAYLOR, Glenn L. (1993): Generating a golden glow. In: *Research Technology Management,* 36(4), S. 12-13.

NGWENYAMA, Ojelanki; NIELSEN, Peter A. (2003): Competing values in software process improvement. In: *IEEE Transactions on Engineering and Management,* 50(1), S. 100-112.

NICHOLAS, John M. (1989): Successful project management: a force-field analysis. In: *Journal of Systems Management,* 40(1), S. 24-30.

NIDUMOLU, Sarma R. (1996): Standardization, requirements uncertainty and software project performance. In: *Information & Management,* 31(3), S. 135-150.

NOLAN, Richard L. (1979): Managing the crises in data processing. In: *Harvard Business Review,* 57(2), S. 115-126.

OBJECT MANAGEMENT GROUP (2008): Business Process Maturity Model (BPMM). Online verfügbar unter <http://www.omg.org/spec/BPMM/1.0/PDF, zuletzt geprüft am: 08.07.2014.

OESS, Attila (1991): Total quality management : Die ganzheitliche Qualitätsstrategie. 2. Aufl., Wiesbaden: Gabler.

OFFICE OF GOVERNMENT COMMERCE (2008): Portfolio, Programme and Project Management Maturity Model (P3M3): Office of Government Commerce. Online verfügbar unter <http://www.p3m3-officialsite.com/nmsruntime/saveasdialog.aspx?IID=456&sID=210>, zuletzt geprüft am: 15.05.2013.

OFFICE OF GOVERNMENT COMMERCE (2009): Erfolgreiche Projekte managen mit PRINCE2. 5. Aufl., Norwich: TSO.

OFFICE OF GOVERNMENT COMMERCE (2010): P3M3 v2.1 Self-Assessment. London: Office of Government Commerce. Online verfügbar unter <http://www.p3m3-officialsite.com/nmsruntime/saveasdialog.aspx?IID=461&sID=166>, zuletzt geprüft am: 10.11.2011.

OLIVER, Richard L. (1997): Satisfaction: A behavioral perspective on the consumer. 1. Aufl., New York: McGraw-Hill.

OLSEN, Richard P. (1971): Can project management be defined. In: *Project Management Quarterly,* 2(1), S. 12-14.

ÖZCAN, Sinan (2010): Prozessorientiertes ProjektQualitätsManagement (PPQM) : Ein Beitrag für das organisationsübergreifende Projekt- und Qualitätsmanagement am Beispiel des Straßenbaus. Universität Kassel, Fachgebiet Projektmanagement, Dissertation.

PACKENDORFF, Johann (1995): Inquiring into the temporary organization. In: *Scandinavian Journal of Management,* 11(4), S. 319-333.

PAPKE-SHIELDS, Karen E.; BEISE, Catherine; QUAN, Jing (2010): Do project managers practice what they preach, and does it matter to project success? In: *International Journal of Project Management,* 28(7), S. 650-662.

PARWANI, Rajesh R. (2002): Complexity: An Introduction. National University of Singapore.

PASIAN, Beverly L. (2010): Project management maturity: a critical review of existing and emergent contributing factors. In: *Proceedings of 24th IPMA World Congress, 1.-3. November, Istanbul (Türkei),* International Project Management Association.

Literaturverzeichnis

PASIAN, Beverly L. (2011): Project management maturity: A critical analysis of existing and emergent contributing factors. University of Technology, Faculty of Design, Architecture and Building, Dissertation.

PASIAN, Beverly L. (2014): Extending the concept and modularization of project management maturity with adaptable, human and customer factors. In: *International Journal of Managing Projects in Business*, 7(2), S. 186-214.

PASIAN, Beverly L.; WILLIAMS, Nigel; ALAMERI, Husam (2012): The value of project management maturity models. In: Proceedings of 26th IPMA World Congress, 29.-31. Oktober, Kreta (Griechenland), International Project Management Association.

PATZAK, Gerold; RATTAY, Günter (2009): Projektmanagement: Leitfaden zum Management von Projekten, Projektportfolios, Programmen und projektorientierten Unternehmen. 5. Aufl., Wien: Linde.

PAULK, Mark C. (2008): A taxonomy for improvement frameworks. In: Proceedings of 4th World Congress for Software Quality, 15.-18. September, Bethesda (Maryland, USA), American Society for Quality.

PAULK, Mark C.; WEBER, Charles V.; CURTIS, Bill; CHRISSIS, Mary B. (1995): The capability maturity model: Guidelines for improving the software process. Reading: Addison-Wesley.

PENNYPACKER, James S. (2001): Project management maturity benchmark, A Center for Business Practices (CBP) research report. Project Management Solutions, Inc. Havertown: Eigenverlag.

PENNYPACKER, James S. (2005): Project Portfolio Management Maturity Model. Havertown: Eigenverlag.

PENNYPACKER, James S.; GRANT, Kevin P. (2003): Project Management Maturity: An Industry Benchmark. In: *Project Management Journal*, 34(1), S. 4–11.

PÉREZ LÓPEZ, Susana; MONTES PEÓN, José M.; VÁZQUEZ ORDÁS, Camilo J. (2004): Managing knowledge: the link between culture and organizational learning. In: *Journal of Knowledge Management*, 8(6), S. 93-104.

PETERSON, Allan S. (2000): The impact of PM maturity on integrated PM processes. In: Proceedings of 31st PMI Annual Seminars & Symposium, 7.-16. September, Houston (Texas, USA), Project Management Institute.

PFEIFER, Tilo (2001): Qualitätsmanagement: Strategien, Methoden, Techniken. 3. Aufl., München, Wien: Hanser.

PFEIFER, Tilo; FORKERT, Stefan; SIEGLER, Stefan (1996): Transparente Projektreife in der Entwicklung. In: *Zeitschrift für wirtschaftlichen Fabrikbetrieb (ZWF)*, 91(11), 1996, S. 564-567.

PFEIFFER, Astrid (2004): 25 Jahre GPM: Der holprige Weg von der Raumfahrt in die Industrie. In: *Projektmanagement aktuell*, Heft 2, S. 3-7.

PINTO, Jeffrey K. (1990): Project Implementation Profile: A tool to aid project tracking and control. In: *International Journal of Project Management*, 8(3), S. 173-182.

PINTO, Jeffrey K.; MANTEL, Samuel J. (1990): The causes of project failure. In: *IEEE Transactions on Engineering and Management*, 37(4), S. 269-276.

PINTO, Jeffrey K.; PRESCOTT, John E. (1988): Variations in critical success factors over the stages in the project life cycle. In: *Journal of Management*, 14(1), S. 5-18.

PINTO, Jeffrey K.; SLEVIN, Dennis P. (1987): Critical factors in successful project implementation. In: *IEEE Transactions on Engineering and Management*, 34(1), S. 22-27.

PINTO, Jeffrey K.; SLEVIN, Dennis P. (1988a): Critical success factors across the project life cycle. In: *Project Management Journal*, 19(3), S. 67-74.

PINTO, Jeffrey K.; SLEVIN, Dennis P. (1988b): Project success: Definitions and measurement techniques. In: *Project Management Journal*, 19(1), S. 67-72.

PINTO, Mary B.; PINTO, Jeffrey K. (1991): Determinants of cross-functional cooperation in the project implementation process. In: *Project Management Journal*, 20(4), S. 13-20.

POMMERANZ, Inna (2011): Komplexitätsbewältigung im Multiprojektmanagement: Die Handlungsperspektive der Multiprojektleiter. Universität Augsburg, Dissertation.

PORST, Rolf (2011): Fragebogen: Ein Arbeitsbuch. 3. Aufl., Wiesbaden: Verlag für Sozialwissenschaften.

PROJECT MANAGEMENT INSTITUTE (2008a): A guide to the project management body of knowledge (PMBOK Guide). 4. Aufl., Newtown Square: Project Management Institute.

PROJECT MANAGEMENT INSTITUTE (2008b): Organizational Project Management Maturity Model (OPM3). 2. Aufl., Newtown Square: Project Management Institute.

PROJECT MANAGEMENT INSTITUTE (2013): A guide to the project management body of knowledge (PMBOK Guide). 5. Aufl., Newtown Square: Project Management Institute.

PRÜFER, Peter; REXROTH, Margrit (2005): Kognitive Interviews. GESIS - Leibniz-Institut für Sozialwissenschaften. Online verfügbar unter <http://www.gesis.org/fileadmin/upload/forschung/publikationen/gesis_reihen/howto/How_to15PP_MR.pdf>, zuletzt geprüft am: 06.11.2012.

PUGH, Derek S. (1976): Organizational structure in its context : The Aston Programme I. Westmead, Farnborough: Saxon House.

PUGH, Derek S.; HICKSON, David J. (1971): Eine dimensionale Analyse bürokratischer Strukturen. In: R. Mayntz (Hrsg.), Bürokratische Organisation, 2. Aufl., Köln: Kiepenheuer & Witsch, S. 82-93.

RABE, Markus; KNOTHE, Thomas (2010): Geschäftsprozess-Simulation. In: R. Jochem (Hrsg.), Prozessmanagement, 1. Aufl., Düsseldorf: Symposion, S. 473-490.

RAPP, Reinhold (1995): Kundenzufriedenheit durch Servicequalität : Konzeption - Messung - Umsetzung. Wiesbaden, Wiesbaden: Deutscher Universitätsverlag/Gabler.

RAZ, Tzvi; MICHAEL, E. (2001): Use and benefits of tools for project risk management. In: *International Journal of Project Management,* 19(1), S. 9-17.

RENKEN, Jaco (2004): Developing an IS/ICT management capability maturity framework. In: Proceedings of Research Conference of the South African Institute for Computer Scientists and Information Technologists, Stellenbosch, S. 53-62.

RINGLE, Christian M.; SPREEN, Florentine (2007): Beurteilung der Ergebnisse von PLS-Pfadanalysen. In: *Das Wirtschaftsstudium,* 36(2), S. 211-216.

ROHRSCHNEIDER, Uwe (2006): Risikomanagement in Projekten. 1. Aufl., München: Rudolf Haufe Verlag.

ROSENQUIST, Deborah (1997): The Dell experience: From maturity model assessment to strategic planning. In: *Technical Communication,* 44(4), S. 401-405.

ROSENSTOCK, Christian; JOHNSTON, Robert S.; ANDERSON, Larry M. (2000): Maturity model implementation and use: A case study. In: Proceedings of 31st PMI Annual Seminars & Symposium, 7.-16. September, Housten (Texas, USA), Project Management Institute.

RUDOLPH, Bettina (1998): Kundenzufriedenheit im Industriegüterbereich. 1. Aufl., Wiesbaden: Gabler.

SAMMERL, Nadine (2006): Innovationsfähigkeit und nachhaltiger Wettbewerbsvorteil: Messung - Determinanten – Wirkungen. Universität Witten/ Herdecke, Dissertation.

SANZO, María J.; SANTOS, Maria L.; VAZQUEZ, Rodolfo; ALVAREZ, Luis I. (2003): The effect of market orientation on buyer-seller relationship satisfaction. In: *Industrial Marketing Management,* 32(4), S. 327-345.

SAPPER, Ralf (2007): Kriterien und Elemente zum spezifischen Projektmanagement von Investitionsprojekten im chemischen und pharmazeutischen Anlagenbau. Universität Kassel, Fachgebiet Projektmanagement, Dissertation.

SAURES, Isabelle (1998): A real world look at achieving project management maturity. In: Proceedings of PMI 29th Annual Seminars & Symposium, Long Beach (California, USA), Project Management Institute.

SAYNISCH, Manfred (2010a): Beyond frontiers of traditional project management. In: *Project Management Journal,* 41(2), S. 21-37.

SAYNISCH, Manfred (2010b): Mastering complexity and changes in projects, economy, and society via Project Management Second Order (PM-2). In: *Project Management Journal,* 41(5), S. 4-20.

Literaturverzeichnis

SCHARNBACHER, Kurt; KIEFER, Guido (2003): Kundenzufriedenheit - Analyse, Messbarkeit und Zertifizierung. 3., unwesentlich veränderte Aufl., München: Oldenbourg.

SCHELLE, Heinz; OTTMANN, Roland; PFEIFFER, Astrid (2007): Projektmanager. 2. Aufl., Nürnberg: Eigenverlag.

SCHENK, Michael (2009): Digital Engineering - Herausforderung für die Arbeits- und Betriebsorganisation. Berlin: Gito.

SCHERM, Ewald; PIETSCH, Gotthard (2007): Organisation: Theorie, Gestaltung, Wandel. München, Wien: Oldenbourg.

SCHEUING, Arnold Q.; FRÜHAUF, Karol; SCHWARZ, Wolfgang (2000): Maturity model for IT operations (MITO). In: Proceedings of the 2nd World Congress on Software Quality, Yokohama (Japan).

SCHEUNER, Stephan; HARVEY, Richard J.; ADLBRECHT, Gerald (2009): Towards an understanding of project networks in the plant engineering sector. In: Proceedings of 14th Cambridge International Manufacturing Symposium, 24.-25. September, Cambridge (England).

SCHLICHTER, John (2000): OPM3 Survey. Upper Darby: o.V.

SCHMELZER, Hermann J.; SESSELMANN, Wolfgang (2008): Geschäftsprozessmanagement in der Praxis: Kunden zufrieden stellen - Produktivität steigern - Wert erhöhen. 6., vollständig überarbeitete und erweiterte Aufl., München: Hanser.

SCHMIDT, Arne (2009): Normalverteilungsannahme und Transformationen bei Regressionen. In: S. Albers, D. Klapper und U. Konradt et al. (Hrsg.), Methodik der empirischen Forschung, 3. Aufl., Wiesbaden: Gabler, *zusätzlicher Beitrag*.

SCHMITT, Robert; PFEIFER, Tilo (2010): Qualitätsmanagement: Strategien, Methoden, Techniken. 4. Aufl., Carl Hanser Fachbuchverlag.

SCHNEIDER, Christian (2008): Produktreifegradverfolgung im Produktentstehungsprozess. In: *ProduktDatenJournal,* Heft 2, S. 42-45.

SCHREYÖGG, Georg (2008): Organisation: Grundlagen moderner Organisationsgestaltung. 5., vollständig überarbeitete und erweiterte Aufl., Wiesbaden: Gabler.

SCHULTE-ZURHAUSEN, Manfred (2010): Organisation. 5. Aufl., München: Verlag Franz Vahlen.

SCHÜTZE, Roland (1994): Kundenzufriedenheit : After-Sales Marketing auf industriellen Märkten. 1. Aufl. Wiesbaden: Gabler.

SCHWANINGER, Markus; KÖRNER, Markus (2004): Organisationsprojekte managen: Das integrative Management von Organisationsprojekten. Universität St. Gallen, Institut für Betriebswirtschaft.

SHENHAR, Aaron J. (2001): One size does not fit all projects. In: *Management Science,* 47(3), S. 394-414.

SHENHAR, Aaron J.; DVIR, Dov (1996): Toward a typological theory of project management. In: *Research Policy,* 25(4), S. 607-632.

SHENHAR, Aaron J.; DVIR, Dov; LECHLER, Thomas; POLI, Michael (2002): One size does not fit all - true for projects, true for frameworks. In: Proceedings of PMI Research Conference: Frontiers of Project Management Research and Application, 14.-17. Juli, Seattle (Washington, USA), Project Management Institute, S. 99-106.

SHENHAR, Aaron J.; DVIR, Dov; LEVY, Ofer; MALTZ, Alan C. (2001): Project success: A multidimensional strategic concept. In: *Long Range Planning,* 34(6), S. 699-725.

SHENHAR, Aaron J.; LEVY, Ofer; DVIR, Dov (1997): Mapping the dimensions of project success. In: *Project Management Journal,* 28(2), S. 5-9.

SLEVIN, Dennis P.; PINTO, Jeffrey K. (1986): The project implementation profile. In: *Project Management Journal,* 17(4), S. 57-70.

SÖDERLUND, Jonas (2004): Building theories of project management: past research, questions for the future. In: *International Journal of Project Management,* 22(3), S. 183-191.

SÖDERLUND, Jonas (2011): Pluralism in project management. In: *International Journal of Management Reviews,* 13(2), S. 153-176.

Literaturverzeichnis

SOFTWARE ENGINEERING INSTITUTE (2002): Capability maturity models. Online verfügbar unter <http://www.sei.cmu.edu/cmmi/>, zuletzt geprüft am 31.07.2014.

SOFTWARE ENGINEERING INSTITUTE (2004): Process maturity profile – Software CMM 2004 mid-year update.

SOWDEN, Rod; HINLEY, David; CLARKE, Steve (2010): Portfolio, Programme and Project Management Maturity Model (P3M3) - Introduction and Guide to P3M3, Version 2.1. Office of Government Commerce.

STACHOWIAK, Herbert (1973): Allgemeine Modelltheorie. Wien, New York: Springer.

STANDISH GROUP (2009): CHAOS summary 2009. Boston: o.V.

STAUBER, Elisabeth (2002): In und aus Projekten lernen. In: *Projektmanagement aktuell*, Heft 3, S. 29-38.

STAUSS, Bernd (1999): Kundenzufriedenheit. In: *Marketing - Zeitschrift für Forschung und Praxis*, 21(1), S. 5-24.

STAUSS, Bernd; SEIDEL, Wolfgang (2006): Prozessuale Zufriedenheitsermittlung und Zufriedenheitsdynamik bei Dienstleistungen. In: C. Homburg (Hrsg.), Kundenzufriedenheit, 6. Aufl., Wiesbaden: Gabler, S. 171-195.

STEEGER, Oliver (2010): "Projektmanagement und Siemens gehören zusammen" – Interview mit Dr. Jürgen Schloß. In: *Projektmanagement aktuell*, Heft 2, S. 3-10.

STOCKSTROM, Christoph (2009): Planung und Umsetzung von Innovationsprojekten: Zur Wirkung des Coalignment. Wiesbaden: Gabler.

STRANG, Kenneth D. (2011): Leadership substitutes and personality impact on time and quality in virtual new product development projects. In: *Project Management Journal*, 42(1), S. 73-90.

STROHMEIER, Helmut (2007): Lernende Projekte. In: *Projektmanagement aktuell*, Heft 2, S. 15-20.

SYDOW, Jörg (1985): Der soziotechnische Ansatz der Arbeits- und Organisationsgestaltung. Frankfurt am Main: Campus-Verlag.

TATIKONDA, Mohan V.; ROSENTHAL, Stephen R. (2000): Technology novelty, project complexity, and product development project execution success. In: *IEEE Transactions on Engineering and Management*, 47(1), S. 74-87.

TELLER, Juliane; UNGER, Barbara N.; KOCK, Alexander; GEMÜNDEN, Hans G. (2012): Formalization of project portfolio management. In: *International Journal of Project Management*, 30(5), S. 596-607.

TELLIS, Winston (1997): Application of a case study methodology. In: *The Qualitative Report*, 3(3), S. 1-17.

THELEN, Eva; KOLL, Oliver; MÜHLBACHER, Hans (2006): Prozessorientiertes Management von Kundenzufriedenheit. In: H. H. Hinterhuber und K. Matzler (Hrsg.), Kundenorientierte Unternehmensführung, 5., überarbeitete und erweiterte Aufl., Wiesbaden: Gabler, S. 271-288.

THOMAS, Janice L.; MENGEL, Thomas (2008): Preparing project managers to deal with complexity. In: *International Journal of Project Management*, 26(3), S. 304-315.

THOMAS, Janice L.; MULLALY, Mark E. (2007): Understanding the value of project management: First steps on an international investigation in search of value. In: *Project Management Journal*, 38(3), S. 74-89.

THOMAS, Janice L.; MULLALY, Mark E. (2008): Researching the value of project management. Newtown Square: Project Management Institute.

TUKEL, Oya I.; ROM, Walter O. (2001): An empirical investigation of project evaluation criteria. In: *International Journal of Operations and Production Management*, 21(3), S. 400-416.

TURNER, John R. (1999): The handbook of project-based management: Improving the processes for achieving strategic objectives. 2. Aufl., London et al.: McGraw-Hill.

TURNER, John R. (2006): Towards the theory of project management. In: Proceedings of IRNOP VII, Xi'an (China), IRNOP.

Literaturverzeichnis

TURNER, John R. (2009): The handbook of project-based management: Leading strategic change in organizations. 3. Aufl. New York: McGraw-Hill.

TURNER, John R.; BREDILLET, Christophe N.; ANBARI, Frank T. (2008): The nine schools of project management. In: Proceedings of EDEN Doctoral Seminar, 18.-22. August, Lille (Frankreich), European Institute for Advanced Studies in Management (EIASM).

TURNER, John R.; COCHRANE, Robert A. (1993): Goals-and-methods matrix: coping with projects with ill defined goals and/or methods of achieving them. In: *International Journal of Project Management,* 11(2), S. 93-102.

TURNER, John R.; LEDWITH, Ann; KELLY, John (2009): Project management in small to medium-sized enterprises. In: *International Journal of Managing Projects in Business,* 2(2), S. 282-296.

TURNER, John R.; MÜLLER, Ralf (2003): On the nature of the project as a temporary organization. In: *International Journal of Project Management,* 21(1), S. 1-8.

ULRICH, Hans (1970): Die Unternehmung als produktives soziales System. 2. überarbeitete Aufl., Bern, Stuttgart: Haupt.

UMPLEBY, Stuart A.; ANBARI, Frank T. (2004): Strengthening the global university system and enhancing project management education. In: *Review of Business Research,* 4(1), S. 237-243.

UNGER, Barbara N.; KOCK, Alexander; GEMÜNDEN, Hans G.; JONAS, Daniel (2012): Enforcing strategic fit of project portfolios by project termination. In: *International Journal of Project Management,* 30(6), S. 675-685.

URBAN, Dieter; MAYERL, Jochen (2011): Regressionsanalyse: Theorie, Technik und Anwendung. 4. Aufl., Wiesbaden: Verlag für Sozialwissenschaften.

VAHS, Dietmar (1997): Organisation: Einführung in die Organisationstheorie und -praxis. Stuttgart: Schäffer-Poeschel.

VAN DE VEN, Andrew H. (1979): Book review of Organizations and environments by Howard E. Aldrich. In: *Administrative Science Quarterly,* 24(2), S. 320-326.

VAN DE VEN, Andrew H.; DRAZIN, Robert (1985): The concept of fit in contingency theory. In: *Research in Organizational Behavior,* 7, S. 333-365.

VENKATRAMAN, N. (1989): The concept of fit in strategy research. In: *The Academy of Management Review,* 14(3), S. 423-444.

VENKATRAMAN, N.; CAMILLUS, John C. (1984): Exploring the concept of "fit" in strategic management. In: *The Academy of Management Review,* 9(3), S. 513-525.

VESTER, Frederic; HESLER, Alexander v. (1980): Sensitivitätsmodell. Frankfurt am Main: o.V.

VIDAL, Ludovic-Alexandre; MARLE, Franck (2008): Understanding project complexity. In: *Kybernetes,* 37(8), S. 1094-1110.

VIDAL, Ludovic-Alexandre; MARLE, Franck; BOCQUET, Jean-Claude (2011): Measuring project complexity using the Analytic Hierarchy Process. In: *International Journal of Project Management,* 29(6), S. 718-727.

VOIGT, Kai-Ingo (2010): Risikomanagement im industriellen Anlagenbau: Konzepte und Fallstudien aus der Praxis. Berlin: Erich Schmidt Verlag.

VOIVEDICH, Ben; JONES, Milt (2001): Developing and applying a project management capability maturity model. In: Proceedings of PMI Annual Seminars and Symposium, Nashville (Tennessee, USA).

DE VRIES, H.; MARGARET, J. (2003): The development of a model to assess the strategic management capability of small- and medium-size businesses. In: *Journal of American Academy of Business,* 3(1/2), S. 85.

WAGNER, Reinhard (2010): Assessments im PM. In: *Projektmanagement aktuell,* Heft 2, S. 24-30.

WALKER, Derek H. T. (2014): From the editor. In: *International Journal of Managing Projects in Business,* 7(2), S. 166.

WANGENHEIM, Sascha von (1998): Planung und Steuerung des Serienanlaufs komplexer Produkte: Dargestellt am Beispiel der Automobilindustrie. Frankfurt am Main, New York: Peter Lang.

WANOUS, John P.; HUDY, Michael J. (2001): Single-item reliability. In: *Organizational Research Methods,* 4(4), S. 361-375.

WARD, J. L. (1998): Using the project management maturity model to target project management improvements. In: Proceedings of 14th World Congress on Project Management, Ljubljana (Slowenien), S. 867-872.

WATERIDGE, John (1995): IT projects: A basis for success. In: *International Journal of Project Management,* 13(3), S. 169-172.

WEBER, Max (1922): Wirtschaft und Gesellschaft. Tübingen: Mohr Siebeck.

WEBSTER (1988): The new lexicon Webster's dictionary of the English language. New York: Lexicon Publications.

WEBSTER, F. E.; WIND, Y. (1972): A general model of organizational buying behaviour. In: *Journal of Marketing Research,* 36(April), S. 12-14.

WEINZIERL, Josef (2006): Produktreifegrad-Management in unternehmensübergreifenden Entwicklungsnetzwerken: Ein ganzheitlicher Ansatz zur Entscheidungsunterstützung im strategischen Anlaufmanagement. Dortmund: Verlag Praxiswissen.

WENDLER, Roy (2012): The maturity of maturity model research. In: *Information and Software Technology,* 54(12), S. 1317-1339.

WEYMAR, F. (2001): Strategische Unternehmensprozessgestaltung mit der Methode des Target Processing. TU Berlin, Dissertation.

WHEATLEY, Malcolm (2007): Maturity matters. In: *PM Network,* 21(7), S. 49-53.

WHITTINGTON, Richard; PETTIGREW, Andrew; PECK, Simon; FENTON, Evelyn; CONYON, Martin (1999): Change and complementaries in the new competitive landscape. In: *Organization Science,* 10(5), S. 583-600.

WILLIAMS, Terry (2003): Management von komplexen Projekten: Projektrisiken durch quantitative Modellierungstechniken steuern. 1. Aufl., Weinheim: John Wiley & Sons.

WILLIAMS, Terry M. (1999): The need for new paradigms for complex projects. In: *International Journal of Project Management,* 17(5), S. 269-273.

WIßLER, Frank E. (2000): Reife Produkte durch effiziente Qualitätslenkung in Entwicklungsprojekten. In: Band zur Tagung „Erfolgreiche Produktentwicklung", 5. und 6. Oktober, Stuttgart, Verein Deutscher Ingenieure (VDI), S. 69-83.

WIßLER, Frank E. (2006): Ein Verfahren zur Bewertung technischer Risiken in der Phase der Entwicklung komplexer Serienprodukte. Heimsheim: Jost-Jetter.

DE WIT, Anton (1988): Measurement of project success. In: *International Journal of Project Management,* 6(3), S. 164-170.

WOODWARD, Joan (1958): Management and technology. London: Her Majesty's Stationary Office.

XIA, Weidong; LEE, Gwanhoo (2004): Grasping the complexity of IS development projects. In: *Communications of the ACM,* 47(5), S. 69-74.

XIA, Weidong; LEE, Gwanhoo (2005): Complexity of information systems development projects. In: *Journal of Management Information Systems,* 22(1), S. 45-83.

YAZICI, Hulya J. (2009): The role of project management maturity and organizational culture in perceived performance. In: *Project Management Journal,* 40(3), S. 14-33.

YIN, Robert K. (2014): Case study research: Design and methods. 5. Aufl., Los Angeles: Sage.

ZINNBAUER, Markus; EBERL, Markus (2004): Die Überprüfung von Spezifikation und Güte von Strukturgleichungsmodellen: Verfahren und Anwendung. Schriften zur Empirischen Forschung und Quantitativen Unternehmensplanung, Heft 21. Institut für Unternehmensentwicklung und Organisation am Department für Betriebswirtschaft der Ludwig-Maximilians-Universität München.

ZWIKAEL, Ofer; GLOBERSON, S. (2004): Evaluating the quality of project planning: a model and field results. In: *International Journal of Production Research,* 42(8), S. 1545-1556.

Literaturverzeichnis

ZWIKAEL, Ofer; PATHAK, Raghuvar D.; SINGH, Gurmeet; AHMED, Shamsuddin (2014): The moderating effect of risk on the relationship between planning and success. In: *International Journal of Project Management,* 32(3), S. 435-441.

Anhang[693]

Anhang A: Übersicht über veröffentlichte Projektmanagementreifegradmodelle

Anhang B: Leitfaden für die semi-strukturierten Interviews im Rahmen der Fallstudien

Anhang C: Standardisierter Fragebogen für die Feldstudie

---

[693] Mit dem Beginn des Anhangs endet die fortlaufende Seitennummerierung.

Anhang A

Übersicht über veröffentlichte Projektmanagementreifegradmodelle

Modellname	Herausgeber	Jahr der Erstveröffentlichung	In qualitative Inhaltsanalyse i.R. dieser Arbeit einbezogen?
Project Management Maturity Model	Levene et al.	1995	ja
Project Management Maturity Model	Fincher & Levin	1997	ja
CMM/PM Maturity Model	Goldsmith	1997	ja
The Project Management Maturity Model (PM^3)	Remy	1997	nein
Berkeley PM Process Maturity $(PM)^2$ Model	Kwak & Ibbs	1997	ja
Project Management Maturity Model	Jain	1998	ja
SMART PM-Based Maturity Model	Hartmann	1998	nein
Educational Service Institute's Project Management Maturity Model	Ward / Educational Service Institute	1998	ja
Project-Oriented Company Competence Model	Gareis & Huemann	1998	ja
PM Delta / PM Delta (compact)	Gesellschaft für Projektmanagement e. V.	1999	nein
ProjectFRAMEWORK	Levin / Educational Service Institute	1999	nein
Kerzner's Project Management Maturity Model (KPM^3)	Kerzner / International Institute for Learning	2001	ja
ProMMM	Hillson	2001	ja

Modellname	Herausgeber	Jahr der Erstveröffentlichung	In qualitative Inhaltsanalyse i.R. dieser Arbeit einbezogen?
Project Management Capability Maturity Model (PMCMM)	Voivedich & Jones	2001	ja
PM Performance Asessment Model (PMPA)	Bryde	2003	ja
Organizational PM Maturity Model (OPM3)	Project Management Institute	2003	ja
PRINCE2 Maturity Model (P2MM)	Williams / Office of Government Commerce	2004	ja
Portfolio, Programme and Project Management Maturity Model (P3M3)	Office of Government Commerce	2006	ja
Project Management Maturity Model (PMMM)	Crawford / PM Solutions	2007	ja

Anhang B

Leitfaden für die semi-strukturierten Interviews im Rahmen der Fallstudien

INTERVIEWLEITFADEN

ABSCHNITT A – DEMOGRAPHISCHE DATEN DER ORGANISATION UND DES BEFRAGTEN

Organisation

■ A-1.A.A.I-1.**F1**

In welcher Branche ist Ihre Organisation bzw. sind Sie tätig?

Automobil ☐

Energieanlagenbau ☐

ggf. speziellere Bezeichnung: ……………………………………….

Sonstige: ……………………………………….

■ A-1.A.A.I-1.**F2**

Handelt es sich bei Ihrer Organisation um ein(en)…

Hersteller/ OEM ☐

(Anlagen-) Bauunternehmen ☐

Zulieferer/ Nachunternehmer ☐

Sonstiges: ……………………………………….

■ A-1.A.A.I-1.**F3**

Wie hoch ist der Jahresumsatz Ihrer Organisation und in Ihrem Geschäftsbereich oder in Ihrer Organisationseinheit? (ggf. genaue Zahl angeben)

Insgesamt		Geschäftsbereich ☐	Organisationseinheit ☐
≤ 2 [Mio. €]	☐	≤ 2 [Mio. €]	☐
≤ 10 [Mio. €]	☐	≤ 10 [Mio. €]	☐
≤ 50 [Mio. €]	☐	≤ 50 [Mio. €]	☐
> 50 [Mio. €]	☐	> 50 [Mio. €]	☐

■ *A-1.A.A.I-1.F4 (optional)*

Wie viele Mitarbeiter beschäftigt Ihre Organisation insgesamt und in Ihrem Geschäftsbereich oder in Ihrer Organisationseinheit? (ggf. genaue Zahl angeben)

Insgesamt		Geschäftsbereich ☐	Organisationseinheit ☐
< 10 [Mitarbeiter]	☐	< 10 [Mitarbeiter]	☐
< 50 [Mitarbeiter]	☐	< 50 [Mitarbeiter]	☐
< 250 [Mitarbeiter]	☐	< 250 [Mitarbeiter]	☐
≥ 250 [Mitarbeiter]	☐	≥ 250 [Mitarbeiter]	☐

■ A-1.A.A.I-1.**F5**

Wie würden Sie die Projekte Ihrer Organisation in das folgende Klassifizierungsschema einordnen?
(Bitte beziehen Sie sich dabei Projekte, die das Kerngeschäft Ihrer Organisation darstellen, nicht auf interne Organisationsprojekte o.ä.)

Zeige Bezugsrahmen zur Klassifizierung technischer Projekte von Shenhar & Dvir 1996.

Falls Sie vor Ihrer jetzigen Tätigkeit bereits in einer anderen Branche tätig waren, ordnen Sie bitte die Projekte jener Organisation ebenfalls ein.

▶ A-1.A.A.I-1.**F6**

Bitte erläutern Sie Ihre unter F5 gemachte Angabe.

Befragte Person

■ A-1.A.A.I-1.**F7**

Auf welcher Hierarchieebene arbeiten Sie?

Geschäftsführer	☐
Bereichsleiter	☐
Abteilungsleiter	☐
Projektleiter	☐
Gruppenleiter	☐
Sachbearbeiter/ Projektmitarbeiter	☐
Sonstige:	....

■ *A-1.A.A.I-1.**F7a** (optional, sonst weiter mit **F8**)*

**Falls Abteilungsleiter-/ Gruppenleiter-/ Sachbearbeiter-/ Projektmitarbeiterebene:
In welchem fachlichen Bereich arbeiten Sie?**

Kaufmännischer Bereich	☐
Engineering	☐
Projektmanagement/ PMO	☐
Produktion	☐
Einkauf	☐
Vertrieb	☐
Sonstiger Bereich:	....

■ A-1.A.A.I-1.**F8**

Haben Sie innerhalb dieser Organisation oder in anderen Organisationen Projekte geleitet?

In <u>dieser</u> Organisation		In <u>anderen</u> Organisationen	
Ja	☐	Ja	☐
Nein	☐	Nein	☐

◙   *A-1.A.A.I-1.**F8a** (optional, wenn mind. 1x „Ja", ansonsten weiter mit **F9**)*

Über wie viele Jahre Projektleitererfahrung verfügen Sie?

Projektleitererfahrung in dieser
Organisation: .... [Jahre]

Projektleitererfahrung in anderen
Organisationen: .... [Jahre]

◙   *A-1.A.A.I-1.**F8b** (optional)*

Welcher Projektklasse gehörten diese Projekte nach dem Klassifizierungsschema Ihrer aktuellen Organisation bzw. der anderen Organisationen an?

In dieser Organisation	In anderen Organisationen
....	....
....	....
....	....

▶   *A-1.A.A.I-1.**F8b-1** (optional)*

Bitte erläutern Sie kurz das Klassifizierungsschema für Projekte in Ihrer _aktuellen Organisation_!

...

◙   *A-1.A.A.I-1.**F9** (optional, fällt weg wenn befragte Person in diesem Unternehmen Projekte geleitet hat)*

Haben Sie innerhalb dieser Organisation oder in anderen Organisationen Projekte als Mitglied eines Projektteams bearbeitet?

In dieser Organisation	In anderen Organisationen
Ja ☐	Ja ☐
Nein ☐	Nein ☐

◙   *A-1.A.A.I-1.**F9a** (optional, wenn mind. 1x „Ja")*

Über wie viele Jahre Projekterfahrung verfügen Sie?

Jahre Projekterfahrung in dieser
Organisation: .... [Jahre]

Jahre Projekterfahrung in anderen
Organisationen: .... [Jahre]

■ **A-1.A.A.I-1.F9b** *(optional)*

Welcher Projektklasse gehörten diese Projekte nach dem Klassifizierungsschema Ihrer aktuellen Organisation bzw. der anderen Organisationen an?

In <u>dieser</u> Organisation	In <u>anderen</u> Organisationen
....	....
....	....
....	....

▶ **A-1.A.A.I-1.F9b-1** *(optional)*

Bitte erläutern Sie kurz das Klassifizierungsschema für Projekte in Ihrer <u>aktuellen Organisation</u>!

...

INTERVIEWLEITFADEN

ABSCHNITT B – REIFEGRADMODELLE UND PROZESSMANAGEMENT

■ A-1.B.A.I-1.**F1**

Haben Sie sich jemals in irgendeiner Art und Weise mit Reifegradmodellen beschäftigt? (d.h. auch etwas darüber gelesen oder auf einer Veranstaltung/ in einem Gespräch erfahren)

Ja ☐

Nein ☐

■ A-1.B.A.I-1.**F1a** *(optional, falls Frage 1 = „Ja")*

Mit welcher Art von Reifegradmodellen?

Zur Messung der Prozessreife (einschl. im Bereich Projektmanagement)	☐
Zur Messung der Projekt- oder Produktreife	☐
Zuordnung in der Form ist mir nicht (mehr) möglich	☐

■ A-1.B.A.I-1.**F1b** *(optional, falls Frage 1 = „Ja")*

Welche der folgenden Projektmanagementreifegradmodelle sind Ihnen bekannt bzw. mit welchen haben Sie sich wie intensiv beschäftigt?

[1] = Modell ist mir nicht bekannt

[2] = Modell ist mir ausschließlich vom Namen her bekannt

[3] = Habe etwas über das Modell gelesen (z.B. Zeitschriftenartikel)

[4] = Habe mich mit dem Modell weitergehend beschäftigt (z.B. Modellbeschreibung gelesen)

[5] = Habe das Modell angewendet

Modell	[1]	[2]	[3]	[4]	[5]
PM Delta (Compact) (GPM)					
OPM3 (PMI)					
P3M3 (Office of Government Commerce)					
Project Management Maturity Model (J.K. Crawford)					
Project Management Maturity Model (Kerzner)					
Berkeley PM Process Maturity (PM)^2 Model (Ibbs & Kwak)					

Promotionsvorhaben von J. C. Albrecht
Fallstudien
Interviewleitfaden

Modell	[1]	[2]	[3]	[4]	[5]
Project-Oriented Company Competence Model (Gareis)					
ProjectFRAMEWORK (Educational Service Institute)					
Eigenentwicklung der Organisation (ggf. in Anlehnung an: ……………………………………………)					
Sonstiges: …………………………………………………..					
Kenne keins der genannten Modelle	☐				

▶ A-1.B.A.I-1.**F2**

Bitte beschreiben Sie ob und, wenn ja, inwieweit in Ihrer Organisation Projektmanagementprozesse definiert sind.
Nennen Sie ggf. Beispiele für Aspekte/ Elemente des Projektmanagements, in denen derartige Prozesse beschrieben sind.

…

◼ A-1.B.A.I-1.**F2a** *(optional, falls Prozesse definiert sind)*

Seit wann existieren die Projektmanagementprozesse (erstmalige Definition)?

…. [Jahren]

◼ A-1.B.A.I-1.**F2b**

Wurden schon einmal überarbeitete Versionen von einigen dieser Prozesse erstellt?

Ja ☐

Nein ☐

▶ A-1.B.A.I-1.**F2c**

Wie würden Sie die Akzeptanz dieser Prozesse durch das Projektpersonal Ihrer Organisation beschreiben? Werden die Prozesse tatsächlich definitionsgemäß angewendet?

…

▶ A-1.B.A.I-1.**F2d**

Werden Praktikabilität und/oder Funktionalität/ Zweckeignung der Prozesse in bestimmten Abständen überprüft?

…

▶ A-1.B.A.I-1.**F3**

Was halten Sie persönlich von der Formalisierung bestimmter Abläufe im Projektmanagement durch Definition von (Geschäfts-) Prozessen?
(Stichworte: Praktikabilität und Nutzen)

...

▶ *A-1.B.A.I-1.**F4** (optional, falls befragte Person Projektleiter ist oder war)*

Wann, d.h. in welchen Phasen eines Projektlebenszyklus, und warum würden Sie sich als Projektleiter einen möglichst hohen Projektmanagementreifegrad (bzw. Qualität der Projektmanagementstrukturen) wünschen? (d.h. auch einen hohen Grad an Prozessformalisierung und -standardisierung)

...

▶ A-1.B.A.I-1.**F5**

Wird die Weiterentwicklung des Projektmanagements durch das Top-Management Ihrer Organisation (Vorstand, Geschäftsbereichsleitung) vorangetrieben und unterstützt? Gibt es dafür Beispiele?

...

INTERVIEWLEITFADEN

ABSCHNITT C – MESSUNG DES PROJEKTMANAGEMENTREIFEGRADES MITTELS MODELL P3M3

■ A-1.C.A.I-1.F1

Folgende Beschreibung trifft den Zustand unserer Organisation am besten:

☐	**1)** Prozesse sind normalerweise nicht dokumentiert; es gibt entweder überhaupt keine oder nur wenige Prozessbeschreibungen. Die tatsächliche Projektabwicklung wird durch Vorkommnisse oder individuelle Präferenzen bestimmt und die Projektmanagement-Performance ist jeweils unterschiedlich. Erfolgreiche Handlungen oder Projektabwicklung im Allgemeinen liegen eher in der Kompetenz und den Fähigkeiten einzelner (Schlüssel-) Mitarbeiter begründet als den Fähigkeiten und dem Wissen der Organisation als Ganze. Vergangene Erfolge können durch die Organisation nicht wiederholt werden. Diese "Erfolge" werden oftmals nur mit Budget- und oder Zeitplanüberziehungen erreicht. Prozesse sind unterentwickelt/ unvollständig. Es gibt wenig bis gar keine Anleitungen bzw. den einzelnen Mitarbeiter in der Projektabwicklung unterstützende Dokumentation; auch gibt es nicht unbedingt eine einheitliche Terminologie bzgl. der Projekte (z.B. Business Case, Risiko).	
☐	**2)** Die Organisation kann nachweisen, dass wesentliche (Projekt-) Managementpraktiken, wie die Verfolgung von Ausgaben oder die Planung des Ressourceneinsatzes, implementiert sind und dass vorhandene Prozesse weiterentwickelt werden. Es gibt einige (Schlüssel-) Mitarbeiter, die in der Vergangenheit an Trainingsmaßnahmen teilgenommen haben und erfolgreiche Projektabwicklungen vorzuweisen haben; durch diese Mitarbeiter ist die Organisation in der Lage erfolgreiche Projektabwicklungen zu wiederholen. Projekte werden nach dokumentierten Plänen abgewickelt bzw. geführt; der Projektstatus und erbrachte Leistungen sind zu bestimmten Zeitpunkten (Meilensteinen) für die Projektleitung ersichtlich. Trotzdem kann die Organisation noch eine unzureichende Erfolgsmessung, Uneindeutigkeit und Inkonsistenz hinsichtlich der Geschäftsziele, keine Risikomanagementaktivitäten, nur begrenzte Erfahrungen im Änderungsmanagement sowie Unzulänglichkeiten	• Aufwandscontrolling, Ressourcenplanung/ -einsatz • einzelne Mitarbeiter haben an Schulungs-/ Weiterbildungsmaßnahmen teilgenommen • Projektabwicklung erfolgt nach dokumentierten Plänen • Projektstatus ist in bestimmten Intervallen für Projektleitung einsehbar

	hinsichtlich der Kommunikationsstrategie haben. Darüber hinaus kann Unklarheit darüber herrschen, was fallweise letztendlich zum Erfolg geführt hat.	
☐	**3)** Management- und technische Prozesse sind dokumentiert, standardisiert und zu einem gewissen Grad mit anderen (Geschäfts-) Prozessen integriert. Prozessverantwortliche sind in den meisten Fällen definiert. Es gibt eine Prozessgruppe, die für die Pflege der Prozesse, für die Gewährleistung von Konsistenz der einzelnen Prozesse zueinander und für Prozessoptimierung verantwortlich ist. Das gehobene Management engagiert sich beständig für das Projektgeschäft der Organisation und gibt aktive, fundierte Unterstützung. Es gibt ein Schulungsprogramm bzw. vergleichbare Personalentwicklungsmaßnahmen um die Fähigkeiten der Mitarbeiter weiterzuentwickeln, so dass diese im Endeffekt besser dazu in der Lage sind ihre Aufgaben im Rahmen der Projektabwicklung auszuführen. Ein Schlüsselaspekts des Qualitätsmanagements der Organisation ist die verbreitete Überprüfung von Arbeitsergebnissen bzw. Prozessergebnissen durch entsprechende Fachleute, die dazu dienen soll besser zu verstehen, wie Prozesse optimiert werden können. Zentrale Unterschiede zur Beschreibung unter 2) sind Umfang und Verbreitung von Standards, Prozess- und Verfahrensbeschreibungen. Standardprozesse können darüber hinaus für bestimmte Umstände zugeschnitten werden, wofür es wiederum explizite Richtlinien gibt.	• Prozesse sind dokumentiert und standardisiert • Prozessverantwortliche sind definiert • Gehobenes Management unterstützt Projektgeschäft • Schulungsprogramm o.ä. existiert • Standardprozesse können auf jeweilige Umstände zugeschnitten werden
☐	**4)** Es gibt definierte Prozesse, die über Kennzahlen bzw. quantitative Techniken überprüft und gesteuert werden. Es gibt Belege für quantitative Ziele hinsichtlich Prozessqualität und -performance; diese Ziele werden als Kriterien bei der Durchführung der Prozesse angelegt. Prüf- bzw. Messdaten werden im Rahmen eines organisationsweiten Systems erhoben und vereinfachen Portfolioanalysen und die Identifizierung von aktuellen Kapazitätsbeschränkungen. Das Top-Management trägt aktiv zur Zielerreichung bei. Ebenfalls über die Nutzung quantitativer Techniken kann das Management Prozesse auf spezielle Erfordernisse zuschneiden, ohne dass dabei Qualitätsverluste entstehen.	• Definierte Prozesse, die mittels Kennzahlen überprüft und gesteuert werden • Operationalisierte/ quantitative Ziele für Prozesse • Top-Management trägt zur Zielerreichung bei • Prozesse können ohne Qualitätsverlust auf spezielle Erfordernisse zugeschnitten werden

5) Die Organisation ist darauf konzentriert ihre Prozesse weiterzuentwickeln um sich verändernden Geschäftsanforderungen und Anforderungen des Organisationsumfelds gerecht zu werden. Sie ist in der Lage zukünftige Bedarfe hinsichtlich Kapazität und Fähigkeiten zu antizipieren - zum Beispiel durch Portfolio-Analysen. Top-Führungskräfte leben den Gedanken der ständigen Verbesserung vor. Das Wissen, das die Organisation aus der Prozessüberprüfung zieht, versetzt sie in die Lage, Abweichungen nachvollziehen zu können und zu verstehen sowie ihre Performance zu optimieren. Die Organisation kann nachweisen, dass hinsichtlich ihrer Prozesse eine ständige Verbesserung (KVP) erfolgt, die über die quantitative Überprüfung und Steuerung sowie die Validierung innovativer Ideen und Technologien ermöglicht wird. Die Organisation ist in der Lage zu zeigen, dass ihre Geschäftsziele einem Business-Plan folgen und diese heruntergebrochen werden z.b. auf Umfangsplanung, Planung im Allgemeinen, Ressourcenzuordnung oder Risikomanagement.	• Konzentration auf Prozessweiterentwicklung um Anforderungen des Umfelds gerecht zu werden • Kapazitäts- und Know how-Bedarfe können antizipiert werden • KVP, der durch Top-Manager vorgelebt wird • Geschäftsziele leiten sich aus Business-Plan ab und werden bis auf operative Ebene heruntergebrochen

■ A-1.C.A.I-1.F2

Unser Projektmanagement bzw. unsere Projektabwicklung wird am besten durch folgende Aussage beschrieben:

☐	Eine Projektmanagementterminologie wird von einigen Mitgliedern der Organisation verwendet. Allerdings wird diese Terminologie nicht durchweg einheitlich verwendet und vielleicht nicht von allen Akteuren verstanden. Projekte werden entsprechend individueller Präferenzen der entsprechenden Entscheidungsträger (Projektleiter) geleitet und ausgeführt.
☐	Projektmanagement wird durch die Organisation als eigenständiges Managementkonzept aufgefasst und verstanden. Es kann einzelne Experten, wie z.B. erfahrene Projektleiter geben, die Schlüsselprojekte der Organisation bearbeiten.
☐	Es gibt einen zentral definierten und dokumentierten Ansatz für Projektmanagement innerhalb der Organisation, d.h. Steuerungsmechanismen und Verfahrensweisen für alle Stadien des Projektlebenszyklus. Dieser Ansatz wird in allen Projekten von ausgebildetem Personal angewendet, welches die jeweiligen Projektteams unterstützt.
☐	Projektmanagement wird als Schlüsselinstrument für den Umgang mit die Organisation betreffenden (Ver-) Änderungen bzw. Wandel aller Art angesehen. Innerhalb der Projektumgebung liegt der Fokus auf Verbesserung der Projektergebnisse durch Überprüfung und Analyse der Leistung (performance).
☐	Kontroll- und Steuerungsmechanismen des Managements sichern, dass die Projektziele erreicht werden können. Es herrscht innerhalb der gesamten Organisation Akzeptanz für die Tatsache, dass Projektmanagement den optimal Ansatz für den Umgang mit Veränderung/ Wandel darstellt. Es gibt Belege für kontinuierliche Verbesserung.

■ A-1.C.A.I-1.**F3**

Das Finanzmanagement unserer Organisation wird am treffendsten durch folgende Aussage beschrieben:

☐	Es gibt wenige oder keine Kontrollen hinsichtlich der Finanzen auf Projektebene. Es gibt einen Mangel an Zurechenbarkeit und Überwachung der Projektausgaben/ -kosten.
☐	Es werden jeweils verschiedene Business Cases für ein Projekt erstellt und die besseren (Plausibilität, Datenbasis, formale Erstellung, etc.) werden als Grundlage für die weitere Projektabwicklung herangezogen. Die Projektgesamtkosten werden nicht überwacht.
☐	Es gibt zentral bestehende Standards für die Erarbeitung der Projekt-Business Cases und Prozesse um sie über den gesamten Projektlebenszyklus zu managen. Die Projektleiter überwachen Kosten und Aufwendungen in den Projekten in Übereinstimmung mit Richtlinien und Verfahren der Organisation. Des Weiteren gibt es definierte Schnittstellen zu anderen Finanzfunktionen innerhalb der Organisation.
☐	Die Organisation ist in der Lage verschiedene Investment-Alternativen effektiv zu priorisieren, auch in Zusammenhang mit der Verfügbarkeit verschiedener Finanzierungsquellen, finanzieller Ressourcen und Betriebsmittel. Projektbudgets werden effektiv verwaltet und Leistung im Projekt wird überwacht und mit den entstandenen Kosten korreliert/verglichen.
☐	Kontroll- und Steuerungsmechanismen hinsichtlich der Finanzen im Projektumfeld sind mit denen der Organisation insgesamt integriert. Die Kostenschätzungstechniken, die in den Projekten verwendet werden, werden fortwährend in Form von Soll-Ist-Vergleichen geprüft, um die Schätzungen organisationsweit zu verbessern. Es gibt Belege für kontinuierliche Verbesserung.

■ A-1.C.A.I-1.**F4**

Die Einbeziehung von Stakeholdern in die Projektabwicklung bzw. unser Stakeholdermanagement wird am besten durch folgende Aussage beschrieben:

☐	Die Einbeziehung von und die Kommunikation mit Stakeholdern erfolgt innerhalb der Projekte eher selten.
☐	Über einige Projekte werden die entsprechenden Stakeholder informiert, aber dies erfolgt eher auf persönlicher Initiative der Projektleiter als auf Regelungen der Organisation hin.
☐	Es gibt einen zentral geführten und konsistenten Ansatz zum Umgang und zur Kommunikation mit Stakeholdern, der bei allen Projekten angewendet wird.
☐	Es werden ausgereifte Techniken zur effektiven Analyse des Projektumfelds und der Stakeholder verwendet. Dabei werden auch quantitative Daten erhoben und ausgewertet.
☐	Durch umfangreiches Wissen über das Projektumfeld und die Stakeholder wird die Kommunikation zu diesen optimiert. Dadurch wird ein Beitrag zur Erreichung der Projektziele geleistet. Es gibt Belege für kontinuierliche Verbesserung.

A-1.C.A.I-1.F5

Folgende Aussage beschreibt unser Risikomanagement am besten:

☐	Es gibt in den Projekten der Organisation erste Aktivitäten des Risikomanagements, allerdings eher in geringem Umfang. Risiken werden teils dokumentiert (belegbar), aber es gibt nur wenig Belege, die auf ein aktives Risikomanagement hindeuten.
☐	Risikomanagement ist ein anerkanntes Instrument und wird in Projekten angewendet. Die Risikomanagementaktivitäten sind aber uneinheitlich, was sich in ihrer Wirksamkeit äußert.
☐	Projektrisikomanagement basiert auf einem zentral definierten Prozess, der in Übereinstimmung mit der Politik der Organisation hinsichtlich Risikomanagement definiert wurde und in konsistenter Art angewandt wird.
☐	Projektrisikomanagement ist in die Landschaft der übrigen Projektmanagementaktivitäten integriert (Schnittstellen, Abläufe) und Nutzen und Effekte des Risikomanagements können nachgewiesen werden. Das Projektrisikomanagement wird (belegbar) als Risiko- und Chancenmanagement aufgefasst.
☐	Risikomanagement und der Umgang mit Risiken sind Teil der Organisationskultur und untermauert alle Entscheidungsprozesse innerhalb der Projekte. Es gibt Belege für kontinuierliche Verbesserung.

A-1.C.A.I-1.F6

Projektmanagement und Unternehmensführung/ -organisation: Folgende Aussage trifft am besten zu:

☐	Die Mechanismen zur Leitung von Projekten werden individuell durch den jeweiligen Projektleiter ausgestaltet – sind nicht formalisiert. Die Schnittstellen zu Kontroll- und Steuerungsmechanismen des Unternehmens sind nicht definiert. Rollen (der Projektmitarbeiter) sind eher nicht definiert.
☐	Projektmanagement bildet sich langsam als eigenständiger Bereich innerhalb der Organisation heraus. Die Kontroll- und Steuerungsmechanismen in den Projekten sind eher ad-hoc; es wird zweckorientiert und situativ gehandelt. Es gibt keine strategischen Kontroll- und Steuerungsmechanismen. Rollen, Verantwortlichkeiten und auch Projektberichte sind über verschiedene Projekte nicht konsistent.
☐	Zentral definierte Kontroll- und Steuerungsmechanismen werden in konsistenter Weise in allen Projekten angewendet. Entscheidungsprozesse sind geregelt und mit den Strukturen der Organisation (als Ganzes) verbunden und harmonisiert.
☐	Ablaufstrukturen und Entscheidungsprozesse des Projektgeschäfts sind mit den allgemeinen Strukturen der Organisation integriert und harmonisiert. Sie sind für alle Beteiligten transparent und zueinander abgegrenzt; Schnittstellen sind beschrieben und geregelt.
☐	Die Richtlinien zur Leitung von Projekten sind ein Kernelement der Unternehmensführung. Die Strukturen des Berichtswesens bis zur Geschäftsführung/ zum Vorstand bestehen, sind transparent und nachweisbar. Dasselbe gilt für Verantwortlichkeiten hinsichtlich der Kontroll- und Steuerungsmechanismen, die in die Gesamtorganisation eingebettet sind. Es gibt eine belegbare ständige Verbesserung bzw. Strukturen zur Erreichung/ Gewährleistung selbiger.

■ A-1.C.A.I-1.F7

Unser Ressourcenmanagement wird am besten durch folgende Aussage charakterisiert:

☐	Es gibt innerhalb der Organisation teils bzw. in Ansätzen ein Verständnis für die Notwendigkeit Ressourcen (personelle, finanzielle, Betriebsmittel) effektiv zu verwalten, um Projekte erfolgreich abwickeln zu können. Trotzdem gibt es kaum Belege für Ressourcenplanung, -management und/ oder -akquise.
☐	In einzelnen Projekten gibt es Ansätze zur Planung, zum Management und zur Akquise von Ressourcen, die aber innerhalb der gesamten Organisation nicht einheitlich angewendet werden.
☐	Die Organisation hat einen zentral definierten und organisationsweit verwendeten Satz von Verfahren und Managementprozessen für die Planung, das Management und die Akquise von Ressourcen.
☐	Es gibt ein strategisches Ressourcenmanagement für alle Projekte der Organisation. Es gibt Belege für Kapazitätsplanung und -management, die durchgeführt werden, um den Anforderungen aus den Projekten gerecht zu werden.
☐	Ressourcen werden in den Projekten der Organisation optimal eingesetzt. Die jeweiligen Anforderungen und Auslastungen hinsichtlich Ressourcen werden in den Projekten (bzw. für die Projekte) nachgewiesenermaßen überprüft und es werden sowohl interne, als auch externe Ressourcen effektiv eingesetzt. Es gibt Belege für kontinuierliche Verbesserung.

■ A-1.C.A.I-1.F8

Bitte kreuzen Sie die für Ihre Organisation passendste Aussage an:

☐	Die Organisation erkennt Projekte als solche an und wickelt sie anders ab bzw. führt sie anders als das Tagesgeschäft. (Projekte können trotzdem ohne Formalien oder Standardprozesse abgewickelt werden)
☐	Die Organisation sichert zumindest grundsätzlich/minimal ab, dass in den einzelnen Projekten entsprechende Prozessabläufe und Verfahrensanweisungen zur Projektabwicklung geschaffen werden. (Eine Koordination zwischen den einzelnen Projekten muss dabei nicht zwingend stattfinden)
☐	Die Organisation hat zentral kontrollierte (d.h. Prozesseignerschaft liegt in zentraler Funktion) Projektprozesse und in den einzelnen Projekten wird hinsichtlich dieser Prozesse eine gewisse Flexibilität gewährt, um den konkreten Projektanforderungen gerecht werden zu können.
☐	Die Organisation überprüft in irgendeiner Art und Weise die Leistungsfähigkeit ihres Projektmanagements und dessen Prozesse. Sie unterhält darüber hinaus ein Qualitätsmanagement (-system), um die zukünftige Leistungsfähigkeit besser voraussagen zu können.
☐	Die Organisation führt Maßnahmen der kontinuierlichen Prozessverbesserung durch und sie geht Probleme proaktiv an, um ihre eigene Fähigkeit zu verbessern ihre Leistungsfähigkeit abzubilden und Prozesse zu verbessern.

INTERVIEWLEITFADEN

ABSCHNITT D – DEMOGRAPHISCHE DATEN DES LETZTEN ABGESCHLOSSENEN PROJEKTS DES BEFRAGTEN

▶ **A-1.D.A.I-1.F1**

Bitte erzählen Sie etwas zu Ihrem letzten abgeschlossenen Projekt (als Projektleiter oder Projektmitarbeiter). Gehen Sie dabei wenn möglich auf Projektart, die Aufgabenstellung bzw. Projektinhalte, das Projektprodukt sowie Ihre Rolle im Projekt ein.

…

▣ **A-1.D.A.I-1.F2**

Wie lange dauerte dieses Projekt (ggf. ungefähr)?

Von   [MM.JJ]   bis   [MM.JJ]

▣ **A-1.D.A.I-1.F3**

Wie groß war das Projektteam? (falls über Projektlebenszyklus variierend, ungefähren Durchschnitt angeben)

Anzahl Teammitglieder   …   [Personen]

▣ **A-1.D.A.I-1.F4**

Welches finanzielle Volumen hatte dieses Projekt? (wenn möglich mind. auf 1 Mio. € genau; ggf. ungefähr)

Finanzielles Projektvolumen   …   [Mio. €]

▣ *A-1.D.A.I-1.F5 (optional)*

Welcher Projektklasse gehörte dieses Projekt nach dem Klassifizierungsschema Ihrer Organisation an?

……………………………………

▶ *A-1.D.A.I-1.F6 (optional, falls befragte Person im betr. Projekt Projektleiter war)*

Falls Sie dieses Projekt geleitet haben, wem waren Sie unterstellt und wem haben Sie berichtet?

…

INTERVIEWLEITFADEN

ABSCHNITT E – ERFOLGSBEGRIFF IN DER ORGANISATION

▶ **A-1.E.A.I-1.F1**

Wann gilt ein Projekt in Ihrer Organisation als erfolgreich abgeschlossen? Welche Kriterien, Aspekte spielen dabei eine Rolle?

...

◾ **A-1.E.A.I-1.F2**

In welchen Zieldimensionen bzw. hinsichtlich welcher Erfolgskriterien wurde in Ihrem letzten abgeschlossenen Projekt/ wird in Ihrer Organisation grundsätzlich Projektcontrolling betrieben?

Erfolgskriterium	letztes Projekt	grundsätzlich in Organisation
Zeit/ Termine	☐	☐
Budget	☐	☐
(Herstell-) Kosten	☐	☐
Qualität/ Leistung	☐	☐
....	☐	☐
....	☐	☐
....	☐	☐

◾ **A-1.E.A.I-1.F3**

In Bezug auf Ihr letztes abgeschlossenes Projekt: Um wie viel Prozent wurden die ursprünglichen Zeit- bzw. Kostenziele bezogen auf das Gesamtprojekt verfehlt/ übertroffen (ggf. auf 10 % aufrunden)?

Zeit-/ Terminziele ...... [%]   übertroffen ☐   verfehlt ☐

Kostenziele ...... [%]   übertroffen ☐   verfehlt ☐

▪ A-1.E.A.I-1.F4

Wie sehen Sie diesen Grad der Zielerreichung im Verhältnis zu anderen Projekten, an denen Sie in dieser Organisation mitgewirkt haben?

[1] = Grad der Zielerreichung in diesem Projekt ist außergewöhnlich schlecht im Vergleich zu anderen Projekten
[5] = Grad der Zielerreichung in diesem Projekt ist außergewöhnlich gut im Vergleich zu anderen Projekten

[1]   [2]   [3]   [4]   [5]

▶ A-1.E.A.I-1.F5

In Bezug auf Ihr letztes abgeschlossenes Projekt: Wer war „der Kunde" bzw. wer waren „die Kunden" für das Projektergebnis?

…

▶ *A-1.E.A.I-1.F5a (optional, falls mehrere Kunden)*

Falls es in Ihrem letzten Projekt mehrere Kunden gab, wie war aus Ihrer Sicht deren Bedeutung im Verlauf des Projektlebenszyklus?

…

▶ *A-1.E.A.I-1.F5b (optional, falls mehrere Kunden)*

Falls es in Ihrem letzte Projekt mehrere Kunden gab:
Die Anforderungen/ Bedürfnisse welches Kunden spielen aus Ihrer Sicht in Ihrer Organisation die größte Rolle bzw. werden versucht primär zu bedienen?

…

◼ A-1.E.A.I-1.**F6**

Welche Erfolgskriterien waren für diese(n) Kunden aus Ihrer Sicht wie bedeutsam?

[1] = sehr geringe Bedeutung

[5] = sehr große Bedeutung

Erfolgskriterium	Bedeutung				
	[1]	[2]	[3]	[4]	[5]
Zeit/ Termine	☐	☐	☐	☐	☐
Kosten	☐	☐	☐	☐	☐
Qualität/ Leistung	☐	☐	☐	☐	☐
....	☐	☐	☐	☐	☐
....	☐	☐	☐	☐	☐
....	☐	☐	☐	☐	☐

◼ A-1.E.A.I-1.**F7**

Wurde in Ihrem bzw. im Anschluss an Ihr letztes abgeschlossenes Projekt in irgendeiner Art und Weise Daten zur Kundenzufriedenheit erhoben?

Ja ☐

Nein ☐

▶ *A-1.E.A.I-1.**F7a** (optional, falls „Ja", sonst weiter mit **F7e**)*

Wie sah diese Erhebung inhaltlich aus, welche Aspekte wurden einbezogen?

…

▶ *A-1.E.A.I-1.**F7b** (optional, falls Frage 7 = „Ja")*

Wie sah diese Erhebung methodisch aus? (auch: Einfach/ mehrfach, Intervall, Umfang, durch wen?)

…

▣ **A-1.E.A.I-1.F7c** *(optional, falls Frage 7 = „Ja")*

Basierte diese Datenerhebung auf einer generellen Regelung in Ihrer Organisation?

Ja ☐

Nein ☐

▶ **A-1.E.A.I-1.F7d** *(optional, falls Frage 7 = „Ja")*

Halten Sie persönlich diese Art der Datenerhebung zur Kundenzufriedenheit für sinnvoll (i.S.v. Beitrag zur Erreichung der Ziele/ des Projekterfolgs oder Wissenstransfer in zukünftige Projekte)? Was würden Sie ggf. umgestalten?

...

▶ **A-1.E.A.I-1.F7e** *(optional, falls Frage 7 = „Nein")*

Wenn nein, wie würden Sie eine Datenerhebung zur Kundenzufriedenheit gestalten, um positive Effekte für dieses oder für zukünftige Projekte zu erreichen?

...

▶ **A-1.E.A.I-1.F8**

Was könnten aus Ihrer Sicht Indikatoren sein, die auf eine hohe (/ niedrige) Kundenzufriedenheit hindeuten?

...

▣ **A-1.E.A.I-1.F8a** *(optional, falls unter Frage 8 mind. ein Indikator genannt wurde)*

Treten die von Ihnen genannten Indikatoren während der Projektabwicklung zutage oder werden sie erst nach Projektabschluss sichtbar?

Indikator	Indikator ist während der Projektabwicklung sichtbar	Indikator ist erst nach Projektabschluss sichtbar
....	☐	☐
....	☐	☐
....	☐	☐
....	☐	☐
....	☐	☐

■ *A-1.E.A.I-1.**F8b** (optional, falls unter Frage 8 mind. ein Indikator genannt wurde)*

Welche Bedeutung haben diese Indikatoren aus Ihrer Sicht für Ihre Organisation, d.h. wie ernst sollten diese Indikatoren von Ihrer Organisation genommen werden?

[1] = sehr geringe Bedeutung

[5] = sehr hohe Bedeutung

Indikator	Bedeutung				
	[1]	[2]	[3]	[4]	[5]
....	☐	☐	☐	☐	☐
....	☐	☐	☐	☐	☐
....	☐	☐	☐	☐	☐
....	☐	☐	☐	☐	☐
....	☐	☐	☐	☐	☐
....	☐	☐	☐	☐	☐

■ *A-1.E.A.I-1.**F8c** (optional, falls unter Frage 8 mind. ein Indikator genannt wurde)*

Werden die von Ihnen genannten Indikatoren in Projekten Ihrer Organisation von den jeweiligen Entscheidungsträgern wahrgenommen und spielen Sie in Entscheidungsprozessen eine Rolle?

Indikator	Wird von Entscheidungsträgern wahrgenommen		Spielt in Entscheidungsprozessen eine Rolle	
	Ja	Nein	Ja	Nein
....	☐	☐	☐	☐
....	☐	☐	☐	☐
....	☐	☐	☐	☐
....	☐	☐	☐	☐
....	☐	☐	☐	☐
....	☐	☐	☐	☐

Promotionsvorhaben von J. C. Albrecht
Fallstudien
Interviewleitfaden

■ A-1.E.A.I-1.**F9**

Wurde in Ihrem bzw. im Anschluss an Ihr letztes abgeschlossenes Projekt in irgendeiner Art und Weise Daten zur Zufriedenheit des/ der Endnutzer(s) des Projektprodukts erhoben?

Ja ☐

Nein ☐

▶ A-1.E.A.I-1.**F9a** *(optional, falls Frage 9 = „Ja", sonst weiter mit **F9e**)*

Wie sah diese Erhebung inhaltlich aus, welche Aspekte wurden einbezogen?

...

▶ A-1.E.A.I-1.**F9b** *(optional, falls Frage 9 = „Ja")*

Wie sah diese Erhebung methodisch aus? (auch: Einfach/ mehrfach, Intervall, Umfang, durch wen?)

...

■ A-1.E.A.I-1.**F9c** *(optional, falls Frage 9 = „Ja")*

Basierte diese Datenerhebung auf einer generellen Regelung in Ihrer Organisation?

Ja ☐

Nein ☐

▶ A-1.E.A.I-1.**F9d** *(optional, falls Frage 9 = „Ja")*

Halten Sie persönlich diese Art der Datenerhebung zur Zufriedenheit des/ der Endnutzer(s) für sinnvoll (i.S.v. Beitrag zur Erreichung der Ziele/ des Projekterfolgs oder Wissenstransfer in zukünftige Projekte)? Was würden Sie ggf. umgestalten?

...

▶ A-1.E.A.I-1.**F9e** *(optional, falls Frage 9 = „Nein")*

Wenn nein, wie würden Sie eine Datenerhebung zur Zufriedenheit des/ der Endnutzer(s) gestalten, um positive Effekte für dieses oder für zukünftige Projekte zu erreichen?

...

■ A-1.E.A.I-1.**F10**

Wurde in Ihrem bzw. im Anschluss an Ihr letztes abgeschlossenes Projekt in irgendeiner Art und Weise Daten zur Zufriedenheit weiterer Projektstakeholder (Interessengruppen) erhoben?

Ja ☐

Nein ☐

■ A-1.E.A.I-1.**F10a** *(optional, falls Frage 10 = „Ja", sonst weiter mit **10f**)*

Welche Stakeholder (-gruppen) waren das im Einzelnen?

Stakeholder (1) ....
Stakeholder (2) ....
Stakeholder (3) ....

▶ A-1.E.A.I-1.**F10b** *(optional, falls Frage 10 = „Ja")*

Wie sah diese Erhebung inhaltlich aus, welche Aspekte wurden einbezogen?

...

▶ A-1.E.A.I-1.**F10c** *(optional, falls Frage 10 = „Ja")*

Wie sah diese Erhebung methodisch aus? (auch: Einfach/ mehrfach, Intervall, Umfang, durch wen?)

...

■ A-1.E.A.I-1.**F10d** *(optional, falls Frage 10 = „Ja")*

Basierte diese Datenerhebung auf einer generellen Regelung in Ihrer Organisation?

Ja ☐

Nein ☐

▶ A-1.E.A.I-1.**F10e** *(optional, falls Frage 10 = „Ja")*

Halten Sie persönlich diese Art der Datenerhebung zur Zufriedenheit weiterer Projektstakeholder für sinnvoll (i.S.v. Beitrag zur Erreichung der Ziele/ des Projekterfolgs oder Wissenstransfer in zukünftige Projekte)? Was würden Sie ggf. umgestalten?

...

▶ *A-1.E.A.I-1.F10f (optional, falls Frage 10 = „Nein")*

Wenn nein, wie würden Sie eine Datenerhebung zur Zufriedenheit weiterer Projektstakeholder gestalten, um positive Effekte für dieses oder für zukünftige Projekte zu erreichen?

…

INTERVIEWLEITFADEN

ABSCHNITT F – PROJEKTMANAGEMENTREIFEGRAD UND UNTERNEHMENSÜBERGREIFENDE PROJEKTARBEIT

► A-1.F.A.I-1.**F1**

Inwiefern ist der Projektmanagementreifegrad (bzw. die Qualität der Projektmanagementstrukturen) eines potenziellen Lieferanten für die Auswahl dieses Lieferanten in einem konkreten Projekt Ihrer Organisation von Bedeutung?

…

► A-1.F.A.I-1.**F2**

Welche (weiteren) Faktoren spielen für die Auswahl eines Lieferanten eine Rolle?

…

◼ A-1.F.A.I-1.**F1/2a** *(optional, falls PM-RG und weitere Faktoren von Bedeutung für Lieferantenauswahl)*

Wie bedeutsam ist der Projektmanagementreifegrad aus Ihrer Sicht im Verhältnis zu den unter Frage 2 genannten anderen Faktoren?

[1] = Projektmanagementreifegrad ist im Verhältnis zu anderen Faktoren von sehr geringer Bedeutung

[5] = Projektmanagementreifegrad ist im Verhältnis zu anderen Faktoren von sehr hoher Bedeutung

[1]   [2]   [3]   [4]   [5]

◼ A-1.F.A.I-1.**F3**

Wie bedeutsam sind die unter Frage 2 genannten Faktoren für die Auswahl eines Lieferanten?

[1] = Faktor ist allgemein von sehr geringer Bedeutung

[5] = Faktor ist allgemein von sehr hoher Bedeutung

Faktor	Bedeutung für die Auswahl eines Lieferanten				
	[1]	[2]	[3]	[4]	[5]
…………………	☐	☐	☐	☐	☐
…………………	☐	☐	☐	☐	☐
…………………	☐	☐	☐	☐	☐
…………………	☐	☐	☐	☐	☐

■ A-1.F.A.I-1.**F4**

Versucht Ihre Organisation den Projektmanagementreifegrad (bzw. die Qualität der Projektmanagementstrukturen) eines potenziellen Lieferanten im Auswahlprozess zu erfassen?

Ja ☐

Nein ☐

▶ *A-1.F.A.I-1.F4a (optional, falls Frage 4 = „Ja")*
Wie läuft diese Erfassung ab? Bitte erläutern Sie.

...

■ *A-1.F.A.I-1.F4b (optional, falls Frage 4 = „Ja")*
Basiert diese Erfassung auf einer generellen Regelung in Ihrer Organisation?

Ja ☐

Nein ☐

■ A-1.F.A.I-1.**F5**

Inwiefern ist aus Ihrer Sicht das Verhältnis der Projektmanagementreifegrade Ihrer eigenen Organisation und eines Lieferanten während der Projektabwicklung von Bedeutung für eine erfolgreiche Zusammenarbeit (i.S.v. Erreichung der Projektziele)?

[1] = Verhältnis der Projektmanagementreifegrade ist von sehr geringer Bedeutung

[5] = Verhältnis der Projektmanagementreifegrade ist von sehr hoher Bedeutung

[1] [2] [3] [4] [5]

▶ A-1.F.A.I-1.**F5a**
Bitte erläutern Sie Ihre unter Frage 5 gemachte Angabe.

...

■ A-1.F.A.I-1.F6

Aus Ihrer Erfahrung in der Branche, in der Sie aktuell tätig sind heraus: Für wie wahrscheinlich halten Sie folgende Konstellationen:

[1] = Eine in meiner Branche aus meiner Sicht sehr <u>un</u>wahrscheinliche, exotische Konstellation

[5] = Eine in meiner Branche aus meiner Sicht sehr wahrscheinliche, häufig anzutreffende Konstellation

(a) Projektmanagementreifegrad eines Herstellers oder eines (Anlagen-) Bauunternehmens (alternativ: Unternehmen auf Stufe n * in der Wertschöpfungskette) und Projektmanagementreifegrad eines Lieferanten oder Nachunternehmers (alternativ: Unternehmen auf Stufe n-1 in der Wertschöpfungskette) sind in etwa gleich; beide haben jedoch einen eher <u>niedrigen Reifegrad</u>.				
…halte ich für…				
[1]	[2]	[3]	[4]	[5]
(b) Projektmanagementreifegrad eines Herstellers oder eines (Anlagen-) Bauunternehmens (alternativ: Unternehmen auf Stufe n * in der Wertschöpfungskette) und Projektmanagementreifegrad eines Lieferanten oder Nachunternehmers (alternativ: Unternehmen auf Stufe n-1 in der Wertschöpfungskette) sind in etwa gleich; beide haben jedoch einen eher <u>hohen Reifegrad</u>.				
…halte ich für…				
[1]	[2]	[3]	[4]	[5]
(c) Projektmanagementreifegrad eines Herstellers oder eines (Anlagen-) Bauunternehmens (alternativ: Unternehmen auf Stufe n * in der Wertschöpfungskette) ist <u>höher</u> als der Projektmanagementreifegrad eines Lieferanten oder Nachunternehmers (alternativ: Unternehmen auf Stufe n-1 in der Wertschöpfungskette).				
…halte ich für…				
[1]	[2]	[3]	[4]	[5]
(d) Projektmanagementreifegrad eines Herstellers oder eines (Anlagen-) Bauunternehmens (alternativ: Unternehmen auf Stufe n * in der Wertschöpfungskette) ist <u>niedriger</u> als der Projektmanagementreifegrad eines Lieferanten oder Nachunternehmers (alternativ: Unternehmen auf Stufe n-1 in der Wertschöpfungskette).				
…halte ich für…				
[1]	[2]	[3]	[4]	[5]

Erläuterung zu den Konstellationen: Stufe n kann z.B. Hersteller/ OEM sein; in dem Fall wäre Stufe n-1 ein direkter Nachunternehmer bzw. ein Tier-1-Lieferant. Stufe n kann auch ein Tier-1-Lieferant sein; in dem Fall wäre Stufe n-1 ein Tier-2-Lieferant, usw.

▶ A-1.F.A.I-1.F6a

Welche Probleme – aber auch Vorteile – können sich aus Ihrer Sicht, bzw. aus Ihren Erfahrungen heraus, aus diesen Konstellationen ergeben? (d.h. Probleme sowohl für einzelne Parteien, als auch für das Projekt und dessen Abwicklung insgesamt)

Wenn Sie nicht auf alle Konstellationen eingehen möchten/ können, beziehen Sie sich bitte auf die von Ihnen am wahrscheinlichsten gekennzeichneten.

…

Anhang C

Standardisierter Fragebogen für die Feldstudie

PROJEKTMANAGEMENTREIFEGRAD & PROJEKTERFOLG

—

UNTERSUCHUNG IM KONTEXT INDUSTRIELLER PROJEKTE

FRAGEBOGEN

Erhebende Einrichtung:	Fachgebiet Projektmanagement der Universität Kassel (Prof. Dr.-Ing. K. Spang)
Ansprechpartner:	M. Sc. Jan C. Albrecht Heinrich-Plett-Str. 40 34132 Kassel Tel.: +49 561 804-4684 Fax: +49 561 804-4688 albrecht@uni-kassel.de
Ziel des Forschungsprojekts:	Untersuchung des Einflusses des PM-Reifegrades einer Organisation auf den Erfolg seiner Projekte
Die Befragung richtet sich an:	Aktuelle und ehemalige (Teil-) Projektleiter in Industrieunternehmen
Beantwortungsdauer:	ca. 30 Min.

Ihre Angaben werden vertraulich behandelt. Die Speicherung und Auswertung der Daten erfolgt anonym und ausschließlich zu Forschungszwecken. Es ist sichergestellt, dass Ihre Angaben nicht mit Ihrer Person oder der Organisation, in der Sie tätig sind, in Verbindung gebracht werden können.

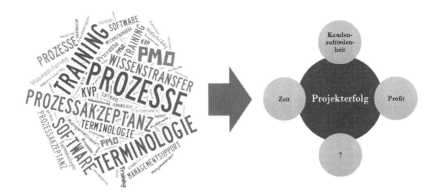

Mit Ihrer Teilnahme helfen Sie bei der erfolgreichen Realisierung unseres Forschungsprojekts – dafür bedanken wir uns bei Ihnen!

Forschungsprojekt „Projektmanagementreifegrad & Projekterfolg"
M. Sc. Jan C. Albrecht
Fragebogen

HINWEISE ZUM AUSFÜLLEN DES FRAGEBOGENS

✓ Die Fragen sind überwiegend nach folgendem Muster aufgebaut:

Nr.	Aussage / Frage	stimme der Aussage **nicht** zu				stimme der Aussage zu	weiß nicht
A31	Mein Unternehmen investiert ausreichend in PM-bezogene Personalentwicklung.	①	②	③	④	⑤	☐

Nr. der Frage — Aussage / Frage — Antwortbereich

Setzen Sie in diesem Fall ein Kreuz auf der Zahl, die dem Grad Ihrer Zustimmung zur Aussage am besten entspricht. Die zusätzlichen Antwortkategorien „weiß nicht" oder „trifft nicht zu" tauchen nur fallweise auf. Nur in diesen Ausnahmefällen können Sie das Kreuz stattdessen auch dort setzen.

✓ In der Regel sollen Sie **ein Kreuz pro Frage** setzen. Mehrfachnennungen sind nur in sehr wenigen Fällen erlaubt; es wird jeweils explizit darauf hingewiesen.

✓ Die Beantwortung einiger Fragen ist *optional*, dass heißt die Fragen fallen z.B. je nach Antwort auf eine vorige Frage weg. Diese optionalen Fragen sind *in kursiver Schriftart geschrieben*.

✓ Bitte füllen Sie den Fragebogen vollständig aus – nur teilweise ausgefüllte Fragebögen können anschließend leider nicht verwertet werden.

Datum der Befragung: _____

Beginn der Befragung: ___ : ___ Uhr

Forschungsprojekt „Projektmanagementreifegrad & Projekterfolg"
M. Sc. Jan C. Albrecht
Fragebogen

ABSCHNITT A: PROJEKTMANAGEMENT IM UNTERNEHMEN

Bitte beziehen Sie sich bei der Beantwortung der Fragen dieses Abschnitts je nach Formulierung entweder auf das Gesamtunternehmen oder speziell auf die Unternehmenseinheit, in der Sie Ihr letztes Projekt als (Teil-) Projektleiter bearbeitet haben.

Rolle des Projektmanagements innerhalb des Unternehmens

		stimme der Aussage **nicht** zu				stimme der Aussage zu	weiß nicht
A1	In meinem Unternehmen herrscht insgesamt ein Bewusstsein dafür, dass ein möglichst anforderungsgerechtes Projektmanagement wichtig für den Unternehmenserfolg ist.	①	②	③	④	⑤	☐
A2	Projektmanagement ist aus meiner Sicht eine Kernkompetenz meines Unternehmens.	①	②	③	④	⑤	☐
A3	Das Projektmanagement findet bei strategischen Überlegungen in meinem Unternehmen stets explizit Berücksichtigung.	①	②	③	④	⑤	☐
A4	Meine Unternehmenseinheit erfährt Unterstützung durch ein Projektmanagementbüro (PMO), ein PM Center of Excellence, o.ä.	①	②	③	④	⑤	☐
A5	Die durch meine Unternehmenseinheit abgewickelten Projekte werden nicht nur einzeln gemanaged, sondern auch übergreifend, im Sinne eines Multi-Projektmanagements (z.B. in Bezug auf die eingesetzten Ressourcen).	①	②	③	④	⑤	☐

Wissenssicherung und -transfer

		stimme der Aussage **nicht** zu				stimme der Aussage zu	weiß nicht
A6	In bzw. aus Projekten meiner Unternehmenseinheit werden Best Practices und/oder Lessons Learned generiert, die anschließend anderen Projekten grundsätzlich zur Verfügung stehen.	①	②	③	④	⑤	☐
A7	Vor oder bei Beginn eines neuen Projekts meiner Unternehmenseinheit werden Auswertungen abgeschlossener Projekte herangezogen (bspw. bei der Identifikation von Projektrisiken).	①	②	③	④	⑤	☐
A8	Mein Unternehmen hat an zentraler Stelle ein Informationssystem (in Form einer Datenbank o.ä.) für projektbezogenes Wissen etabliert, um dieses Wissen den operativen Einheiten im Projektmanagement zur Verfügung zu stellen.	①	②	③	④	⑤	☐
A9	In meiner Unternehmenseinheit wird der Austausch von Erkenntnissen, Wissen und Erfahrungen zwischen den in Projekten tätigen Mitarbeitern formal organisiert.	①	②	③	④	⑤	☐
A10	In meiner Unternehmenseinheit wird festgelegt wie bestimmte projektbezogene Daten erfasst werden sollen.	①	②	③	④	⑤	☐

Forschungsprojekt „Projektmanagementreifegrad & Projekterfolg"
M. Sc. Jan C. Albrecht
Fragebogen

Projektmanagementprozesse

		ja	nein
A11	Es gibt in meiner Unternehmenseinheit Prozesse, Verfahrensanweisungen, oder vergleichbare formale Regelungen für das Projektmanagement.	☐	☐

Falls Sie auf die vorige Frage (A11) mit „nein" geantwortet haben, fahren Sie bitte direkt mit Frage A20 fort!

		stimme der Aussage nicht zu				stimme der Aussage zu	weiß nicht
A12	Diese Prozesse umfassen alle Phasen des Projektlebenszyklus.	①	②	③	④	⑤	☐
A13	Diese Prozesse umfassen alle PM-Elemente (wie z.B. Termin- & Ablaufplanung oder Projektrisikomanagement), die ich für eine anforderungsgerechte Bearbeitung eines Projektes benötige.	①	②	③	④	⑤	☐
A14	Diese Prozesse sind innerhalb meiner Unternehmenseinheit standardisiert.	①	②	③	④	⑤	☐
A15	Die Prozessverantwortung, die u.a. die Überarbeitung und Weiterentwicklung der Prozesse umfasst, ist klar geregelt.	①	②	③	④	⑤	☐
A16	Die PM-Prozesse bilden ein konsistentes Prozesssystem, d.h. die Prozesse sind bspw. an Schnittstellen aufeinander abgestimmt.	①	②	③	④	⑤	☐
A17	Die PM-Prozesse sind mit den übrigen Abläufen im Unternehmen abgestimmt.	①	②	③	④	⑤	☐
A18	Die Effektivität und/oder Effizienz der PM-Prozesse wird quantitativ überprüft (z.B. über Kennzahlen).	①	②	③	④	⑤	☐
A19	Diese Prozesse werden in einheitlicher Art und Weise in allen Projekten angewendet.	①	②	③	④	⑤	☐

Kontinuierlicher Verbesserungsprozess (KVP)

		ja	nein	weiß nicht
A20	Es gibt in bzw. für meine Unternehmenseinheit einen auf die Abläufe im Projektmanagement bezogenen ‚Kontinuierlichen Verbesserungsprozess' (KVP).	☐	☐	☐

Falls Sie auf die vorige Frage (A20) mit „nein" oder „weiß nicht" geantwortet haben, fahren Sie bitte direkt mit Frage A26 fort! Falls Sie mit „ja" geantwortet haben, beachten Sie bitte: Auch A21 bis A25 beziehen sich stets auf die Abläufe im PM!

		stimme der Aussage nicht zu				stimme der Aussage zu	weiß nicht
A21	Dieser KVP wird von den im Projektgeschäft tätigen Mitarbeitern meines Unternehmens tatsächlich „gelebt".	①	②	③	④	⑤	☐
A22	Die Verantwortung für diesen KVP ist klar geregelt.	①	②	③	④	⑤	☐

Forschungsprojekt ‚Projektmanagementreifegrad & Projekterfolg'
M. Sc. Jan C. Albrecht
Fragebogen

		stimme der Aussage **nicht** zu				stimme der Aussage zu	weiß nicht
A23	Es gibt in meinem Unternehmen regelmäßige Besprechungen zu diesem KVP, im Rahmen derer z.B. Verbesserungsmöglichkeiten diskutiert oder -maßnahmen definiert werden.	①	②	③	④	⑤	☐
A24	Dieser KVP ist dokumentiert.	①	②	③	④	⑤	☐
A25	Die im Rahmen dieses KVP angestoßenen Veränderungen werden dokumentiert.	①	②	③	④	⑤	☐

PM-bezogene Personalentwicklung

		ja	nein	weiß nicht
A26	Es gibt in meinem Unternehmen PM-bezogene Fortbildungsmaßnahmen.	☐	☐	☐

Falls Sie die vorige Frage (A26) mit „nein" oder „weiß nicht" beantwortet haben, fahren Sie bitte fort mit Frage **A32** auf der nächsten Seite!

		ja	nein
A27	PM-bezogene Fortbildungsmaßnahmen in meinem Unternehmen richten sich an das komplette Projektpersonal, d.h. auch an Projektteammitglieder auf den unteren Hierarchieebenen.	☐	☐

Falls Sie die vorige Frage (A27) mit „ja" beantwortet haben, fahren Sie bitte fort mit Frage **A29**!

		ja	nein
A28	PM-bezogene Fortbildungsmaßnahmen in meinem Unternehmen richten sich <u>ausschließlich</u> an das leitende Projektpersonal, d.h. an Personal auf (Teil-) Projektleiterebene.	☐	☐
A29	Es gibt in meinem Unternehmen ein PM-bezogenes, dokumentiertes Fortbildungs<u>programm</u> o.ä.	☐	☐

		stimme der Aussage **nicht** zu				stimme der Aussage zu	weiß nicht
A30	Mein Unternehmen investiert ausreichend, d.h. den Anforderungen unseres Projektgeschäfts gemäß, in PM-bezogene Personalentwicklung.	①	②	③	④	⑤	☐
A31	Das Top-Management meines Unternehmens hat sich für die Etablierung PM-bezogener Fortbildungsmaßnahmen engagiert bzw. engagiert sich dafür.	①	②	③	④	⑤	☐

Forschungsprojekt „Projektmanagementreifegrad & Projekterfolg"
M. Sc. Jan C. Albrecht
Fragebogen

PM-Terminologie und -Software

		ja	nein	weiß nicht
A32	Es gibt in meinem Unternehmen eine einheitliche PM-Terminologie.	☐	☐	☐

Falls Sie auf die vorige Frage (A32) mit „nein" oder „weiß nicht" geantwortet haben, fahren Sie bitte fort mit Frage A34!

		stimme der Aussage **nicht** zu				stimme der Aussage zu	weiß nicht
A33	Die PM-Terminologie meines Unternehmens wird von den Mitarbeitern in meiner Unternehmenseinheit verstanden und angewendet.	①	②	③	④	⑤	☐

		ja	nein	weiß nicht
A34	Meine Unternehmens<u>einheit</u> besitzt PM-Software-Lizenzen (z.B. für MS Project, RPlan, Primavera, o.ä.).	☐	☐	☐

Falls Sie auf die vorige Frage (A34) mit „nein" geantwortet haben, fahren Sie bitte mit Abschnitt B fort!

		stimme der Aussage **nicht** zu				stimme der Aussage zu	weiß nicht
A35	Die in Projekten arbeitenden Mitarbeiter sind für die Anwendung unserer PM-Software grundsätzlich kompetent.	①	②	③	④	⑤	☐
A36	Die in Projekten arbeitenden Mitarbeiter setzen die PM-Software in der Projektabwicklung auch tatsächlich ein.	①	②	③	④	⑤	☐

weiter mit Abschnitt B auf der nächsten Seite →

ABSCHNITT B: LETZTES ABGESCHLOSSENES PROJEKT

Die Fragen dieses Abschnitts beziehen sich zum Großteil auf das <u>letzte von Ihnen als (Teil-) Projektleiter bearbeitete Industrieprojekt</u>:

> Ein **Industrieprojekt** ist ein Projekt im Rahmen dessen unter Beteiligung eines oder mehrerer Industrieunternehmen ein physisch fassbares Erzeugnis (i.d.R. entweder Maschinen bzw. deren Bauteile oder Anlagen/Bauwerke) entwickelt bzw. errichtet wird und/oder Software entwickelt wird.

<u>Beispiele</u> für Industrieprojekte sowie Gegenbeispiele:

- Zulieferunternehmen entwickelt ein Bauteil für einen Hersteller oder für ein größeres Zulieferunternehmen
- Hersteller entwickelt intern ein Bauteil bzw. ein Produkt
- Anlagenbauunternehmen baut eine Anlage für ein produzierendes oder ein Versorgungsunternehmen
- Softwarehaus entwickelt eine Software für einen Kunden
- ~~Marketing-/ Vertriebsprojekte~~
- ~~Reine Beratungsprojekte~~
- ~~Interne (Re-) Organisationsprojekte~~

Allgemeine Informationen zum Projekt

B1 Um welche Art von Projekt handelte es sich?
- ☐ Hochbauprojekt
- ☐ Tiefbau- bzw. Infrastrukturprojekt
- ☐ Produktentwicklungsprojekt
- ☐ Anlagen- oder Sondermaschinenbauprojekt
- ☐ Softwareentwicklungs- oder IT-Projekt

B2 Handelte es sich bei dem Projekt um ein externes oder internes[694]?
- externes Projekt ☐
- internes Projekt ☐

B3 Welche Position hatten Sie in diesem Projekt inne?
- Projektleiter ☐
- Teilprojektleiter ☐

B4 In welcher Projektaufbauorganisationsform (PO) wurde dieses Projekt abgewickelt?
- reine PO ☐
- Matrix ☐
- Projekt in der Linie ☐
- weiß nicht ☐

B5 Wie lange dauerte Ihr letztes abgeschlossenes Projekt? |__|__|__| [Monate]

B6 Welches finanzielle Budget (ohne Gewinnmarge) hatte dieses Projekt <u>bei Beginn</u>? |__|__|__|__|,|__| [Mio. €]

		stimme der Aussage **nicht** zu				stimme der Aussage zu
B7	Dieses Projekt war für mein Unternehmen strategisch bedeutsam.	①	②	③	④	⑤
B8	Es gab in diesem Projekt eine große Anzahl unternehmensinterner Schnittstellen.	①	②	③	④	⑤
B9	Die Projektabwicklung erforderte in hohem Maße interdisziplinäre Zusammenarbeit.	①	②	③	④	⑤

---

[694] <u>Externes</u> Projekt = Auftraggeber (AG) u. -nehmer (AN) gehören unterschiedlichen Unternehmen an (Vertragssituation); <u>internes</u> Projekt = AG und AN gehören demselben Unternehmen an (interner Projektauftrag)

Forschungsprojekt 'Projektmanagementreifegrad & Projekterfolg'
M. Sc. Jan C. Albrecht
Fragebogen

Falls es sich um ein <u>internes</u> Projekt gehandelt hat, bitte direkt weiter zu Frage B16!

		selbe(r) Ort/ Stadt	selbes Bundesland	selbes Land	anderes Land	anderer Kontinent	
B10	Inwiefern war der Kunde örtlich von Ihnen entfernt?	①	②	③	④	⑤	
		stimme der Aussage <u>nicht</u> zu				stimme der Aussage zu	
B11	Zwischen meinem Unternehmen und dem Kunden herrschte in diesem Projekt eine Kultur des Gebens und Nehmens.	①	②	③	④	⑤	
B12	Der Kunde war kooperationswillig (bspw. bei Problemen, Änderungen oder offenen Fragen).	①	②	③	④	⑤	
B13	Dieser Kunde war/ist für mein Unternehmen strategisch bedeutsam.	①	②	③	④	⑤	
		überhaupt nicht				sehr häufig	weiß nicht
B14	Mein Unternehmen hat zuvor bereits mit dem Kunden dieses Projektes zusammengearbeitet.	①	②	③	④	⑤	☐
B15	Ich selbst habe zuvor bereits mit diesem Kunden zusammengearbeitet.	①	②	③	④	⑤	

Projektteam

Bitte antworten Sie bei den Fragen B16-B22 <u>gegebenenfalls</u> in Bezug auf das Kernteam.

B16	Wie groß war das Projektteam? [Ggf. Kernteam oder Durchschnitt angeben]	|_|_|_| [Personen]

		selbes Gebäude	selber Standort	Standortübergreifend	Länderübergreifend	Kontinentübergreifend	
B17	Inwiefern war das Projektteam örtlich verteilt?	①	②	③	④	⑤	
		überhaupt nicht				alle haben vorher zusammengearbeitet	weiß nicht
B18	Inwiefern haben die Projektteammitglieder bereits vor diesem Projekt zusammengearbeitet?	①	②	③	④	⑤	☐
		stimme der Aussage <u>nicht</u> zu				stimme der Aussage zu	
B19	Die Teammitglieder waren für ihre Aufgaben im Projekt qualifiziert.	①	②	③	④	⑤	
B20	Das Commitment (Einsatz, Bindung) der Teammitglieder zum Projekt war hoch.	①	②	③	④	⑤	
B21	Im Projektteam war insgesamt viel Erfahrung vorhanden.	①	②	③	④	⑤	
B22	Die strategische Bedeutung des Projektes wurde durch das gesamte Projektteam wahrgenommen.	①	②	③	④	⑤	

B23 Inwiefern gab es während des Projektlebenszyklus Änderungen des Leistungsumfangs des Projektes? Ordnen Sie bitte deren Umfang in Prozent des finanziellen Auftragsvolumens in die folgende Skala ein!
[Kreuz auf den senkrechten Linien oder (um ca.-Werte anzuzeigen) dazwischen setzen]

Unterstützung durch den direkten Vorgesetzten

Falls Sie in diesem Projekt <u>Teil</u>projektleiter waren, überspringen Sie bitte diesen Block und fahren Sie mit Frage **B29** fort!

		stimme der Aussage <u>nicht</u> zu				stimme der Aussage zu	trifft nicht zu
B24	Mein direkter Vorgesetzter hat mich mit den für die Projektabwicklung notwendigen Befugnissen und Kompetenzen ausgestattet.	①	②	③	④	⑤	☐
B25	Über den Umfang meiner Befugnisse und Kompetenzen war ich mir mit meinem direkten Vorgesetzten einig.	①	②	③	④	⑤	☐
B26	Mein direkter Vorgesetzter hat mich in allen projektbezogenen Entscheidungen unterstützt.	①	②	③	④	⑤	☐
B27	Mein direkter Vorgesetzter ist auf meine Forderungen nach zusätzlichen Ressourcen eingegangen.	①	②	③	④	⑤	☐
B28	Mein direkter Vorgesetzter hat mich in Krisensituationen des Projektes unterstützt.	①	②	③	④	⑤	☐

Weitere Aspekte der Projektabwicklung

		stimme der Aussage <u>nicht</u> zu				stimme der Aussage zu	trifft nicht zu
B29	Der geplante Projektendtermin war realistisch.	①	②	③	④	⑤	
B30	Die Zielvorgabe in Bezug auf das (finanzielle) Projektbudget war realistisch.	①	②	③	④	⑤	
B31	Wir hatten für dieses Projekt eine qualitativ hochwertige Planung.	①	②	③	④	⑤	
B32	Unser Änderungsmanagement in diesem Projekt war effektiv.	①	②	③	④	⑤	
B33	Wir haben in diesem Projekt Risikomanagementaktivitäten durchgeführt, die sich nicht nur auf das Produkt bezogen (wie z.B. eine Herstellbarkeitsprüfung), sondern auf das Projekt als Ganzes.	①	②	③	④	⑤	
B34	Unsere Lieferanten haben in diesem Projekt hinsichtlich Prozess- und Produktqualität eine gute Performance abgeliefert.	①	②	③	④	⑤	☐

Forschungsprojekt „Projektmanagementreifegrad & Projekterfolg"
M. Sc. Jan C. Albrecht
Fragebogen

Zieldimensionen

Folgende Zieldimensionen hatten aus meiner Perspektive in diesem Projekt folgende Bedeutung…	geringe Bedeutung				hohe Bedeutung	trifft nicht zu
B35 Zeit/ Termine	①	②	③	④	⑤	☐
B36 Finanzielle Dimension im Laufe des Projektes[695] (z.B. Budget, Kosten, Cash-Flow, Vertragszahlung bei Projektabschluss, Profit)	①	②	③	④	⑤	☐
B37 Finanzielle Dimension im Anschluss an das Projekt, z.B. tatsächliche Herstellkosten und Profit in einer nachgelagerten Serienproduktion	①	②	③	④	⑤	☐
B38 Kundenzufriedenheit	①	②	③	④	⑤	☐

Grad der Zielerreichung

		positive Planabweichung	negative Planabweichung	keine Planabweichung	weiß nicht
B39 Um wie viele Monate wurde vom bei Projektbeginn geplanten Ziel in Bezug auf den Endtermin abgewichen?	⌴⌴ [Monate]	☐	☐	☐	☐
B40 Um wie viel **tausend** Euro wichen die tatsächlichen Kosten vom bei Projektbeginn geplanten Projektbudget ab?	⌴⌴⌴⌴ [tsd. €]	☐	☐	☐	☐

Die folgende Frage **B41** trifft ausschließlich auf Projekte zu, im Rahmen derer ein bestimmtes Produkt zur Serienreife entwickelt wurde!

		positive Planabweichung	negative Planabweichung	keine Planabweichung	weiß nicht
B41 Um wie viel Prozent wurde das bei Projektbeginn geplante Ziel in Bezug auf die Herstellkosten übertroffen oder verfehlt?	⌴⌴ [%]	☐	☐	☐	☐

	niedriger Grad der Zielerreichung				hoher Grad der Zielerreichung	weiß nicht
B42 Bitte beurteilen Sie den Grad der Zielerreichung hinsichtlich Termintreue in Anbetracht des Änderungsaufkommens.	①	②	③	④	⑤	☐
B43 Bitte beurteilen Sie den Grad der Zielerreichung in der finanziellen Zieldimension in Anbetracht des Änderungsaufkommens.	①	②	③	④	⑤	☐

Projektprodukt

	stimme der Aussage **nicht** zu				stimme der Aussage zu	
B44 Das im Rahmen des Projektes entstandene/ entwickelte Produkt (d.h. auch Anlage, Bauwerk, o.ä.) funktioniert.	①	②	③	④	⑤	☐
B45 Das Projektprodukt wurde durch die vorgesehenen Nutzer ohne Weiteres abgenommen.	①	②	③	④	⑤	☐

---

[695] **B36** schließt ausdrücklich auch Vertragssummen ein, die <u>bei</u> Projektabschluss fließen, während die folgende Zieldimension (**B37**) alle Kosten, Zahlungen, etc. betrifft, die <u>nach</u> dem Projekt, z.B. in einer Serienproduktion, anfallen.

Forschungsprojekt ‚Projektmanagementreifegrad & Projekterfolg'
M. Sc. Jan C. Albrecht
Fragebogen

		stimme der Aussage **nicht** zu				stimme der Aussage zu	trifft nicht zu
B46	Die vorgesehenen Nutzer des Projektprodukts ziehen einen direkten Nutzen aus der Realisierung des Projektes.	①	②	③	④	⑤	☐
B47	Das Projektprodukt wird durch die vorgesehenen Nutzer eingesetzt.	①	②	③	④	⑤	☐
B48	Das Projektprodukt erreicht im Einsatz bzw. in der Produktion die geplanten Leistungswerte/ Qualitätszahlen.	①	②	③	④	⑤	☐

Kundenzufriedenheit

Falls es sich bei diesem Projekt um ein <u>internes</u> gehandelt hat, überspringen Sie bitte diesen Block und machen Sie direkt weiter mit Frage B54!

		stimme der Aussage **nicht** zu				stimme der Aussage zu
B49	*Das Verhältnis zu meinem Ansprechpartner auf Auftraggeberseite war vertrauensvoll.*	①	②	③	④	⑤
B50	*Die Aussichten mit diesem Kunden aufgrund der Abwicklung dieses Projektes in Zukunft wieder zusammenzuarbeiten sind nicht eingetrübt.*	①	②	③	④	⑤
B51	*Die Gesprächsatmosphäre in den regelmäßigen Besprechungen zwischen meinem Unternehmen und dem Auftraggeber zum Projektfortschritt war entspannt.*	①	②	③	④	⑤
B52	*Es kam in diesem Projekt häufig zur Eskalation bestimmter Sachverhalte/ Probleme beim Auftraggeber an dessen oberes Management oder an dessen Einkaufsabteilung.*	①	②	③	④	⑤
B53	*Das Aufkommen offiziellen Schriftverkehrs zwischen meinem Unternehmen und dem Kunden war hoch.*	①	②	③	④	⑤

Kommunikationsqualität

		stimme der Aussage **nicht** zu				stimme der Aussage zu	weiß nicht
B54	Die Projektteammitglieder haben vorwiegend direkt und persönlich miteinander kommuniziert.	①	②	③	④	⑤	☐
B55	Projektrelevante Informationen wurden unter den Teammitgliedern offen geteilt.	①	②	③	④	⑤	☐
B56	Die Projektteammitglieder haben regelmäßig miteinander kommuniziert.	①	②	③	④	⑤	☐
B57	Die Projektteammitglieder haben häufig in spontanen Meetings, Telefonaten, etc. miteinander kommuniziert.	①	②	③	④	⑤	☐

Forschungsprojekt „Projektmanagementreifegrad & Projekterfolg"
M. Sc. Jan C. Albrecht
Fragebogen

		stimme der Aussage **nicht** zu				stimme der Aussage zu	weiß nicht
B58	In bestimmten Situationen wurden wichtige Informationen einzelnen Projektteammitgliedern vorenthalten.	①	②	③	④	⑤	☐
B59	Innerhalb des Projektteams gab es Konflikte darüber wie offen mit Informationen umgegangen wird.	①	②	③	④	⑤	☐

B60+61 Welche der folgenden Kategorien trifft a) auf das Produkt dieses Projektes bzw. b) auf den überwiegenden Teil der Projektprodukte in Ihrer Unternehmenseinheit am besten zu?
[Bitte pro Spalte ein Kreuz setzen]

		Produktumfang...	
		a) ... dieses Projektes	b) ... des überwiegenden Teils der Projekte in meiner Unternehmenseinheit
Bauteil/ Baugruppe	Einzelkomponente, die innerhalb eines Systems oder unabhängig eine bestimmte Funktion erfüllt.	☐	☐
System	Komplexes Gebilde aus einzelnen Elementen, die gemeinsam eine Bandbreite unabhängiger Funktionen erfüllen. (Bsp.: Pkw)	☐	☐
Super-System	Gruppe aus unterschiedlichen, örtlich verteilten Systemen, die gemeinsam agieren. (Bsp.: Öffentl. Verkehrsnetz)	☐	☐

B62+63 Bitte ordnen Sie den Grad der Unsicherheit, der a) mit der in diesem Projekt eingesetzten Technologie bzw. b) mit der im überwiegenden Teil der Projekte Ihrer Unternehmenseinheit eingesetzten Technologien verbunden ist, in folgende Skala ein!
[Bitte pro Spalte ein Kreuz setzen]

		Technologische Unsicherheitsbehaftung...	
		a) ... dieses Projektes	b) ...des überwiegenden Teils der Projekte in meiner Unternehmenseinheit
Low-Tech	Verbreitete und ausgereifte Technologien, zu denen alle Unternehmen der Branche Zugang haben. Unsicherheit ist im Prinzip Null.	☐	☐
Medium-Tech	Anpassung bekannter Technologien. Innerhalb der Projekte werden größtenteils ausgereifte, zu einem begrenzten Anteil neue Technologien (einzelne Features) eingesetzt, die vorher noch nicht getestet wurden.	☐	☐
Hi-Tech	Der Großteil der in diesen Projekten eingesetzten Technologien ist neu, wurde aber <u>vor</u> der Initiierung der Projekte entwickelt. Die neuen Technologien werden in diesen Projekten üblicherweise zum ersten Mal in dieser Form zusammengeführt.	☐	☐
Super-Hi-Tech	Entwicklung neuer Technologien. Technologische Unsicherheitsbehaftung ist extrem hoch.	☐	☐

Forschungsprojekt ‚Projektmanagementreifegrad & Projekterfolg'
M. Sc. Jan C. Albrecht
Fragebogen

ABSCHNITT C: DEMOGRAPHISCHE DATEN DES BEFRAGTEN UND DES UNTERNEHMENS

C1 Bitte ordnen Sie Ihre Unternehmenseinheit einer oder mehrerer der folgenden Branchen zu.

- ☐ Automobilindustrie
- ☐ Anlagen-/ Sondermaschinenbau
- ☐ Hochbau
- ☐ Tiefbau/ Infrastruktur
- ☐ Energiesektor

- ☐ IT/ Software
- ☐ Telekommunikation
- ☐ Pharmaindustrie/ Medizintechnik
- ☐ Chemische Industrie
- ☐ Andere: ....

C2 Bitte ordnen Sie Ihre Unternehmenseinheit einer der folgenden Kategorien zu.

- ☐ Hersteller/ Original Equipment Manufacturer (OEM)
- ☐ (Anlagen-) Bauunternehmen

- ☐ Zulieferer/ Nachunternehmer
- ☐ Sonstiges: ....

C3-6 Wie viele Mitarbeiter sind in Ihrer Unternehmenseinheit bzw. im Gesamtunternehmen beschäftigt? Wie hoch ist der Jahresumsatz Ihrer Unternehmenseinheit bzw. des Gesamtunternehmens?

Mitarbeiteranzahl der Unternehmenseinheit	Jahresumsatz der Unternehmenseinheit	Mitarbeiteranzahl des Gesamtunternehmens	Jahresumsatz des Gesamtunternehmens
		☐ > 50.000	☐ > 5 [Mrd. €]
☐ > 5.000	☐ > 500 [Mio. €]	☐ 5.001-50.000	☐ ≤ 5 [Mrd. €]
☐ 1.001-5.000	☐ ≤ 500 [Mio. €]	☐ 1.001-5.000	☐ ≤ 500 [Mio. €]
☐ 501-1.000	☐ ≤ 50 [Mio. €]	☐ 501-1.000	☐ ≤ 50 [Mio. €]
☐ 101-500	☐ ≤ 10 [Mio. €]	☐ 101-500	☐ ≤ 10 [Mio. €]
☐ ≤ 100	☐ ≤ 2 [Mio. €]	☐ ≤ 100	☐ ≤ 2 [Mio. €]

C7 Auf welcher Hierarchieebene arbeiten Sie? [Unabhängig von der farbigen Hinterlegung insgesamt bitte nur ein Kreuz!]

- ☐ Vorstands-/ Geschäftsführungsebene
- ☐ Bereichsleiter
- ☐ PMO-Leiter/ Portfolio- oder Programmverantwortlicher
- ☐ Projektleiter

- ☐ Abteilungsleiter
- ☐ Teilprojektleiter
- ☐ Gruppenleiter
- ☐ Projektmitarbeiter/ Sachbearbeiter
- ☐ Andere: ....

Falls Sie bei der vorigen Frage (**C7**) Ihr Kreuz im grau hinterlegten Bereich gesetzt haben, machen Sie bitte direkt weiter mit Frage **C9**!

C8 In welchem fachlichen Bereich arbeiten Sie? [Mehrfachnennungen möglich]

☐ Kaufmännischer Bereich ☐ Einkauf

☐ Engineering ☐ Vertrieb

☐ Projektmanagement/ PMO ☐ Sonstiger Bereich: ....

☐ Produktion

C9+10 Über wie viele Jahre Projektleitererfahrung verfügen Sie?

Projektleitererfahrung in diesem Unternehmen: |__|__| [Jahre]

Projektleitererfahrung in anderen Unternehmen: |__|__| [Jahre]

C11+12 Über wie viele Jahre Erfahrung als Teammitglied (d.h. bis Teilprojektleiterebene) verfügen Sie?

Projekterfahrung als Teammitglied in diesem Unternehmen: |__|__| [Jahre]

Projekterfahrung als Teammitglied in anderen Unternehmen: |__|__| [Jahre]

C13 Welche Projektmanagement-Zertifizierung besitzen Sie? [Mehrfachnennungen möglich]

☐ Ich besitze keine PM-Zertifizierung.

Anbieter	Bezeichnung/ Status	
PMI	☐	PMP
	☐	CAPM
	☐	....
IPMA / GPM	☐	Level A
	☐	Level B
	☐	Level C
	☐	Level D
GPM	☐	Basiszertifikat im Projektmanagement
Unternehmensinterne Zertifizierung	☐	....
Sonstiger:	☐	....

C14 Welcher der folgenden Klassen würden Sie die Projekte, an denen Sie mitgewirkt haben, bzw. einen Großteil derer zuordnen?

☐ Finanzielles Projektvolumen > 100 [Mio. €]

☐ Finanzielles Projektvolumen > 10 [Mio. €]

☐ Finanzielles Projektvolumen > 1 [Mio. €]

☐ Finanzielles Projektvolumen > 200.000 [€]

☐ Finanzielles Projektvolumen ≤ 200.000 [€]

C15 Was möchten Sie uns sonst noch mitteilen?

_____

_____

_____

_____

Ende der Befragung: ___ : ___ Uhr

Bitte faxen oder schicken Sie den ausgefüllten Fragebogen per Post an die auf dem Deckblatt angegebenen Kontaktdaten.

Geschafft! Vielen Dank, dass Sie sich Zeit für unsere Studie genommen haben!

Schriftenreihe Projektmanagement der Universität Kassel

Heft 1: **Spang, Konrad (Hrsg.)**
1. Kasseler Projektmanagement Symposium 2003
Projektmanagement großer Infrastrukturprojekte, Konferenzband

Heft 2: **Spang, Konrad; Dayyari, Amir (Hrsg.)**
2. Kasseler Projektmanagement Symposium 2005
Konzepte und Entwicklungen beim Risikomanagement komplexer Bauprojekte, Konferenzband

Heft 3: **Sapper, Ralph**
Kriterien und Elemente zum spezifischen Projektmanagement von Investitionsprojekten im chemischen und pharmazeutischen Anlagenbau, Dissertation am Fachgebiet Projektmanagement, 2007

Heft 4: **Spang, Konrad; Özcan, Sinan (Hrsg.)**
3. Kasseler Projektmanagement Symposium 2007
Partnerschaftsmodelle bei Infrastrukturprojekten und Projekten des Großanlagenbaus – Erfahrungen und Potenziale, Konferenzband

Heft 5: **Dayyari, Amir**
Beitrag zur projektspezifischen Ausrichtung eines feed-forward- und feed-back-orientierten Risikomanagements für Bauprojekte, Dissertation am Fachgebiet Projektmanagement, 2008

Heft 6: **Spang, Konrad; Gutfeld, Thomas (Hrsg.)**
4. Kasseler Projektmanagement Symposium 2009
Mit Qualitätsmanagement zum Projekterfolg im Bau und Anlagenbau, Konferenzband

Heft 7: **Reinstein, Marc J.**
Modell einer partnerschaftlichen Projektabwicklung im internationalen Anlagenbau, Dissertation am Fachgebiet Projektmanagement, 2009

Heft 8: **Spang, Konrad; Riemann, Stefan; Faber, Silvan**
Partnerschaftliche Projektabwicklung bei Infrastrukturprojekten, Feldstudie am Fachgebiet Projektmanagement, 2009

Heft 9: **Spang, Konrad; Sözüer, Meltem**
Optimierung der Planungsabläufe bei der Bauplanung, Feldstudie am Fachgebiet Projektmanagement, 2009

Heft 10: **Spang, Konrad; Dayyari, Amir; Albrecht, Jan Christoph**
Risikomanagement mit integrierter Früherkennung, Feldstudie in der deutschen Bauwirtschaft, 2009

Heft 11: **Özcan, Sinan**
Prozessorientiertes ProjektQualitätsManagement (PPQM) – Ein Beitrag für das organisationsübergreifende Projekt- und Qualitätsmanagement am Beispiel des Straßenbaus, Dissertation am Fachgebiet Projektmanagement, 2010

Heft 12: **Spang, Konrad; Sözüer, Meltem (Hrsg.)**
5. Kasseler Projektmanagement Symposium 2011
Mit Projektcontrolling zum Projekterfolg, Konferenzband

Heft 13: **Lappe, Marc**
Ansatz zur Ermittlung des Return on Investments von Projektmanagement – Am Beispiel von Versicherungen, Dissertation am Fachgebiet Projektmanagement, 2012

Heft 14: **Schmitt, Constantin**
Stakeholdermanagement bei Geschäftsaufbauprojekten deutscher mittelständischer Unternehmungen in der Volksrepublik China, Dissertation am Fachgebiet Projektmanagement, 2013

Heft 15: **Spang, Konrad; Albrecht, Jan Christoph (Hrsg.)**
6. Kasseler Projektmanagement Symposium 2013
Der Projekterfolg – Zufall, Planbarkeit oder Projektleiterleistung?, Konferenzband

Heft 16: **Khan, Rao Aamir Ali**
Success Factors in International Projects, especially Projects of German Companies in Pakistan, Dissertation am Fachgebiet Projektmanagement, 2013

Heft 17: **Faber, Silvan**
Entwicklung eines Partnering-Modells für Infrastrukturprojekte – Ein Beitrag zur Optimierung der Abwicklung von Bauprojekten im öffentlich finanzierten Infrastruktursektor in Deutschland, Dissertation am Fachgebiet Projektmanagement, 2013

Heft 18: **Riemann, Stefan**
Ansätze zur Nutzung des Unternehmer-Know-hows bei öffentlich finanzierten Infrastrukturprojekten in Deutschland mit besonderem Fokus auf der Planungsphase, Dissertation am Fachgebiet Projektmanagment, 2014

Heft 19: **Albrecht, Jan Christoph**
Einfluss der Projektmanagementreife auf den Projekterfolg – Empirische Untersuchung im Industriebereich und Ableitung eines Vorgehensmodells, Dissertation am Fachgebiet Projektmanagement, 2014

Kontakt:

Universität Kassel
Fachgebiet Projektmanagement
Heinrich-Plett-Straße 40
D-34132 Kassel
Tel.: 0561-804 4681
Fax: 0561-804 4688
www.ifa.uni-kassel.de

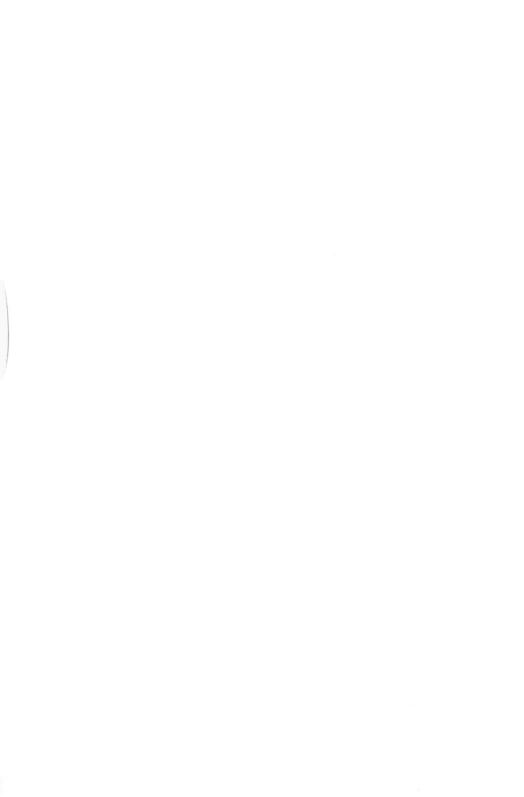